いま社会政策に何ができるか

2

どうする
日本の労働政策

櫻井純理［編著］

SAKURAI Junri

ミネルヴァ書房

「いま社会政策に何ができるか」

刊行にあたって

福祉と労働と家族

　21世紀も20年を経過して，日本社会は多くの社会問題に直面しつつも，未だそこからの脱出の糸口を見出しえていないように思われる。

　社会問題とは，具体的には，〈福祉〉領域では，貧困問題の浮上と生活保護世帯（人員）の増加，年金制度の脆弱性の下での「老後破産」，増加する児童虐待。〈労働〉領域では，非正規労働者の増加とワーキングプア問題，他方での正規労働者の長時間労働，過労死問題，賃金・家計所得の長期停滞，外国人労働者問題。〈家族〉領域では，保育所待機児童問題などに代表される子育ての困難，介護不安，家族・社会・企業に根づくジェンダー格差と不平等，仕事と生活の両立困難，DV，母子世帯の貧困問題，などである。そこには従来からの社会問題が未解決なまま今に持ち越されたものと，少子・高齢社会，グローバル社会の進展の中で新しく浮上してきた問題の両方が含まれる。

　世界的には1970年代頃からの社会の転換に伴い，労働市場の変化，不安定雇用，女性の雇用労働への進出，高齢者の増加，ケア責任と就労の衝突，社会福祉の削減と民営化などの「新しい社会的リスク」が生まれ，それに対応する新しい社会政策が必要になったといわれてきた。日本は，他のアジア諸国とも共通する「圧縮された近代」（チャン・キョンスプ）を経験してきたため，古いリスクと新しいリスクの両方に対処しなければならないことが問題を複雑にしている。

　上記のような枚挙にいとまがない「社会問題」の噴出は，日本では1980年代までの「問題処理システム」が，機能不全となったことを示している。戦後日本では，大企業を中心に，企業が終身雇用，年功賃金，企業内労働組合という「三種の神器」を装備し，手厚い企業内福利を提供してきた。また，専業主婦

を擁する標準家族が企業戦士を支え，子どもの育児・教育や老親の介護までを守備範囲としていた。国は国で労働力の国内調達に努め，公共事業により雇用の維持を図ってきた。こうした構図で「社会問題」の発生を抑え込んできたが，そうしたシステムのいずれもが制度疲労を来している。財政赤字の累積は社会保障や福祉の後退を招来し，非正規雇用の増加は自立したはずの「労働」の根底を揺るがし，女性の就業が進みつつも男女平等やワーク・ライフ・バランスの実現にはまだ程遠い。

　こうした中で一方では「格差拡大社会における社会政策の不在」（富永健一）がいわれつつ，他方では「強い社会政策」（岩田正美）の実行を望む声が上がっている。確かに，こうした現状を打開し，「安全・安心な生活」実現に向けた未来への展望を切り拓くためには，国‐企業‐家族の三者とその相互関係のあり方までを視野に入れることができる〈社会政策〉の登場に期待する声が高まるのも不思議ではない。もっとも今日の〈社会政策〉のアクターは上の三者にとどまらず，「NPOなどの非営利組織」との協働や「地域」を巻き込んで展開されるようになっており，そこに現代的特徴を見出すことができる。

　本シリーズ「いま社会政策に何ができるか」は，日本社会の今後の進路と的確な政策の提示に努めることによって，そうした〈社会政策〉への期待に応えることを主たる目的としている。また，併せて一般の読者や学生，院生に本シリーズ各巻で扱っている「テーマの重要性」やそれを「解明していくことの大切さとおもしろさ」などを伝え，〈社会政策〉の将来に向けて研究の裾野を広げていくことも目指す。

　なお，従来，〈社会政策〉は大まかには「労働」と「社会保障・福祉」という2つの分野から成ると理解されていたが，今回のシリーズでは「家族政策」を1つの独立した巻で取り扱ったところに特徴がある。「家族政策」とは何かについては未だ定説がなく，「福祉政策」との重なりがみられつつも，その違いは明確ではなく，今後の検討に委ねざるを得ないところが多い。しかし，家族を舞台に，また，家族と個人，家族と社会の関わりをめぐって多くの社会問題が表出してきているのも事実である。本シリーズでは「家族政策」をタブー

視することなく，家族を舞台にした社会問題に迫り，従来の国だけが政策主体であるという理解に縛られない，新しいアプローチと問題解決に向けた議論を展開している。

重なり合う課題の理解へ

本シリーズの特徴として，3巻とも基本的に，第Ⅰ部「○○政策の今をつかむ5つのフレーム」の5つの章と，第Ⅱ部「○○政策のこれからを読み解く10のイシュー」の10の章から構成されている（第3巻は12章）。

さらに読者が，本書の内容をより理解しやすくするため，各章の冒頭には「グラフィック・イントロダクション」を設け，第1節「何が問題か」，第2節「こう考えればいい」，第3節「ここがポイント」，第4節「これから深めていくべきテーマ」の4節立てとし，章末に「手にとって読んでほしい5冊の本」を設ける，という構成で叙述している。

読者の皆様にはぜひ，本シリーズが各巻で取り上げる現代の日本社会が抱える課題を，身近な問題ととらえていただき，執筆者が展開する各課題へのアプローチ，分析，そして提言について，改めて考えてみる機会としていただければ幸いです。

2020年9月

「いま社会政策に何ができるか」編者

埋橋孝文・櫻井純理・落合恵美子

<h1 style="text-align:center">目　次</h1>

第Ⅱ部　労働政策のこれからを読み解く10のイシュー

いま労働政策に何が求められているのか

 1　労働政策とは何か

　本書は初学者を主な対象読者として，労働政策に関わる重要な論点を提示し，関心を深めてもらうことを目的としている。この序章では，第1節において労働政策の目的や重要性について簡潔に述べ，第2節では今日の労働を取り巻く状況を概観する。最後に第3節で，本書全体の狙いと構成（各章のテーマ・概要）について説明していく。

1　労働政策の定義

　行政学者の西尾勝は，公共政策（＝政府の政策）とは「政府の方針・方策・構想・計画などを総称したもの」で，「政府が，その環境諸条件またはその対象集団の行動に何らかの変更を加えようとする意図の下に，これに向けて働きかける活動の案」（西尾，2001，245頁）であると定義している[*]。

* 　西尾はさらに，政策（policy）と施策（program）・事業（project）の違いに言及し，政府の活動案の中でも政策的経費が充当されるものに限定するほうが実際的であると述べている（西尾，2001，247頁）。

　また，『新版 現代政治学小辞典』（阿部他編，1999）では，政策を「政治が追求すべき目標とその達成の計画を示す」もので，「なんらかの問題を解決するための指針，あるいは，問題解決のためのプログラム群」を指すとしている。

この定義の特徴は「問題解決のための」指針やプログラム群としている点にある。先の西尾の定義ではこの点が明示されていないが，政府が環境諸条件や対象集団の行動に変更を働きかける目的は，なんらかの社会的な問題を未然に防止したり事後的に解決したりすることにあると考えられる。そこで，本書においては労働政策を「労働に関わる社会的な問題の防止や解決のための政府の活動案（方針・方策・構想・計画など）」と定義しておく。

2 労働政策の目的

①大河内一男の生産力説

上記の労働政策の定義は，「労働に関わる社会的な問題の防止や解決」という労働政策の目的をすでに示唆しているのだが，もう少し詳しくこの点について検討しよう。とはいえ，労働政策の目的を論じることは，実はそれほど簡単ではない。なぜなら，それは労働という行為の意味や，労働者たる人間をどのような存在と認識するかという問いが，その根底に存在しているからである。

日本における社会政策の展開に大きな影響を及ぼした大河内一男は，「資本制社会における人間は，つねに労働力という一種の商品として理解されなければならない」（大河内編，1955，23頁，傍点は引用者による）と述べ，資本主義経済の存立や発展のために，資本によって労働力が消耗し尽くされないよう保全・培養を図ることが社会政策の目的であると論じた。つまり，資本主義社会においては，労働力も市場（労働市場）で取引される対象である。理論的には，労働の需要（求人）と供給（求職）が均衡する市場価格（賃金水準）で労働の取引（労働契約）が成立する。しかしながら，例えば労働需要が不足する不況期に労働力がとことん安く買い叩かれたなら，労働者やその家族の生活は維持不能になりかねない。良好な労働力という生産のための資源が枯渇することは資本家にとっても望ましくない事態であることから，社会全体の生産力を維持・発展させるために，労働の市場取引に関する社会的な規則を定めることが必要だ，というわけである。

大河内は社会政策を「最初から経済政策の一部門」（大河内，1949，12頁）と

とらえ，資本制経済の存立を生産力の面で支えることがその役割であると断じた。そして，「あわれな労働者の救済」という社会正義の観点から政策の必要性を論じる「道義的批判」や，社会政策は資本・労働者間の闘争の所産であるとする「階級闘争」の見地に立つ主張を退けた（大河内編，1955，20頁）。この大河内のような立場は社会政策の「生産力説」と呼ばれ，その後も研究者の間でこれに対する批判や議論が継続してきた（石畑・牧野編著，2009；武川，1999）。

②ILO（国際労働機関）が掲げる目的

資本制経済における人間存在をまずもって「労働力」と規定した大河内の理論に対し，ILO（国際労働機関）の労働政策のとらえ方は180度異なるものである。ILO は第 1 次世界大戦後の1919年に創設され，世界各国が遵守すべき最低労働水準（条約・勧告等）を制定するとともに，条約遵守状況の監視，政策遂行への助言と勧告等を行っている。第 2 次世界大戦終結直前の1944年に ILO が採択した「国際労働機関の目的に関する宣言」（通称：フィラデルフィア宣言）はその冒頭部分で，次のように述べている。「労働は商品ではない」（原文は "labour is not a commodity"，傍点は引用者による）。

ILO が創設され，2 つの大戦への反省から，国際的な労働基準の策定や普及を担ってきた最大の目的は，労働政策における国際協調を通じて，世界平和の永続を実現することにある。そして，ILO 憲章はその前文において，「世界の永続する平和は，社会正義を基礎としてのみ確立することができる」と述べ，社会不安を生じさせるほどの不正で劣悪な労働条件をなくし，人道的なものに変えていくという社会正義の実現を謳っている（ILO ホームページを参照）。国際労働政策に対する ILO の基本的な考え方は，大河内が批判した社会政策の「道義論」に他ならない，といって差し支えないだろう。

その後 ILO は1999年に「ディーセント・ワーク」（働きがいのあるまともな仕事）の実現を提唱しており，それは現在に至るまで活動の中核的な理念である。ディーセント・ワークに関わりをもつこととして ILO は次の 5 点をあげている。すなわち，①生産的で相当の収入が得られる仕事，②職場における保

障と家族に対する社会的保護，③個人の成長と社会的統合に対するより良い展望，④自身の懸念を表明し，自らの生活に影響を及ぼす物事の決定を組織化し，参画する自由，⑤すべての男女に対する機会と待遇の平等，である（ILO ホームページを参照）。これらの観点から世界各国の労働環境を監視し，条約批准国に対する改善要求を行っているのが，ILO の主要な活動である。

　③生活保障と社会的包摂

　さて，労働という行為（活動）やそれを担う人間をどのような存在と認識するかの相違が，労働政策の目的のとらえ方にも大きな違いをもたらすことが理解できたと思う。そこで，ここからは，本書において「労働」や「労働者」をどのように考えるのかについて述べていきたい。

　働く者の視点からみれば，労働とはまずもって，自らの生活を支える賃金を得るための活動である。したがって，労働政策は，人々が窮乏に苦しむことなく，人間らしい生活を送れるような，まともな賃金水準や労働条件を保障することを目指し，立案・実施される必要がある。これはいわば「労働の経済的側面」である。

　それに加えて，労働とは，その行為において自らが有する知識・技能や潜在的な能力を醸成・発揮し，社会的役割を果たす活動である。つまり，人が社会において自身のアイデンティティや存在意義を確認し，自分らしく生きられる居場所を得るための活動としても，労働行為は重要な意味を有している。この点に鑑みれば，人々が自らの尊厳を傷つけられることなく，社会の一員として胸を張って生きていけるよう，社会参加と活躍の機会を保障することもまた，労働政策の重要な目標である。上述した ILO の「ディーセント・ワーク」に関わることがらとしてあげた，③個人の成長と社会的統合，④人々の自律と意思決定への参加という点は，そのような「労働の社会的側面」に留意した政策の重要性を含意している。

　まとめると，労働政策の第1の目的は，労働者の生活保障にあり，「人々が窮乏に苦しむことなく，人間らしい生活を送れるような，まともな賃金水準や労働条件を保障すること」である。第2の目的は，労働者の社会的包摂を実現

4

することにあり，「人々が自らの尊厳を傷つけられることなく，社会の一員と
して胸を張って生きていけるよう，社会参加と活躍の機会を保障すること」で
ある。

③ 労働政策の分類

では，労働政策とは何を指すのか，より具体的にみていこう。ここでは，①
先行研究が取り上げてきたテーマ，②労働政策審議会の分科会の領域，③ILO
が取組み対象としている分野という，3つの角度から労働政策の内容を確認す
る。

まず，①先行研究のテーマである。上で述べた大河内理論の強い影響もあっ
て，日本では労働政策は「社会政策」の中核的要素と認識され，社会政策論の
分野で多様な学問的ディシプリンに基づいた研究が蓄積されてきた。そこで本
書では，比較的近年（2000年代以降）の社会政策論を主題とした先行研究を参
照し，そこでどのようなテーマが取り上げられ，労働政策研究の対象となっ
てきたのかを概観した（五十嵐，2008；石畑・牧野，2009；駒村他，2015；武川，
2012；玉井・大森編，2007；久本，2015；久本・玉井，2008）。**資料序 - 1**において，
①先行研究のテーマと記した列がその一覧である。

表の②列には，労働政策審議会がどのような名称の分科会や部会ごとに政策
の検討を行っているかを示した。労働政策審議会は厚生労働大臣の諮問機関で，
国の労働政策立案に関わる重要機関である。したがって，その分科会や部会の
名称を確認することは，日本における労働政策の範囲を確認する上で有用であ
ろう。そして，③列にはILOが扱う事項を記している（ILO駐日事務所〔2016〕
の第2章を参照）。

＊　ILOが扱う分野として，ここにあげた以外に「家事労働者」「移民労働者」「船
　　員」など，政策が対象とする労働者別の分野も記載されている。

これら①〜③にあげた労働政策をその目的や性質によって大別したのが，表
の1番左の列である。まず，(a)労働基準政策とは，労働者に保障されるべき良
好かつ公正な労働条件を規定し，その状況を監視・改善する政策を指している。

資料序-1 労働政策の分野

政策分野	①先行研究のテーマ	②労働政策審議会の分科会	③ILO（条約）が扱う分野
(a)労働基準	賃金・最低賃金	労働条件	賃金
	労働時間		労働時間
	査定と昇進		
	労働災害補償		社会保障
	労働基準監督		労働行政，労働監督
	安全衛生	安全衛生	職業上の安全および健康
	有期雇用・雇用契約	労働条件（有期雇用特別部会）雇用環境・均等職業安定（同一労働同一賃金部会）	雇用保障，機会及び均等の待遇
	均等待遇		
	女性の就労		母性保護
	障害者雇用	障害者雇用	機会及び待遇の均等（再掲）雇用政策，雇用促進
	その他		強制労働，児童労働
(b)労働市場	雇用政策	職業安定	雇用政策，雇用促進（再掲）
	職業紹介		
	雇用保険		社会保障（再掲）
	職業訓練・能力開発	人材開発	職業指導・訓練
	企業内教育訓練		
(c)労使関係	労働組合	労働条件（再掲）	結社の自由，団体交渉，三者協議
(d)その他	日本的雇用システム	勤労者生活	社会保障，社会政策
	企業社会		
	福利厚生		
	ワーク・ライフ・バランス		
	国際労働政策		

（出所）　労働政策審議会については，厚生労働省ホームページ「労働政策審議会」，ILO については，ILO 駐日事務所（2016）を参照。

賃金や労働時間等の基本的労働条件の規制や監督に加え，有期雇用者・女性・障害者等，不利な立場に置かれがちな労働者の保護政策が含まれる。(b)労働市場政策は，労働市場における需給のマッチングや調整（就職・再就職・離転職等）と，失業予防および失業後の生活保障に関わる諸政策である。ここに含まれている「雇用政策」とは，失業や不完全就業を防止し，人々がより良い雇

用を得られるために講じられる諸政策を意味している。そして，(c)労使関係政策とは，労働三権の保障に関わる政策を意味している。その主な内容とは，労働組合活動の保障や，労働者・使用者（労使）間および，それに政府を加えた「政労使」の交渉や協議のあり方，労使紛争の解決等である。

④ 日本的雇用システムと社会政策

　最後に，資料序－1の(d)その他の事項は，日本における働き方の重要な特徴を示唆している。それは，労働者の「企業への所属」が政策体系の前提とされてきたことである。表の①列にある「日本的雇用システム」とは，日本に特徴的な雇用制度（日本的ないし日本型雇用）のあり方を，法的・政治的・経済的・社会的等の様々な側面が一体となったシステムとしてとらえる見方である。そして，日本的雇用システムの中核的な原理は，雇用契約において従事する個別の職務が定められていない「メンバーシップ」契約であることだ（濱口，2009，3-4頁）。企業の庇護を得られる正社員は新卒一括採用を基本に選抜され，長期雇用のもとで様々な職務を経験し，年功的に賃金が上昇することが典型とされてきた。

　さらに，企業が費用を拠出する「福利厚生」には，健康保険や年金などの法定福利だけでなく，住居費や家族の扶養費に対する補助等の法定外福利厚生が含まれている。それは，「ヨーロッパであれば公共政策が提供する福祉の諸分野において，わが国では支払い能力もあったことから大企業が代替していた」ことを意味する（橘木，2005，39頁）。他の多くの国でも，「男性稼ぎ主の安定雇用とその勤労所得による家族の扶養が福祉国家の前提となってきた」（宮本，2012，2頁）とはいえ，他国と比べても日本では公共部門が担う社会政策の範囲や対象は限定的であり続けてきた。そして，日本における労働問題は，企業が個別労働者に対し強い支配力を有すると同時に，企業の利害が公共政策全般に強い影響を与える「企業社会」ないしは企業中心社会の特徴と強く結びつく形で生じてきたのである。この点については，次節でさらに詳しく考察しよう。

2 現代の労働政策をめぐる主要な論点

① 企業社会における労働者への要請

ここからは，現代の（日本の）労働政策において，特に取組みが求められる重要な論点とその社会的背景について指摘する。まず，前節の最後に指摘した「日本的雇用システム」が中核的労働者に苛烈な働き方を強いてきたことは，今に至るも変わりがない。企業の正規メンバーに要請される能力とは，生活の全側面を「仕事第一」で律することができる「生活態度としての能力」（熊沢，1997，39頁）である。それは家族との生活時間や地域活動よりも企業の一員としての活動を優先する，「会社人間」としての生き方を促してきた。

そのような働き方＝生き方の歪みは，なによりも長時間過密労働の問題に投影されている。日本における平均総労働時間は，経済が低成長期に入った1970年代半ばから上昇傾向に転じた。バブル経済崩壊後の労働時間は減少傾向にもみえるが，フルタイム労働者だけを取り出せば，90年代以降も年2000時間を超える高水準で推移してきた。平均労働時間を押し上げた70年代の「減量経営」の本質は，「男は残業，女はパート」を増やすことで経営効率を追求することにあった（森岡，2019）。この長時間労働を主因として，多発してきたのが過労死の問題である。さらに近年では，過労等を原因とする自殺（過労自殺）の急増が深刻な社会問題となっている。

② グローバル化と格差の拡大

前項であげた長時間労働や過労死の問題は，主として稼ぎ主たる壮年男性に関わりの深い労働問題であった。しかし，近年顕在化し，その深刻度を高めてきた労働問題は，従来「家計補助的」な位置づけと考えられてきたパートタイム労働などの非正規雇用をめぐる問題として立ち現れてきている。1990年代に入ると，女性のみならず男性でもパート労働者等の「非正規雇用者」が増大し，

今やその比率は雇用者全体の約38％を占めるに至った。1985年には労働者派遣法が制定され，その後の法改正で2003年にはほぼすべての職種で労働者派遣が認められることになった。1990年代半ばからの10年間で正社員は約400万人減少したのに対し，非正規社員は約600万人増加した（厚生労働省「労働力調査」）。その後も非正規雇用者数は600万人近く増加し，2018年には2100万人に達している。

　このような雇用の「非正規化」の推進力となったのが，経済や金融のグローバル化である。1980年代からの新自由主義的な国内外の制度改革と，1990年前後のソ連・東欧諸国の体制転換，さらには世界的な金融の自由化と投機化が相まって，経済活動のグローバル化は急激な進展をみせてきた。巨大な資本を有する多国籍企業が生産・販売拠点を世界中に拡大させる中で，雇用の柔軟化が促されてきたのである。また，こうしたグローバルな経済競争の激化という要因に加え，バブル経済崩壊という日本的な文脈も，90年代以降の非正規化を後押しする要因となった。

　とりわけ日本では雇用形態の違いによる所得の格差が大きく，雇用の非正規化はワーキングプア問題や格差問題に直結する[*]。また，ひとたび非正規雇用に陥ると，そこから抜け出すことは困難で，安定的な仕事や職場を得られない人々が社会的に孤立する事態にもつながってきた。2008年の経済危機（いわゆるリーマンショック）の際には，主として製造業に従事していた非正規雇用者が大量に失業し，住居すらも失ったことから，都心に避難場所として「年越し派遣村」が設けられた。この出来事は，日本の社会的セーフティネットの脆弱さが可視化され社会問題化する契機ともなったのである。

　＊　歴史社会学者の小熊英二は，労働者層を「大企業型」「地元型」「残余型」の3
　　　種の分類としてとらえ，2～3割の大企業型とそれ以外との格差が開いていると
　　　論じている（小熊，2019，43頁）。

③ 経済のサービス化と「標準家族」の変化

　グローバル化と並び，経済のサービス化（ポスト工業化）と家族の変容もま

た，先進各国に社会政策の見直しを迫る重大な要因となっている。前者，「経済のサービス化」とは，端的には産業構造において第2次産業から第3次産業への移行が生じている状況を指している。日本では第2次産業の就業者割合が1973年の36.6％をピークに2018年の23.5％まで減少した一方，第3次産業の就業者は1973年の50.0％から2018年の73.1％まで上昇を続けてきた（厚生労働省「労働力調査」）。

　サービス産業化の進展は社会に様々な影響をもたらしている。まず，相対的に不安定で低賃金の仕事（先の見通しがない dead-end job）が増え，離転職や失業を契機として貧困に陥るリスクが高まっている。その一方で，高度な知識を必要とするサービス労働に従事するためには，より高い教育水準やコミュニケーション能力・情報処理能力・社会的スキルが求められるようになっている（Halvorsen and Hvinden, 2018, p. 4）。かつては製造業の生産ラインの単純職務が，若者や非熟練労働者の雇用の受け皿や入り口として機能していたが，それが海外移転により失われたことで，労働を通じた社会への包摂は一層困難になりつつある（Clasen and Clegg, 2006, p. 192）。

　そして，後者の「家族の変容」とは，サービス産業を中心に就労する女性が増え，子育てや介護などのケア労働を社会化するニーズが強まっていることである。未婚・離婚者，単身世帯や一人親世帯の増加など，家族形態は多様化している。日本では，専業主婦の存在を前提とする「標準家族」の存在が企業社会を支える要の1つだったが（武川, 2012, 104頁），前項で指摘した「非正規」等の周縁的な雇用者の増大が明示しているように，「男性稼ぎ主の安定雇用と家族の扶養」を前提としたしくみには，すでに綻びが生じている。

　このようなポスト工業化時代における経済・社会の構造変化がもたらす「新しいリスク」の影響を特に受けやすいのは，若者や女性，そして高いスキルをもたない者たちである（Bonoli, 2006, p. 3）。しかし，それは決して一部の人だけの問題ではない。とりわけ日本においては，雇用保険や生活保護の受給条件が厳しい上に，住居や教育・職業訓練に対する公的給付は極めて限定的である。穴だらけの社会的セーフティネットの下では，すべての人が社会的弱者予備軍

である。リスクに対して脆弱な人々の仕事や生活をどのように守っていくのか，普遍的な（社会全体に関わる）課題として取り組むことが求められている。

④ 福祉政策や家族政策との連携

　ここまでに述べてきた内容からも導かれる最後の論点は，今後の「労働政策」は従来以上に，労働以外の領域の政策とどのように連携させていくのかを総合的な見地から検討し，計画・実施する必要があるということである。例えば，女性の就労を支えるための政策は，労働におけるジェンダー間・雇用形態間の平等を推進し，女性が働きやすい労働環境を整備するだけでは不十分である。これまで主として女性が責任を負ってきた家事，子育て・介護等のアンペイドワークを誰が担い，その費用をどう負担していくのか，福祉政策や家族政策を含んだ政策体系の中に労働政策を位置づける必要がある。

　あるいは，生きづらさを抱える若者の貧困や社会的孤立を防止・解消するためには，ひきこもり相談や生活困窮者支援の相談窓口を開設し，就労支援事業を実施すれば足りるというものではない。こうした相談支援を必要とする人々の多くが，個別の家庭に抱え込まれ潜在化してきた生育環境，家族関係，病気や障害などの複合的な課題を抱えている。その解決のためには，福祉政策・家族政策・教育政策その他の多領域にわたる政策連携が欠かせない。「自立支援」政策が生活困窮者や就労困難者を劣化した雇用へと押し戻し，閉じ込めるような「労働政策」でしかないなら，そのような政策はないほうがましなのである。

　本書が取り上げる労働問題の考察に触れて福祉政策や家族政策の課題にも関心をもっていただけたなら，本シリーズの第1巻や第3巻の各論考も参照し，多領域にまたがる社会問題への洞察をぜひ深めてほしい。

3 本書の狙いと構成

［1］ 本書の狙い

　前節で記した問題意識に基づいて，本書では今取り上げるべき労働政策の重要な論点を15項目にわたって抽出し，各章のテーマとした。第Ⅰ部「労働政策の今をつかむ5つのフレーム」を構成する5つの章は労働政策のベーシックなテーマを扱い，日本的雇用システム・日本の労働市場・労使関係の特徴と，そこでの重大な変化を中心に論じる。取り上げる具体的なテーマは順に，賃金，労働時間，労使関係，人的資源管理，非正規雇用である。

　第Ⅱ部「労働政策のこれからを読み解く10のイシュー」は，労働市場において周縁的な位置づけに置かれてきた，伝統的な労働政策の主要な対象＝成年・壮年男性労働者以外の労働者層を念頭に置き，テーマ構成を行った。具体的には女性，若者，外国人，中小企業労働者，個人事業主の問題を取り上げている。これらの労働者は，分断化された労働市場の下方に滞留しがちで，新しいリスクの打撃を受けやすい労働者層である。

　本書ではまた，前節で指摘した労働政策と他領域の政策とのつながりについても重視している。例えば，就労支援政策（第15章）は労働と福祉・教育その他の多領域を架橋する政策である。同様に，若者の就労と生活を支える政策（第14章）では，教育政策や家族政策との連続性が重要な論点になる。また，中小企業労働者の苦難（第7章），外国人労働者の受入れ（第8章），兼業・副業・テレワーク等の「新しい働き方」（第10章）等のテーマは特に，経済政策の動向と密接な関係を有している。

　15のテーマの選定に当たっては，大学生たちが研究テーマとして選ぶことが多い，若者にとって身近な主題も意識した。特に，新卒者の採用とキャリア形成（第9章），企業での人材育成（第4章），地方の若者の仕事と生活（第12章）などのテーマ選択には，若者たちが自らの労働について適切な知識をもち，十

分な準備をして社会に出ていってほしいという思いが込められている。

　これら15のテーマを通じて本書が描き出したいのは，なおも揺るぎない「日本的」な働き方の骨格——特にその負の側面——と，そのあり方に抜本的な見直しを迫っている「多様な」働き方の実相である。日本的雇用システムによる生活保障が不確かなものとなり，伝統的な標準家族や地域社会が「しんどい人」たちを受け止める力は衰える一方である。しかし，むき出しの個人が苦難を耐え忍ぶ原始的な社会へと回帰するわけにはいかない。本書は，この過渡期にあって新たな労働社会をどのように構想するのかを，様々な観点から政策課題を洗い出すことで考えていきたいのである。

［2］各章のテーマと主な内容

①第Ⅰ部「労働政策の今をつかむ5つのフレーム」

　最後に，各章のテーマと主な内容について紹介していく。なお，内容構成については各章共通で，①何が問題か，②こう考えればいい（その問題をどのように考えれば，あるいは解決すればいいか），③ここがポイント（何が大切な論点か），④これから深めていくべきテーマの順に記述している。

　まず，前項でも示したように，第1～5章は，労働条件の根幹に関わる主題を掘り下げることで，日本における働き方の基本的なしくみを理解するとともに，そこに生じている様々な歪みを描き出すことを狙いとしている。第1章「賃金」は，日本企業での一般的な賃金の「決まり方」と「上がり方」が主題である。年功賃金，能力や成果の査定と生計費原則，賃金格差の問題などを多面的に検討し，「暮らすに足りて公正な」賃金制度をどう実現していけるかを考察している。第2章「労働時間」では，2018年に成立した「働き方改革関連法」に焦点を当て，そこでの労働時間の上限規制の問題点を指摘する。労働時間制度と労働生産性や景気回復との間の関係を問い，そのあり方が経済・社会に及ぼす影響という観点から，望まれる労働時間規制を展望している。

　第3章「労使関係」は，日本の労使関係の特徴と歴史を論じ，それが労働条件や労働環境にどのような影響をもたらしてきたのかをわかりやすくまとめて

いる。日本型雇用「三種の神器」の1つが企業別労働組合であり，その労使協調的な性格には正負の両側面があった。今後，労使間に対等な関係を築き，労働者の発言力を高めるために，労働組合や政府には何が求められるのかを問うている。続く第4章「人的資源管理」の主題は，企業主導の人材育成のしくみである。中心的な視角に「人口減少」を据え，リテンション・マネジメントを通じた人材定着政策に分析の力点を置いている。雇用の非正規化・流動化が進行する現状において，円滑な労働移動を支援する公共政策の必要性も示唆されている。

第5章「非正規雇用」は，雇用形態間の処遇格差や均等待遇をめぐる政策の変遷について，パートタイム労働者と派遣労働者を対象として分析している。日本の非正規雇用政策は企業拘束性の高低による処遇差を合理化することで，中核的な男性労働者の働き方を維持し，拘束性の低い非正規雇用の低処遇を容認してきた。筆者は，そのような政策のあり方そのものが非正規雇用の増大をもたらすとともに，雇用形態間でのジェンダーの偏りを生み出し，男女間の処遇格差や性別役割分業の維持につながっていると鋭い批判を展開している。

②第Ⅱ部「労働政策のこれからを読み解く10のイシュー」

第6～8章に通底するサブテーマは「労働と貧困」の問題である。まず，第6章「最低賃金制度の役割」では，日本の最低賃金制度がなぜ，どのように導入・決定されてきたのか，その特徴と求められる役割を解き明かす。若者や非熟練の非正規労働者はしばしば，最低賃金水準周辺の低賃金で雇用され，生活保護水準にも満たない就労所得に依拠した生活を余儀なくされている。人々が安心して暮らせるような生活を保障するためには，最低賃金制度等の労働政策の検討とともに，それを社会保障政策とどうミックスし，バランスさせていくのかが問われていることも，筆者は指摘している。

続く第7章「労働力不足と中小企業」は，大方の中小企業が共通して抱える人手不足の問題を切り口に，その根本的な原因が大企業との労働条件の格差にあることを指摘する。これは第6章の最低賃金で言及されている「企業の支払い能力」に関わる問題でもある。筆者は，この面で現行の中小企業向け政策に

は様々な課題があることを指摘しつつ，他方で中小企業の経済的社会的役割や可能性を見出すことも重要であると主張している。

　第8章「複雑化する外国人労働問題」は，しばしば最下層の低賃金労働者として，受入れの促進と「活用」が進められてきた外国人労働者の問題を幅広く取り上げ，検証する。2019年4月には新たな在留資格「特定技能」が導入され，外国人労働者の中での階層化が進行している。また，彼・彼女らに関わる課題は労働問題に留まらない。外国人労働者やその子弟を単なる労働力として扱うのではなく，社会にどう包摂していくのかが，今後は一層問われることになるだろう。

　次に，第9〜11章のサブテーマは「雇用と非雇用」である。第9章「若者の就職とキャリア形成」は，企業等に雇用されて働く若者の就職と入職後のキャリア形成を主題としている。学校から職業への移行（トランジション）に関する日本的特徴として，「新規学卒労働市場」の存在があげられ，筆者はそのメリット・デメリットを論じている。さらに，労働政策と教育政策の双方をリンクした研究の必要性が提起されている。

　第10章「自営業の衰退と再生」は「雇われない働き方」に焦点を当てた章である。日本の自営業者の内実をデータに基づき明らかにした上で，彼・彼女らの生活を支える社会制度の充実を訴える。個人で仕事を請け負うフリーランスが様々な職種に広がり，兼業・副業が「新しい働き方」として注目・推奨される中で，こうした非雇用の働き方をどう支えるのかは，ますます重要度・緊急度の高い政策課題であるといえるだろう。

　第11章「『正社員主義』からの自由」は，新たな選択肢として「労組労供」という働き方を推奨している。これは，労働組合が行う労働者供給事業であり，実際に建設業などでそのような働き方が広がっている。筆者のメッセージは明快で，正社員にせよ非正社員にせよ，現状の歪んだ働き方に甘んじるのではなく，良質な非正規の就業形態をつくり出して対抗しよう，ということである。「本当にそんな手があるのか」と思った人は，ぜひ本文を読んでいただきたい。

　そして，第12〜15章のサブテーマは「労働と社会的包摂」である。第12章

「地方の若者の仕事に未来はあるのか」は，その章題が示す通り，地方で暮らす若者に焦点を当てる。彼・彼女らは，①自営業の減少，②産業のサービス化，③雇用の非正規化という社会情勢にまさに影響を受けている存在であり，新しいリスクに立ち向かう方策が求められている。筆者は，労働市場の需給両面（若者と地域経済）に目配りし，住民主導の自営業の推進とキャリアラダーの構築を通じた打開策を提起する。

　第13章「労働におけるジェンダー平等」では，日本におけるジェンダー平等の現状を詳らかにし，労働政策や税・社会保障制度が男女の「働き方」の違いに与えている影響について考察する。女性は家族のケアをしながら家計補助的に働くことを前提とした社会から，「一億総活躍社会」への転換はいかにすれば可能なのか，という問いかけが行われている。

　第14章「若者の生きづらさと『ひきこもり』」が検討するのは，就労や生活上の困難に直面している若者への支援政策である。若者の生きづらさが何に由来し，現在の労働環境はそれにどう作用しているのか。筆者は長年，支援者として様々な当事者とともに活動を続けてきた。政策の実践者としての視点から，若者の社会的孤立に切り込んでいる。そして，第15章「雇用保険と職業訓練」は，日本のアクティベーション政策の問題点について，現金給付とサービス給付の両面から検証している。ここまで繰り返し言及したように，企業と家族に依拠した社会制度の機能低下にもかかわらず，日本の制度改革は現実の変化のスピードに全く追いついていない。筆者は，その現状に警鐘を鳴らし，「消極的労働市場政策」に積極的な価値を見出す必要性を強調している。

　以上，いずれの章も現代日本社会の重要な労働問題に関して，丁寧に事実を確認し，問題の所在を明確にした上で，その処方箋についての提言を行っている。大学生をはじめとする初学者のみなさんには，各章における分析方法やデータの扱い方，そして章末の推薦図書も参考にしてほしい。筆者一同，本書が労働政策研究の「面白さ」を読者に伝えることで，労働問題に関心を深めるきっかけや刺激となることを願っている。

引用・参考文献

阿部斉他，1999，『新版 現代政治学小辞典』有斐閣。

五十嵐仁，2008，『労働政策』日本経済評論社。

石畑良太郎・牧野富夫編著，2009，『よくわかる社会政策』ミネルヴァ書房。

大河内一男，1949，『社会政策（総論）』有斐閣。

大河内一男編，1955，『現代経済学演習講座 社会政策』青林書院新社。

大河内一男，1981，『社会政策（各論）〔三訂版〕』有斐閣。

大原社会問題研究所，2019，『日本労働年鑑（第89集／2019年度版）』旬報社。

小熊英二，2019，『日本社会のしくみ——雇用・教育・福祉の歴史社会学』講談社現代新書。

熊沢誠，1997，『能力主義と企業社会』岩波新書。

駒村康平・山田篤裕・四方理人・田中聡一郎・丸山桂，2015，『社会政策——福祉と労働の経済学』有斐閣アルマ。

諏訪康雄，2017，『雇用政策とキャリア権』弘文堂。

橘木俊詔，2005，『企業福祉の終焉——格差の時代にどう対応すべきか』中公新書。

玉井金五・大森真紀編，2007，『三訂　社会政策を学ぶ人のために』世界思想社。

武川正吾，1999，『社会政策のなかの現代——福祉国家と福祉社会』東京大学出版会。

武川正吾，2012，『政策志向の社会学——福祉国家と市民社会』有斐閣。

西尾勝，2001，『行政学〔新版〕』有斐閣。

濱口桂一郎，2009，『新しい労働社会——雇用システムの再構築へ』岩波新書。

久本憲夫，2015，『日本の社会政策［改訂版］』ナカニシヤ出版。

久本憲夫・玉井金五編，2008，『ワーク・ライフ・バランスと社会政策』法律文化社。

宮本太郎，2012，「福祉政治の新展開」宮本太郎編著『福祉政治』ミネルヴァ書房，1-20頁。

森岡孝二，2019，『雇用身分社会の出現と労働時間』桜井書店。

Bonoli, Giuliano, 2006, "New Social Risks and the Politics of Post-Industrial Social Policies", in Bonoli and Armingeon eds., 2006, pp. 3-26.

Bonoli, Giuliano and Klaus Armingeon eds., 2006, *The Politics of Post-Industrial Welfare States: Adapting Post-War Social Policies to New Social Risks*, Oxon, UK and NY, USA: Routledge.

Clasen, Jochen and Daniel Clegg, 2006, "New Labour Market Risks and the Revision of Unemployment Protection Systems in Europe", in Bonoli and Armingeon eds., 2006, pp. 192-210.

Halvorsen, Rune and Bjørn Hvinden eds., 2018, *Youth, Diversity and Employment: Comparative Perspectives on Labour Market Policies*, Cheltenhum, UK and Northampton, MA, USA: Edward Elgar Publishing.

ILO 駐日事務所（監訳：吾郷眞一），2016『グローバル経済のためのルール——国際労働

基準の手引き（日本語版第3版）』https://www.ilo.org/wcmsp5/groups/public/---asia/---ro-bangkok/---ilo-tokyo/documents/publication/wcms_493801.pdf

ILO ホームページ ILO Constitution〔2020年2月10日アクセス〕https://www.ilo.org/dyn/normlex/en/f?p=1000:62:0::NO:62:P62_LIST_ENTRIE_ID:2453907:NO#declaration

ILO ホームページ Decent Work〔2020年2月10日アクセス〕https://www.ilo.org/global/topics/decent-work/lang--en/index.htm

ILO 駐日事務所ホームページ「ILO 憲章，フィラデルフィア宣言」〔2020年2月10日アクセス〕https://www.ilo.org/tokyo/about-ilo/organization/WCMS_236600/lang--ja/index.htm

厚生労働省ホームページ「雇用・労働 労働政策審議会」〔2020年2月10日アクセス〕https://www.mhlw.go.jp/stf/seisakunitsuite/bunya/koyou_roudou/roudouzenpan/roudouseisaku/index.html

厚生労働省 労働政策審議会「分科会および部会の構成」〔2020年2月10日アクセス〕https://www.mhlw.go.jp/content/12600000/000485258.pdf

（櫻井純理）

第Ⅰ部

労働政策の今をつかむ 5 つのフレーム

第**1**章

賃　　金

暮らすに足りて公正な

グラフィック・イントロダクション

資料1-1　本章で扱う論点の関係

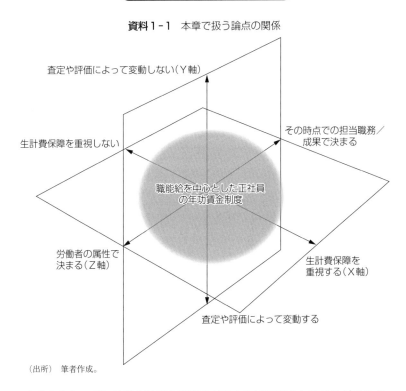

（出所）　筆者作成。

　自分のもらっている賃金はこの空間のどのあたりに浮かんでいるだろうか。どのあたりに浮かんでいてほしいと思うだろうか。

1 何が問題か

賃金の現状

[1] 賃金の「水準」と「決まり方・上がり方」

　この章では政策のための学問である社会政策を学ぶ上でとても重要な「賃金（制度）」を考える。現在の日本には，まともに暮らせないほどに低賃金である人々が少なからず存在し，不公正なまでの賃金格差が指摘される領域がある。だから，私たち自身にとって納得可能で持続可能な生活と労働の前提になるような，公正な賃金とその制度のあり方を考える糸口をつかまえることを目指そう。

　なお「俸給・給与（英語でいう salary）」と「賃金（英語でいう wage）」は歴史的にも原理的にも別のものではあるけれど，本章では現代における「給与」の意味も含んだ言葉として「賃金」を使う（中西，1998）。

　今や極めて深刻な低賃金とその格差を「問題」とするとき，その程度や理由を理解するためにまずは賃金の「水準」と，賃金の「決まり方・上がり方」に注目する必要がある。

　資料1-2によって賃金の全般的な上がり方の程度をみよう。ごく近年の数値を示すのみではあるが，2015年を100とした賃金指数と総務省による消費者物価指数の推移を重ねたものである。各線の動きにそれほど大きな乖離がないからこそ，いま多くの労働者にとって賃金と暮らしの向上が実感できていないであろうということが，かなり素朴に理解できる。

[2] 賃金の格差

　厚生労働省による「毎月勤労統計調査」や毎年の「賃金構造基本統計調査（賃金センサス）」のホームページで再集計されつつある各表を一覧するだけで，様々な賃金格差にあらためて衝撃をすらうける。ここでは勤続の長期化や加齢という時間の経過，個人の選択と努力によっては解消できない種類の格差に注

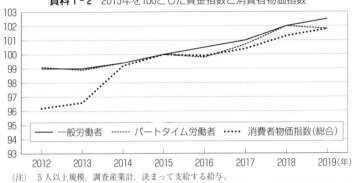

資料1-2　2015年を100とした賃金指数と消費者物価指数

凡例：一般労働者　……… パートタイム労働者　……… 消費者物価指数（総合）

（注）　5人以上規模，調査産業計，決まって支給する給与。
（出所）　厚生労働省「毎月勤労統計調査　2020年9月確報」総務省，2020年1月24日公開，消費者物価指数より筆者作成。

意を促しておきたい。特に「雇用形態」と「性別」による格差である。

　若年層よりも中高年層において賃金格差は大きくなる。初職で得る初任給にもみられる格差は，大企業の管理職から中高年パートタイマーや日雇い派遣労働者まで含むより高い年齢階層においては，そこに至るまでの賃金の決まり方と上がり方の差によって，拡大していく。

　日本においては産業別，企業規模別の賃金格差も欧米先進国に比べて大きい。労働条件決定における社会的な規範が弱く，労働組合も主に企業別に組織され，産業や企業横断的にではなく，企業ごとに賃金が決まっていることの反映である。学歴もまた賃金格差の理由とされるものであるが，学歴自体が本人の意識と努力次第で決まるとはいえない要因であることは近年の議論でもすでに明らかである。学歴・学校歴は雇用形態を含めた初職の選択とその後のキャリア展開に大きな影響を及ぼす。

　資料1-3は，2019年の企業規模別，雇用形態別，性別の賃金水準と賃金格差を静態的に切り取った表である。あくまで平均額ではあるとはいえ，状況は概観できる。[1]で簡単に触れた「水準」もここで確認しよう。正規男性と非正規女性の間にみられる最も端的で苛烈な格差は，両者の年齢や勤続年数平均の差を考慮したとしても，大きな社会的不公正と不効率の所在を明らかにして

資料1-3　企業規模，年齢階級，性，雇用形態別賃金（2019年）

（単位：千円）

企業規模，年齢階級		男		女	
		正社員・正職員	雇用期間の定め有り	正社員・正職員	雇用期間の定め有り
企業規模計	年齢・学歴計	389.8	277.0	289.1	211.6
大企業	年齢・学歴計	450.4	290.2	328.4	218.1
	～19歳	216.3	1209.4	196.9	181.3
	20～24	265.6	231.9	248.9	208.9
	25～29	327.4	270.5	290.0	220.9
	30～34	390.4	290.5	319.3	224.0
	35～39	439.3	302.0	333.2	225.1
	40～44	477.1	306.0	356.4	222.7
	45～49	509.8	316.1	371.3	221.1
	50～54	553.2	297.7	390.2	214.9
	55～59	540.3	304.7	380.2	207.5
	60～64	421.4	297.3	341.2	219.4
	65～69	457.8	277.2	351.3	208.7
	70～	410.3	254.1	328.6	207.0
中企業	年齢・学歴計	372.0	271.0	284.5	210.0
	～19歳	203.3	186.0	184.3	178.0
	20～24	243.6	203.2	225.6	194.3
	25～29	284.8	235.0	256.7	208.5
	30～34	323.5	264.8	272.4	214.1
	35～39	360.6	274.6	283.8	211.4
	40～44	391.1	290.8	303.9	218.8
	45～49	417.9	287.0	310.9	217.5
	50～54	443.9	296.7	318.9	213.9
	55～59	448.5	284.6	311.7	206.0
	60～64	388.9	288.0	298.2	210.1
	65～69	352.5	256.7	274.7	197.5
	70～	360.1	242.4	264.6	193.6
小企業	年齢・学歴計	329.6	261.4	249.8	199.7
	～19歳	199.6	189.0	179.0	185.0
	20～24	230.1	198.6	207.2	191.4
	25～29	266.5	229.1	229.7	192.9
	30～34	298.1	240.4	241.6	195.1
	35～39	328.5	275.8	251.3	200.1
	40～44	350.2	279.8	260.8	200.1
	45～49	365.6	311.1	266.2	202.0
	50～54	374.5	285.9	270.2	202.2
	55～59	370.1	250.2	272.6	197.8
	60～64	319.2	270.9	247.6	208.3
	65～69	275.4	235.6	232.7	200.3
	70～	259.1	215.1	249.0	202.6

（注）　「きまって支給する給与」。民営事業所。常用労働者のみの数値で，臨時労働者は含まれていない。
（出所）　厚生労働省「令和元年　賃金構造基本統計調査」に筆者加工。

いる。しかも，これは常用雇用労働者のみの数字であり，臨時や短時間労働者
は含まれていない。

　各企業規模に分布する各属性の労働者を，年齢階級別に横に見比べると，賃
金の上がり方が賃金格差を増幅していることが理解できる。2018年に20歳の労
働者が45歳になったときに受け取る予定の賃金を，この表は示しているわけで
はない。しかし，今後はありえないほどの高度経済成長か，あるいはより公正
な賃金制度に向けた社会的な歩みがなければ，その労働者にとっての将来展望
の明暗は示唆されている。

　資料1-3には示されないけれども，そして，最も深刻な領域においては，
就労しているにもかかわらず貧困かそれに近い状態にある人もいる。それは歴
史的には実は新しい事象ではないけれども，「ワーキングプア」という存在で
ある。屑物収集や各種サービスなどに代表される都市雑業や日雇い，派遣など
において，労働時間や強度の点でも普通以上の働き方をしていながらでさえ普
通には暮らせない人がいることを，私たちは歴史を通じて，そして同時代に生
きる者として，知っている（岩田，2017）。

③ 労使関係の重要性

　いま賃金の水準もその決まり方・上がり方も，雇って賃金を支払う側が自由
に選択して設定するものであるというイメージがもたれている。また，現在で
は，労働市場がたとえ完全雇用に近い状態であっても，「雇われていること」
が直ちに「暮らせる所得が得られること」を意味しない。物価上昇率を超える
名目賃金の上昇，つまり実質賃金の上昇も労働者にとって必ずしも自動的に約
束されるとは限らない。しかし，労働条件としても制度としても，賃金には労
使関係において交渉によって合意されて決まるという側面があることをだから
こそ忘れてはならない。労働条件に関わる重要な事柄を，労使で決めるしくみ
を「産業民主主義」あるいは「労使自治」という。賃金が議論されるときにこ
の観念が後景に退いている現状それ自体も1つの問題とする立場を本章はとる。

2 こう考えればいい
日本の賃金制度：賃上げの必要性

1 労働組合と賃上げ

　前節を承けよう。賃金はこの日本でも終戦直後から高度経済成長期の末期までは，労働組合の全国的な連合体であるナショナルセンターから単組（一般的には個別の労働組合のこと）にいたる様々な段階での組織労働者の要求と団体交渉，ときには業界団体や企業との争議を経た妥結を通じて引き上げられてきた。主として大企業の組織労働者が参画する集団的労使関係のその成果は，中小企業も無視できない「相場」となり，人事院勧告[*]によって公務労働者の賃金にも波及した。ところが，高度経済成長期の終わり頃から現在では，賃金をはじめとする労働条件や雇用制度に対するこのような集団的労使関係の規定力と広い波及力が衰えてきている（本節の労使関係に関わる用語については本書第3章を参照）。

　　[*]　人事院勧告とは，国の行政機関である人事院が行う，国家公務員一般職の賃金を中心とする労働条件を改訂するための勧告である。地方公務員や独立行政法人の職員への間接的な波及効果をもっている。これは，日本においては公務員の労働基本権が制限されていることへの代償的な措置であるとみなされている。

　いま必要とされているのは，正規労働者についてはもちろん，非正規労働者についてもまた，自主的で恒久的な労働組合が積極的な賃上げ要求を通じて，難しいけれどもそれを実現していく営みである。そして，そこで達成された賃金水準を，労働組合に組織されていない労働者が雇われている分野にも相場として波及させて，あまりに不当な賃金格差をできるだけ圧縮していくしくみである。これらは困難ではあるけれどもなお追求されるべき正道であろう。春闘における賃上げ交渉は現在でも行われているけれども，むしろ総理大臣が経営者団体に対して賃上げを要請するという不思議なイベントのほうが見かけの上では成果が上がっているかのようである（熊沢，2013；本田，2018）。

② 賃上げによる景気回復

「賃上げは日本企業の競争力を削ぎ日本経済の低迷と失業に結びつく」という経営者はおろか，労働者の中にもある賃上げへの警戒感は，まるで19世紀中頃までの「賃金基金説」を思い起こさせる。賃金基金説では，社会の賃金原資は全体として仮想の１つの「基金」のようなものであり，そのときの就労可能な人口（労働者数）とともに一定期間は変化しないものだから，賃上げは失業をもたらすと想定される。その考え方は，近代経済学の黎明期に，賃金総額はマクロ的には基金＝ストックではなくフロー＝可変の流動量であり，常に増減し続けるものであるという指摘によってすでに否定されている。しかし，賃上げはあくまでも景気回復と生産性向上の果実であり，経済成長してから事後的にのみ可能であるという認識は根強い。

　しかし，それは一面的である。いうまでもなく最低賃金の大幅引き上げを前提とした幅広い賃上げは，現在のように景気回復の効果が未だ極めて限られている状況においてこそ，重要である。この点は今後もっと焦点化される必要がある。低賃金であれば人は消費を切り詰めて暮らす。この場合の限界消費性向は高いので，つまり所得が増えれば消費を増加させる家計は多いので，可処分所得の上昇は堅調な消費の伸びを支えるだろう。もちろん，低すぎる賃金水準を是正することは，経済成長のための手段である以前にディーセントな（正当でまともな）処遇と暮らし，いいかえればその人々の人権を守るということである。同時に，賃上げは景気回復の果実というより，現状においては景気回復の土壌である（ブレイディ他，2018）。

③ 「成果主義」の問題

　経済成長による賃金上昇も団体交渉による賃上げとその波及も，ともに低調なまま1990年代から「成果主義賃金」の導入を試みる企業が増加した。年功賃金制度における正社員の基本給部分は上げやすいけれども下げにくいという下方硬直性をもっていた。そのことが使用者にとっての負担感につながっていた。しかし，結果的には成果主義賃金が年功賃金制度を廃れさせて，それに取って

代わるように定着することはなかった。

　ごく限られた技術的条件のもとでなければ，労働者に十分に納得可能な個人別の成果の測定はそもそも不可能に近い。ましてや成果主義導入の主戦場となったホワイトカラー分野の多くの仕事は，特定の個人の業績を割り出すのが難しい。後述する職能給制度から成果主義賃金に大きく移行することは，多くの労働者にとって簡単に合意できることではない。

　しかし，「成果」を厳しく評価して生産性向上につなげること，よりドライには人件費を節約することが理想的な処遇「改革」であるという信念は今なお多くの経営者から，そして一定層の労働者からも支持を得ている。「年俸制」の導入も，もちろん報酬の計算単位という形式上の変革に留まらない，評価の厳格化という真意がある。しかし，峻厳に過ぎる査定（人事考課）や業績評価は多様な労働者にとって賃金の生計費保障理念を脅かす危険があるため，本章はそれに警戒的である。

3　ここがポイント
暮らしを保障できるか

⓵ 賃金の２つの理念

　「賃金」は異なる２つの理念を背負っている。１つは，①賃金とは具体的な労働給付に対する反対給付であるという理念である。その意味で賃金とはその労働給付への評価を伴う，一種の市場価格である。あくまでも担当している職務の遂行能力やその成果に対する価格としての理念であると考えておこう。資料１-１のＺ軸の一端で表した理念である。

　もう１つには，②賃金とは労働者の多くがそれによって暮らしを成り立たせる生計費であるという理念である。この理念には資料１-１におけるＸ軸の一端が対応している。雇用の議論においては依然として完全には無視できない理念である。

　非正規労働者を活用する個別の使用者が，それをどの程度意識しているかは

　ともかく，政府の完全雇用政策は，就労の意思と能力のある人々が，その生計費を稼得できることを前提に制度化されている。つまり，被雇用者は賃金によって生計が成り立ち，同時に担税力をもち社会保険料を納付できるはずであり，それゆえ社会保険と公的扶助による所得保障（現金給付）の必要性は，主として雇用や就労から排除されている場合に発生する，という想定である。場合によって補完的な福祉給付は絶対に不可欠ではあっても，ほぼフルタイムで働くならば普通に暮らせる賃金が得られること，これは雇用の領域に課されている社会的役割であるといってよい。

　理念①と②の関係は実際にはかなり複雑である。しかし，さしあたり両者を対比させるのは，次のような点に注目するためである。

　つまり使用者は，従業員の仕事の内容や働きぶり，使用者からみた好ましい貢献度合いによって賃金を決めたいと考える。同時に，その意欲と貢献を引き出しながら企業への帰属意識と定着性を高める必要から，従業員とその家族の生計費を保障せざるを得ないという事情もある。それらをいかにうまく両立させるかという関心が，例えば日本の年功賃金制度とその修正過程に象徴的に表れるように，継続的な雇用関係における賃金制度史を貫流しているという点である。このことは第3節 **4** で再び触れよう。

2 賃金形態の多様性

　賃金がどのような要素に基づいて決まるのかによって性格分けされたものを「賃金形態」という。賃金形態にはさらに細分化されてそれぞれに名前がつくけれども，大きくいって，その労働者がどんな人であるかによって決まるものを「属人給」と呼び，どんな仕事をしているかによって決まるものを「属職給」と呼ぶ。属職給の代表格が「職務給」である。

　ここで詳述はできないが，ブルーカラーの賃金の決まり方，支払い方については「出来高給」から「時間給（時間賃率）」へという歴史的な展開があった。また，対照的にホワイトカラーには月極の「俸給・給与」が払われていた。戦後最初期の「工職身分差撤廃」要求の中で，日本の労働組合はブルーカラーに

対しても，水準は異なっても昇給カーブをもつ月給を支払うことを求めた。それが日本の年功賃金制度に独特の性格を与えて定着したといえるが，戦時中から工員に対する月払いは政府によって構想されてもいた（金子，2013）。

　賃金形態は，賃金の性質や歴史を理解する上ではとても重要な分類の視角ではあるが，現代の日本で目にする給与明細書に，これらの言葉がそのまま書かれることは稀である。「基本給」や「本（人）給」といった賃金の中心的な部分に，属人的な要素と属職的な要素が溶かし込まれているのが普通である。

　１つの使用者が従業員に支払う賃金は，複数の項目からなっている場合もあり，給与明細は複数の形態の賃金や加給，諸手当から構成されることになる。この構成を「賃金構成」あるいは「賃金体系」という。パートタイマーにも「基本給」と「諸手当」を組み合わせている事例はある。

　第１節の用語が示唆するように，賃金の「決まり方」と「上がり方」は密接な関係にある。雇用関係がしばしば継続的な関係であることから，雇用期間中に賃金が上昇するとき，「決まり方」はその「上がり方」の根拠ともなるからである。勤続が１年増えたので昇給するならば属人的な上がり方だし，担当する職務の格が上がったことで昇給するならそれは属職的な上がり方である。

　なお，より正確には，賃金が上がるというとき，昇給カーブ上での位置づけが上がるという意味での「（定期）昇給」と，昇給カーブ全体が上方へシフトするという意味での「ベースアップ」の２つがある。ある企業でベースアップが行われれば，たとえ定期昇給がなかったとしても労働者の賃金額は上がるということである。

３ 「能力主義」と査定

　「能力の高い労働者には高い賃金が支払われるべきだ」という一般論に反論するのはなかなか難しい。「能力」という言葉の中に何が含意されているのかは実に曖昧で，時代と社会によって変わりうる。歴史的概念としての「能力主義」的な人事管理を一義的に定義するのは容易ではないけれども，本章のテーマである賃金制度に関して，具体的に構想された使用者による「能力主義」の

実践を整理すれば，査定に基づいて，1)属性を共有する従業員の間に処遇上の差を設けること，2)職務配置とその階梯としてのキャリア展開について質的な差と通過速度の差を設けること，である。資料1-1のY軸はその査定の規定力の強さを示している。

査定の規定力が強まれば，他の条件が同じならば同時にその賃金は生活保障理念を弱めてX軸上の負の方向にシフトするだろう。労働者にとっては収入の予想可能性に関わる大きな問題である。査定や業績評価があったとしても，考課者訓練を通じて客観性と公正さを担保し，結果に対する異議申立のしくみを備えることは必須である。

日本の多くの使用者が期待するような，ときに過重なノルマを引き受けてその達成に努力すること，常態化している残業，配置転換や転勤にも応じる心構えや条件，企業や上司に対する従順さをも「能力」というのであれば，家族責任をより多く引き受けていることが多い女性と，そのような働き方をしない，あるいはできない人にはその「能力」がないことになる。そして能力開発や昇進の際に示すことが求められる「覚悟のほど」にも，制約を負う人々が存在することになる。その人々がそれゆえに相対的な低賃金に甘んじることになるとしたら，それは当然のことだろうか。この意味における「『能力』に応じた賃金」の格差にも，受容可能な，公正な限度というものがあろう。

日経連はすでに20年以上前に「雇用ポートフォリオ」という言葉で正社員と非正社員の，さらに正社員内部での「能力」や「個性」に応じた分類を謳って日本の年功制度の修正を図っている。その時点ですでに現状追認でもあったが，「能力評価」に応じた処遇格差はいわば「正系」の理念として今日までを貫く（日本経営者団体連盟，1995）（本書第5章も参照）。

4 歴史的前提

「年功賃金制度」とは「定期昇給制度」と「職能資格制度」を備えた，定年退職までの比較的長期にわたる雇用関係を想定した賃金制度である（佐口，2018）。

　終戦直後の激しいインフレの中で，戦時の生活給の考え方を受け継ぎながら労働組合は，ともかくも「暮らせる賃金」と，職員（ホワイトカラー）と工員（ブルーカラー）の間で相似のカーブを描く賃金制度を要求した。戦後における年功賃金制度の（再）出発であった。

　1950年代において経営者が望んだことは，「職務給」の導入，つまり賃金体系の中で，どんな仕事をしているのかによって決まる部分の比重を大きくすることであった。それこそが賃金制度の「近代化」と考えられていたのである。

　しかし，ここには矛盾があった。日本の典型的な雇用においては，欧米の労使関係が前提とするような職務配置の固定性が弱い。ホワイトカラーかブルーカラーかという区分はもちろんあったけれども，それ以上に詳細な意味での「職種」という概念も，重電や造船や鉄鋼といった比較的長期の技能養成システムをもった産業を別にすれば，事実上はかなり緩やかであった。技術革新と市場環境の変化によって，日本の労働者の仕事の内容やその区分，配置は変化するものであった。結果として1960年代中頃以降，基本的には勤続年数に応じて向上するものと類推された「職務遂行能力」という概念の発明とともに総合決定給として定着するのが「職能給」である（石田，1990）。

　「職能給」は同期の全従業員が横並びで自動的に昇給することを保証するものではない。「定期昇給」のしくみがあったとしても，属職的な賃金としての，そして①の，具体的な労働給付に対する評価を伴った反対給付としての理念が完全に捨象されることはなかった（田口，2017；日本経営者団体連盟，1969）。

　[1]で述べた理念①が含意するように，基本給が属職的賃金であっても市場価格である限り相場から全く自由ではありえない。その相場はフルタイムの労働者であれば②の「生計費」から大きく下方に乖離することは不可能である。生計費を保障する賃金は，その労働者の属性や家族構成，ライフステージ上の責任などが混ざり込んで決まる。また，職務配置やキャリア自体が属人的にも決まる。「職能資格」という従業員の格付け制度は依然として「年」と「功」という意味での年功的な運用の余地をもった。[2]で触れた昇給根拠の分け方によれば，「職能給」は勤続の経過を「職務遂行能力」の向上と担当可能な職

務範囲の上方シフトに読み替えて昇給の根拠としている。

4 これから深めていくべきテーマ
納得可能で公正な賃金のありかた

1 グラフィック・イントロダクションを通じて考える

　あらためて章頭の資料1-1をみよう。本章で言及した論点の関係を概念的に図示したものである。この図は，各矢印の端を理念として賃金項目が設定されて，実際の様々な賃金形態・項目が点として定まり，その構成（賃金体系，つまり点の集合）によってこの空間中にある種の立体ができあがるという考え方に基づいている。自分のもらっている賃金はこの空間のどのあたりに浮かんでいるだろうか。どのあたりに浮かんでいてほしいと思うだろうか。そのように考えてみてほしい。

　「メンバーシップ型雇用」と「ジョブ型雇用」という概念整理や，ペイ・エクイティ，同一価値労働同一賃金の議論による重要な現状批判などを理解するためにも，それらの主張をこの空間においてみることが可能である（森，2004；遠藤，2014）。

2 年功賃金を押し拡げる

　例えば日本の年功賃金制度は，原点近くに中心をもつ楕円球で示されるけれども，この「バランスの良さ」が制度としての客観的な合理性や公正さを表しているわけではもちろんない。とはいえ，戦後を通じてたびたびの修正と挑戦を受けながらも，今なお総じてその強固さを保っている年功賃金制度には，その折衷的な性質ゆえの状況適応力があったともいえる。

　日本的雇用システムの正規雇用中心主義は，その適用範囲を限定することによって機能してきたとも指摘される。年功賃金がもつ従業員の生計費保障という役割は，その企業の賃金だけで家計を維持している主として男性正社員のみが享受できるものとされてきたという負の側面をもつ。つまり長期勤続が想定

されていない非正規労働者や家計補助的に働いているものとずいぶん都合よく
みなされた女性パートタイマーの賃金は生計費保障とは縁遠い都合によって低
く抑えられてきたのである（金，2017；濱口，2015）。

　けれども，公正で妥当なある程度の査定を伴った総合決定給に，現状よりも
もっと幅広い労働者に対する生活保障の役割をもたせることは追求されるべき
である。例えば，たとえ非正規雇用ではあってもフルタイムに準じた所定内労
働時間をもつ労働者には生活保障給の理念が適用されなければ，それはフェア
ではない。すべての人が賃金だけで暮らせる状態というのは現実的でも理想的
でもない。とはいえ，所得のほとんどを賃金として稼ごうと考える人びとに対
しては，雇用の領域には独自の責任がある。企業が戦略的に選択するような低
賃金を福祉給付で補塡することは，いわば社会保障制度へのフリーライドを許
すことであり，低賃金を公費で助成することに等しい。公正なこととはいえな
い。

　日本において，主に雇用されて働くことによって暮らそうとする多様な人々
にとって最低限受容可能な賃金制度は，どれほど大がかりなものになろうと，
依然として年功賃金制度のはらむ問題点の修正と，その外延的拡充から構想し
始めるほかはないのではないか。

手にとって読んでほしい5冊の本

遠藤公嗣，2014，『これからの賃金』旬報社。
　　近年の賃金論における概念と思想を腑分けしたうえで明瞭な現状批判と政策提
　　言が行われる。理解しやすい。
金子良事，2013，『日本の賃金を歴史から考える』旬報社。
　　コンパクトな判型ながら重厚な賃金思想史で，日本の近現代史への含意も大き
　　い。多読で博識なこの著者ならではという刺激的な書。
小池和男，1966，『賃金　その理論と現状分析』ダイヤモンド社。
　　半世紀以上前の入門書で，労働問題研究者は若い頃に必ず読んだはずの名著。
　　明快な概念整理と問題意識は今なお勉強になる。
佐口和郎，2018，『雇用システム論』中央経済社。
　　賃金制度をはじめとする個別の雇用制度が有機的に束ねられたものが「雇用シ

ステム」。制度派労働研究の学び直しにも最適な力篇。

中西洋，1998，『《賃金》《職業＝労働組合》《国家》の理論』ミネルヴァ書房。
　　「賃金」を透徹して本質的に考えるとはこういうこと。より深い勉強のために
　は必読の書。

引用・参考文献

石田光男，1990，『賃金の社会科学——日本とイギリス』中央経済社。

岩田正美，2017，『貧困の戦後史』筑摩書房。

遠藤公嗣，2014，『これからの賃金』旬報社。

金子良事，2013，『日本の賃金を歴史から考える』旬報社。

金英，2017，『主婦パートタイマーの処遇格差はなぜ再生産されるのか——スーパーマー
　ケット産業のジェンダー分析』ミネルヴァ書房。

熊沢誠，2013，『労働組合運動とはなにか　絆のある働き方をもとめて』岩波書店。

佐口和郎，2018，『雇用システム論』中央経済社。

田口和雄，2017，『戦後賃金の軌跡　鉄鋼・電機企業の検証』中央経済社。

中西洋，1998，『《賃金》《職業＝労働組合》《国家》の理論』ミネルヴァ書房。

日本経営者団体連盟，1969，『能力主義管理——その理論と実践』。

日本経営者団体連盟，1995，『新時代の「日本的経営」』。

濱口桂一郎，2015，『働く女子の運命』文春新書。

ブレイディみかこ・松尾匡・北田暁大，2018，『そろそろ左派は〈経済〉を語ろう　レフ
　ト3.0の政治経済学』亜紀書房。

本田一成，2018，『オルグ！オルグ！オルグ！　労働組合はいかにしてつくられたか』新評
　論。

森ます美，2004，『日本の性差別賃金　同一価値労働同一価値原則の可能性』有斐閣。

（熊沢　透）

第2章

労働時間

労働生産性を上げ，雇用に結びつくか

グラフィック・イントロダクション

資料 2 - 1　職務無限定・低い割増賃金率のもとでの脆弱な労働時間規制

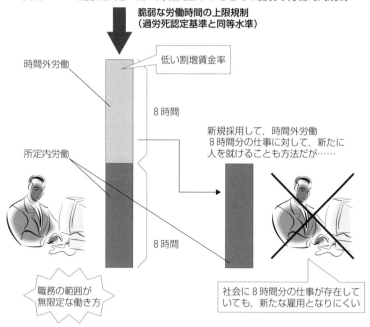

脆弱な労働時間の上限規制
（過労死認定基準と同等水準）

低い割増賃金率

時間外労働

8 時間

新規採用して，時間外労働
8 時間分の仕事に対して，新たに
人を就けることも方法だが……

所定内労働

8 時間

職務の範囲が
無限定な働き方

社会に 8 時間分の仕事が存在して
いても，新たな雇用となりにくい

日本の割増賃金率の下では，所定内労働の時間当たりコスト＞時間外労働の時間当たりコスト

脆弱な労働時間の上限規制＋低い割増賃金率
➡ジョブレス・リカバリー（好況が雇用改善に結びつきにくい）

（出所）　筆者作成。

　「働き方改革」により許容される労働時間は，過労死の認定基準とほぼ同水準にあり，労働時間の上限規制の点で不十分な規制となっている。このことは労働時間の問題にのみ留まるものではない。労働時間は，労働生産性に対しても影響を与える。さらに，日本においては，仕事と労働者の結びつけ方は仕事の範囲が限定されていないという意味で職務無限定となっており，時間外労働の割増賃金もまた低い水準となっているが，労働時間の問題はこれらと相まって雇用に対しても影響を及ぼす。すなわち，このような条件のもとでは，仮に1日8時間の労働が新たに社会の中に生み出されても，新たな雇用としてではなく，すでに雇用されている労働者に長時間労働を課すように作用し，また脆弱な労働時間規制は，原理的にこのことを可能とするように機能する。

　本章は，労働時間の上限規制の状況について確認するとともに，そのことが労働生産性や雇用に対して，どのような影響を及ぼし得るか，検討を行う。

1 何が問題か
脆弱な労働時間の上限規制

　2017年9月に，「働き方改革法律案要綱」が労働政策審議会に諮問され，同審議会は，同年9月15日付で厚生労働大臣に対し「おおむね妥当」との答申を行った。その後，2018年7月に「働き方改革を推進するための関係法律の整備に関する法律」（以下，働き方改革関連法）が成立し，2019年4月から順次施行された。

　働き方改革関連法は，「働き方改革の総合的継続的な推進」「長時間労働の是正，多様で柔軟な働き方の実現等」「雇用形態にかかわらない公正な待遇の確保」の3つの骨子から構成されている。これらのうち「長時間労働の是正，多様で柔軟な働き方の実現等」に焦点を当て，中でも時間外労働・休日労働の上限規制を示せば，次の通りとなっている。

1 時間外労働・休日労働の上限規制
　時間外労働の上限規制は罰則つきで法令化され，月45時間，年間360時間が原則とされた。ただし予算・決算業務，納期の逼迫，大規模なクレームへの対

資料2-2　働き方改革関連法における労働時間の上限規制

臨時的な特別な事情がある場合	臨時的な特別な事情がない場合
①年間時間外労働≦720時間 ②月間時間外労働＋休日労働＜100時間 ③（2～6カ月の各期間すべてにおける）時間外労働＋休日労働の平均≦80時間 ④月間の時間外労働45時間超≦6回／年	⑤月間時間外労働＋休日労働＜100時間 ⑥（2～6カ月の各期間すべてにおける）時間外労働＋休日労働の平均≦80時間

応等，通常予見することのできない業務の増加等，臨時的で特別の事情がある場合には，それらの原則を超えて時間外労働・休日労働をさせることが許容されている。この場合における労働時間規制は，①年間時間外労働を720時間以内とすること，②月間の時間外労働と休日労働を加えた労働時間が100時間未満であること，③2～6カ月間のすべての期間において，時間外労働と休日労働の合計が，平均で80時間以下であること，そして④時間外労働が原則の月45時間を超えることができる回数は，年間で6回以下と定められている。また臨時的な特別な事情がない場合においても，⑤年間を通して時間外労働と休日労働の合計時間が月100時間未満であること，⑥2～6カ月間における時間外労働と休日労働の平均を80時間以下とすることが規定されている。

　問題は，このような労働時間の上限規制が，規制としてどのようなレベルのものとして評価できるかである。このことを検討するために，これらの労働時間の上限規制のもとで，実際に年間にどれぐらいの時間外労働，および休日労働を行うことが可能であるのか明らかにしておこう。上記の労働時間の上限をまとめれば**資料2-2**の通りとなる。

　まず，臨時的な特別な事情がある場合であるが，これは6カ月の間，認められる（④）。この期間において許容される時間外労働と休日労働の時間は，80時間×6カ月で480時間となる（①および③）。他方，臨時的な特別な事情がない場合には，残り6カ月の期間においても，80時間×6カ月の480時間の時間外労働および休日労働が許容されることとなる（⑥）。したがって，1年の間には，480時間＋480時間で合計960時間の時間外労働と休日労働をさせることが可能ということになる。

② 労働政策としての整合性

　それでは，1 年間に合計960時間の時間外労働と休日労働を許容する労働時間の上限規制はどのように評価できるのであろうか。まず過労死認定基準と照応させることとしよう。

　周知の通り，厚生労働省は，労働基準局長名で，「脳血管疾患及び虚血性心疾患等（負傷に起因するものを除く。）の認定基準」として，いわゆる過労死認定基準を示している。そこで示されている労働時間は，発症前 1 カ月でおおむね100時間の時間外労働時間，発症前 2 ～ 6 カ月にわたり，1 カ月でおよそ80時間を超える時間外労働時間である。すなわち，これらの各期間において，それらを超える時間外労働が認められる場合には，業務と発症との関連性が強いとの評価が行われている（ここで述べている時間外労働時間とは，「1 週間当たり40時間を超えて労働した時間数」を指している）。

　これに対して，働き方改革関連法で許容されている時間外労働と休日労働時間の合計は，前記の通り，年間960時間であり，月間にすると80時間であることから，表記上，休日労働時間が含まれているか否かの相違はあるものの，月間の所定労働時間以外の労働時間でみれば，過労死認定基準と同等の上限規制となっていることがわかる。このような労働時間規制が，国の労働時間規制として果たして適切な水準のものとして評価できるか，甚だ疑問の余地が残るといわざるを得ない。

　さらに，このような水準の労働時間規制は，他の労働政策との整合性の観点からも問題を残している。2014年11月に過労死等防止対策推進法が施行され，第 1 条において，「過労死等の防止のための対策を推進」することがその目的として示されているが，過労死認定基準と同等の労働時間を許容することは，同法に反するものである。また「過労死等の防止のための対策に関する大綱」では，数値目標として，2020年までに週労働時間60時間以上の雇用労働者の割合を 5 ％以下とすることを掲げている。しかしながら，働き方改革関連法が許容する週労働時間は，月80時間の時間外労働，および休日労働を単純に 4 週で割り，法定労働時間40時間に加えれば，同大綱が示す数値目標としての週労働

時間60時間と一致することとなる。働き方改革関連法で定められた労働時間の上限規制は，これらのことから明らかなように，労働政策としての整合性を欠くものとなっている。

2 こう考えればいい
労働時間制度の見直し

現状における労働時間の上限規制は，過労死認定基準と同等の労働時間を許容していることから，さらに上限規制を強めることが必要である。このことは，長時間労働が労働者の心身に与える影響という文脈に加え，社会・経済に与える問題からも要請されるものである。

［１］ 長時間労働と労働生産性

いわゆる「働き方改革」は，労働生産性向上を謳っているが，この点に鑑みても，労働時間の上限規制を強めることが必要となる。**資料2-3**は，OECD各国の労働時間と労働生産性を国際比較したものである。左縦軸に購買力平価換算 US$ の労働生産性をとり，その数値が高い順に各国を並べ，それにあわせて各国の年間労働時間（右縦軸）を図示している。資料2-3のデータをもとに，横軸に年間労働時間を，縦軸に労働生産性を置き直し，それら2つの数値の関係を散布図で示したものが**資料2-4**であり，それらをもとに相関係数を算出したものが**資料2-5**である。しばしば指摘されるように，資料2-3から日本の労働生産性は決して高い水準ではないことが確認できるが，ここで論ずるべき問題は，各国の年間労働時間と労働生産性の数値から，双方にはどのような関係が認められるかである。資料2-4の散布図をみると，その分布上，双方には負の相関関係があるようにみえる。すなわち，年間労働時間が長くなればなるほど，労働生産性が低下するという関係である。このことを明らかにするために，労働時間と労働生産性の相関係数を算出したところ，その数値は－0.558となり，有意確率1％水準で，やはり双方には相応の負の相関関係に

資料 2 - 3　労働時間と労働生産性の国際比較（2016年）

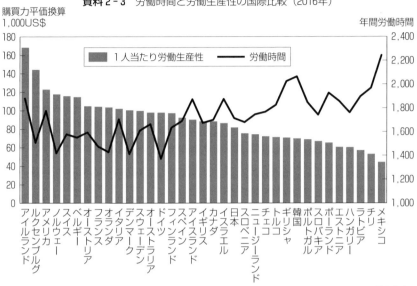

（出所）　OECD National Accounts Database, OECD Employment and Labour Market Statistics から筆者作成。

資料 2 - 4　労働時間と労働生産性の散布図

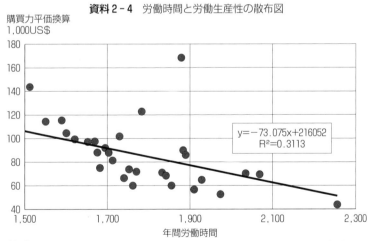

（出所）　OECD National Accounts Database, OECD Employment and Labour Market Statistics
　　　から筆者作成。

資料2-5　労働時間と労働生産性の相関

		1人当たり労働生産性	労働時間
1人当たり労働生産性	相関係数	1	− .558（＊＊）
	有意確率（両側）		.000
	N	35	35
労働時間	相関係数	− .558（＊＊）	1
	有意確率（両側）	.000	
	N	35	35

（注）　＊＊は1％水準で有意。
（出所）　OECD National Accounts Database, OECD Employment and Labour Market Statistics から筆者作成。

あることが認められる結果となった。したがって，長時間労働は生産性向上には寄与せず，逆に低下させるものであり，生産性向上を図るのであれば，適切な労働時間の上限規制が必要とされるということとなる。

２ ジョブレス・リカバリーと労働時間の上限規制

　次に，ジョブレス・リカバリーに与える影響の観点から，労働時間の上限規制について検討を加えておくこととしよう。ジョブレス・リカバリーとは，たとえ景気が回復しても，好況が雇用の改善に結びつきにくい状態を指す。日本においては，このようなジョブレス・リカバリーの現象が指摘されるに至っている（Schmitt-Grohé and Uribe, 2017）。それでは，脆弱な労働時間の上限規制は，このジョブレス・リカバリーに対してどのように作用するのであろうか。

　研究史において指摘されているように，日本においては，時間外労働をさせ，法定割増率の割増賃金を時間外労働に支払っても，所定内労働時間の時間当たりコストを下回る状況となっている（労働省，1992；清山，1995；久本，2003）。このような状況のもとでは，仮に景気がよくなり，新たに1日8時間分の仕事が発生したとしても，当然のことながら，増加分の仕事について，新たに採用を行い，人員を増やすことには結びつきにくくなる。なぜなら，新たに人を採用し，8時間分の仕事を切り出し，所定内労働時間として仕事をさせるよりも，すでに社内で働いている従業員に時間外労働をさせ，残業代を支払ったほうが，

人件費が安くなるからである（資料2-1を参照）。このことは，仮に仕事の増加に伴う雇用増の機会があったとしても，実際には，雇用創出には結びつかないという意味で，社会全体でみれば雇用機会を逸失していることとなる。さらに，日本においては，正規従業員は職務を区切って，限定化された職務の範囲の中で仕事をしているのではなく，一般的に職務無限定での働き方となっている。このような現状は，職務内容とは無関係に従業員の仕事の量を増加させることが容易という点で，新たに発生した仕事に対し，すでに社内にいる従業員による時間外労働での対応を助長させやすくする。

③ 今後求められる法改正

このような状況に対して，講じ得る手立てとしては，以下のものがあり得る。第1に，割増賃金率を引き上げることである。自明のことながら，割増賃金率の引き上げは，時間外労働の時間当たりコストを高めることとなる。そのコストが，所定内労働の時間当たりコストに近づけば，時間外労働による仕事への対応，別言すれば，所定内労働の時間外労働への代替を抑制する効果をもつこととなる。

第2に，労働時間の上限規制を強化することである。労働時間の上限規制を強めれば，当該上限規制を超えての時間外労働は，法令違反となるため原理的には行うことができなくなる。仮に，それを上回る仕事量が存在し，それを行うことが必要な場合には，時間外労働による対応ではなく，新しく従業員を採用し，所定内労働として仕事を行うように作用する。時間外労働が所定内労働に置き換われば，社会全体でみれば雇用増とも結びつくこととなる。

「働き方改革」は，上述の通り，過労死認定基準と同等の労働時間を許容しているという点で，非常に脆弱な労働時間の上限規制となっている。このような上限規制は，働く者を危険に晒すだけではなく，労働生産性を低下させ，ジョブレス・リカバリーを構造上，強化するように機能する。労働時間の上限規制は，働く者を働きすぎから守るのみならず，社会に対しても重大な影響を及ぼすという観点からの検討も大切である。

3 ここがポイント
労働力の確保・活用と保全

　いったい，なぜ現行の「働き方改革」では，労働時間の上限規制が脆弱に
なっているのか。このことを検討する上で，念頭に置くべきは，今日の少子高
齢化，そのもとでの著しい生産年齢人口（15〜64歳）の減少である。国立社会
保障・人口問題研究所の推計によれば，2015年におよそ１億2700万人であった
人口は，2040年には約１億1092万人となり，2053年には9924万人，さらに2065
年には，8808万人となることが見込まれている（国立社会保障・人口問題研究
所，2017）。それらの人口のうち，生産年齢人口に注目すれば，2029年，2040
年，2056年に，各々7000万人，6000万人，5000万人を下回り，そして2065年に
は4529万人となる推計が示されている（国立社会保障・人口問題研究所，2017）。

　経済活動を行っていく上で，相応の生産年齢人口が必要となるが，その減少
が見込まれる中にあっては，必然的に労働力を確保していくことが必要とな
る。そのような観点に立ち，労働力を確保する上での政策を考えてみると，そ
れほど多くの方法は存在しないことがわかる。具体的に示せば，①高齢者労働
力の活用，②女性労働力の活用，③外国人労働力の活用である。これらの活用
については，すでに，政策として実施されてきたといえる。すなわち，①高齢
者労働力の活用は，高齢者雇用安定法の改正（2013年施行）により対応が行わ
れ，②女性労働力の活用については，女性活躍推進法（2016年施行）が相当す
る。さらに，③外国人労働力の活用については，技能実習法（2017年施行）が
該当する（第８章を参照）。

　働き方改革関連法における脆弱な労働時間規制は，これらの政策と連動す
るものと考えることができる。すなわち，「働き方改革」は，すでに雇用され，
現に労働を行っている者を対象とし，その働き方を「改革」するという名のも
と，その内実として労働時間の上限規制の脆弱性を温存することにより，生産
年齢人口減少に伴う労働力の縮小を補おうとする性格を有している。

　かつて，大河内一男は，社会政策について，「賃労働としての『労働力』の創出と陶冶と保護と妥協を通して，企図するところは，総体としての資本の立場における『労働力』の保全と確保とが，社会政策としての基本目的」（大河内，1981，4頁）と論じた。社会政策として労働力の確保は，重要な課題の1つであることはいうまでもない。しかしながら，生産年齢人口の減少が見込まれる中，労働力の確保に傾斜した社会政策は，別の問題を惹起しかねない。すなわち，労働力の確保に傾斜し，労働力の保全が疎かになれば，労働力の再生産が困難となり，社会全体で逆に，労働力が枯渇してしまうという問題である。労働力の確保と合わせ，それを保全するバランスが重要であるが，「働き方改革」における脆弱な労働時間規制はそのバランス上，改善の余地を少なからず残している。

4 これから深めていくべきテーマ
労働時間と賃金などの分野横断的な検討の必要性

　労働時間に関する研究は，社会政策の中でも重要な問題の一角をなしている。今後，さらに労働時間研究を発展させていく上では，労働時間研究と社会政策上の関連する諸問題とを複眼的な視野のもとで研究していくことが求められる。

　労働時間研究は，社会政策の研究史においても多くの研究蓄積があり，研究史として相応の発展をみてきた。しかしながら，労働時間研究は，それ自体で一分野を形成しているが故に，ある意味，他の研究分野との接続性や連動性が十分でなかった。社会において顕在化する諸問題は，労働時間問題として切り出された単独の領域でのみ完結する問題ではなく，他の問題との様々な連関のもと，複合的な問題として現出する。労働時間研究を踏まえながらも，そのような社会政策上の分野横断的な検討が，研究史上に新たな知見をもたらす可能性が多分にある。

　労働時間問題と併せて論じるべき問題は，多岐にわたるが，その中でもとりわけ，例えば労働時間問題と賃金問題とを接合させながら論じることの意義は，

今日，非常に大きいものがあると考えられる。本章においては，ジョブレス・リカバリーの問題について，労働時間問題と賃金問題とを重ね合わせることで論考を試みた。それと合わせ，検討の幅として拡張し得る点としては，賃金と失業に係る伝統的な経済学的フレームワークに対する点などがある。

　周知の通り，伝統的な経済学のフレームワークを用いた検討では，労働力の供給曲線と需要曲線との均衡点を上回る賃金が設定されれば，失業が生じると把握される。そして賃金が上昇すればするほど，失業が増加するということとなる。このようなロジックに従えば，市場に介入し，例えば強制的に賃金を上昇させることは，社会的に望ましい結果をもたらさないこととなる。しかしながら，今日，賃金の上昇が雇用の縮減に結びつかない現象が認められるのも，また事実である（第6章を参照）。そのような現象が生じるロジックを示すことは，伝統的な経済学のフレームワークを用いた分析に対し，それとは異なる検討の視座を提供するものとなる。社会政策の研究として，労働時間研究と賃金問題とに分野横断的に論考を加えることは，そのような研究上の発展を秘めている可能性がある。

[手にとって読んでほしい5冊の本]

石畑良太郎・牧野富夫編著，1995，『新版　社会政策』ミネルヴァ書房。
　　社会政策の内容を全体的に取り上げている良書。労働時間と社会政策についても論じられている。

石畑良太郎・牧野富夫・伍賀一道編，2019，『よくわかる社会政策　第3版』ミネルヴァ書房。
　　社会政策に係る内容が広範囲に収められている。労働時間についても取り上げられ，わかりやすく説明が行われている。

黒田兼一・守屋貴司・今村寛治編著，2009，『人間らしい「働き方」・「働かせ方」』ミネルヴァ書房。
　　「人間らしい『働き方』・『働かせ方』」という観点から，労働時間についても取り上げられている。また労働時間について労働時間以外の問題と複眼的に検討する必要性も指摘されている。

高橋祐吉・鷲谷徹・兵頭淳史・赤堀正成編，2016，『図説　労働の論点』旬報社。

　労働に係る論点が示されるとともに，各トピックスについてわかりやすく図説が行われている。

久本憲夫，2003，『正社員ルネサンス』中公新書。

　所定内労働時間における1時間当たりの人件費と残業をした場合における1時間当たりの人件費の比較も行われている。

引用・参考文献

大河内一男，1981，『社会政策』（三訂版），有斐閣。

厚生労働省，2001，「脳結果疾患及び虚血性心疾患等（負傷に起因するものを除く。）の認定基準について」。

厚生労働省，2007，「労働基準法の一部を改正する法律案要綱」（厚生労働省発基第0125002号）。

厚生労働省，2015，「過労死等の防止のための対策に関する大綱」。

厚生労働省，2018，「働き方改革を推進するための関係法律の整備に関する法律案要綱」。

厚生労働省，2018，「働き方改革――一億総活躍社会の実現に向けて」（リーフレット）。

国立社会保障・人口問題研究所，2017，『日本の将来推計人口』。

清山玲，1995，「労働時間と社会政策」石畑良太郎・牧野富夫編『新版　社会政策』ミネルヴァ書房。

久本憲夫，2003，『正社員ルネサンス』中公新書。

労働省，1992，『労働経済の分析』（平成4年版）。

労働政策研究・研修機構，2017，「労政審が関連法案の法律案要綱をおおむね妥当と答申」『Business Labor Trend』2017年11月号，38-41頁。

Stephanie Schmitt-Grohé and Martín Uribe, 2017, "Liquidity Trap and Jobless Recoveries", *American Economic Journal* 9 (1) American Economic Association.

（山縣宏寿）

第 3 章

労使関係

「労使協調」がもたらしたもの

（グラフィック・イントロダクション）

資料 3-1　日本の協調的な労使関係とその結果

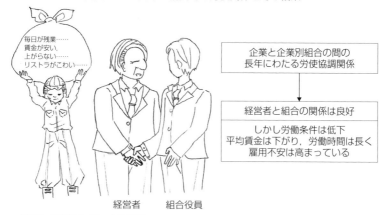

毎日が残業……
賃金が安い，
上がらない……
リストラがこわい……

経営者　　組合役員

企業と企業別組合の間の
長年にわたる労使協調関係

経営者と組合の関係は良好

しかし労働条件は低下
平均賃金は下がり，労働時間は長く
雇用不安は高まっている

（出所）　筆者作成（絵：山垣和華）。

　労働組合と聞けば，当然労働者の味方であろうと，職業未経験の人や外国人なら思うだろう。日本で支配的な，民間大企業の企業別に組織された労働組合は，長年にわたって労使協調路線を推進してきた結果，組合員の利益を守るための組織だと単純にはいえなくなっている。要するに，労働者の味方なのか，会社の味方なのか，判然としなくなっているのである。

1 何が問題か
労働組合の影響力はなぜ小さいのか

⬜1 労働問題の現状と労働組合

　日本の近年の労働問題として無視できない４点の事実を挙げる。

　第１に，賃金が1996年頃を頂点にその後20年間にわたって低下している（**資料３-２**）。賃金の低下はアメリカでもヨーロッパでも起きていない。日本経済が長期間デフレ状態に陥っている原因には諸説あるが，賃金の低下と関連しているとする説は有力である（内閣府『経済財政白書』平成26年版および29年版）。

　賃金が下がっているのは，企業の経営が悪化しているからか，というとそうではない。資料３-２から明らかなように，この20年間で企業の経常利益は景気変動の影響を受けつつも伸びている。賃金に代わって伸びているのが，付加価値に占める配当金と社内留保で，近年はともに15％を超えている（**資料３-３**）。

　第２に，相変わらず正規社員やそれと同等の仕事をしている人の長時間労働

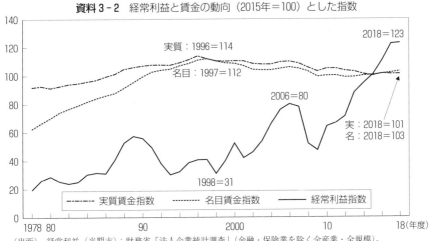

資料３-２　経常利益と賃金の動向（2015年＝100）とした指数

（出所）　経常利益（当期末）：財務省「法人企業統計調査」（金融・保険業を除く全産業・全規模）。
　　　　賃金指数（現金給与総額，年度）：厚生労働省「毎月勤労統計」（調査産業計，事業所規模30人以上）。

資料3-3　資本金10億円以上企業の配当金と社内留保の推移

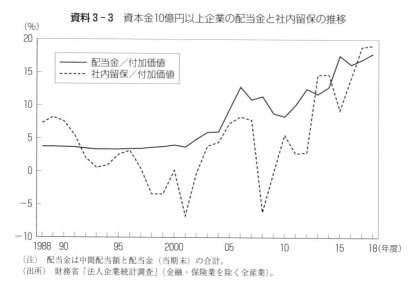

(注)　配当金は中間配当額と配当金（当期末）の合計。
(出所)　財務省「法人企業統計調査」（金融・保険業を除く全産業）。

が続いている（第2章を参照）。この責任は労働組合にもある。無制限残業ができるような三六協定[*]になっていたり，サービス残業を黙認するなど，日本の企業別組合[**]の多くは労働時間規制に消極的な態度をとってきた。もっとも，組合が長時間労働を容認し，賃上げにも妥協的態度をとっているのは，組合員の雇用維持を最優先しているからだという見方がある。

　　*　労働基準法は32条で，使用者は1週間につき40時間，1日につき8時間を「超えて，労働させてはならない」とする。これを超えるには36条に規定される通称三六協定と呼ばれる労使協定を，労働者の過半数代表者と締結しなければならない。問題はその協定の多くが，特別条項によって無制限残業を可能にする内容となっていることである。

　**　日本で支配的な，企業単位で組織している労働組合のこと。企業規模が大きいほど労働組合の組織率は高く，中小企業では極めて低い。企業別組合は，ブルーカラーとホワイトカラーの両方が加入する工職混合組合であるが，主として男性正規社員の利害を代表しているということができ，非正規労働者に対しては近年まで組合員資格を付与してこなかった。

資料3-4　「経営上の都合」による離職者数の推移

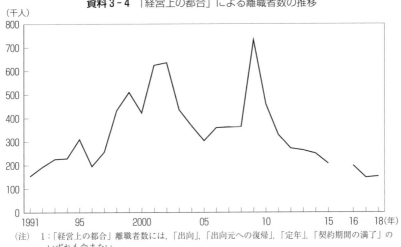

（注）　1：「経営上の都合」離職者数には，「出向」，「出向元への復帰」，「定年」，「契約期間の満了」の
　　　　　いずれも含まない。
　　　　2：2015年以前と2016年以後では集計方法が違うため，接続できない。
（出所）　厚生労働省「雇用動向調査」各年版。

　しかし第3に，近年は「経営上の都合」による離職者が大量に発生するようになった（**資料3-4**）。銀行倒産などの金融危機が発生した1997年から2003年にかけて，さらにリーマンショック後の2009年から翌年にかけて，「希望退職」という名目で大量の人員整理が行われた。新型コロナ禍を受けて2020年以降にまた跳ね上がることが深く懸念される。

　第4に，個々の労働者と事業主との間の紛争が増え，その解決を企業の外部に頼る労働者が増えている。国が2001年に設置した「個別労働紛争解決制度」における総合労働相談件数は毎年100万件を超えている。その中には労働組合のある事業所の利用者も多く，都道府県労働局長による助言・指導の申請者の35％，紛争調整委員会のあっせん申請者の26％を占めており（厚生労働省「平成23年度個別労働紛争解決制度施行状況」），日本の推定組織率（雇用者数に占める労働組合員数の割合）が17％であることを考えると高い数字である。職場の問題を解決する役割を果たしえていない組合が少なくないと推察される。

　以上，賃金，労働時間，雇用，紛争処理の4分野にわたって問題を指摘したが，一言でいえば，日本の労働組合の労働条件への影響力は小さい。なぜそう

なのだろうか。組織率が17％と低いこともあるが，それだけではない。日本で支配的な民間大企業の企業別組合は，組合員の利益を守るための組織だと単純にはいえなくなっている。以下に詳しくみていく。

② 分析の枠組み：労使対抗的性格と労使協調的性格の 2 面性

　日本の労働組合の労働条件への影響力はなぜ小さいのか，その原因を明らかにしていこう。やはり日本独特の企業別組合という組織形態と関係がある。

　第 1 に，企業別組合は，企業間競争に組み込まれてしまうので[*]，一企業単位で労働条件を引き上げるのは他社との競争上難しくなり，一企業の支払能力に交渉力が制約されてしまう。欧米で主流の産業別組合ならば，ライバル企業も含めて同時に労働条件を引き上げるので，そういう心配は起きない。

> ＊　1955年に始まった「春闘」は，賃金引き上げを主たる目標にする闘争で，各企業別組合の闘争スケジュールを合わせることで，この弱点を補うことをねらっていた。欧米の産業別組合の交渉力が近年低下してきているのは，市場競争のグローバル化によって，新たに国際的な企業間競争に組み込まれるようになったからである。労働組合運動の国際連帯が求められるゆえんである。

　第 2 に，これが最も重要なのだが，いかにして組合員の労働条件を向上させていくのか，その思想，つまり戦略のあり方や採るべき手段といったものに日本の企業別組合固有の問題点がある。

　これを考える上で有効なのが，企業別組合が有する労使対抗団体としての側面と労使協力団体（従業員代表機関）の側面という，相対立する 2 面的性格への注目である（菅野，2019）。「前者の側面からは労使の利害対立を前提とした自発的結社性，独立性，戦闘性を要請されるのに対し，後者の側面ではむしろ従業員当然加入性，労使協調性，使用者による諸種の便宜供与などに親しみやすい」（823頁）。後者を敷衍すれば，そもそも経営者も労働者も生産活動を行うために互いに契約関係に入ったことからわかるように，生産活動の成功は労使共通の目的である。だから労働者は企業の従業員としては労使協力的でなければならない。従業員たちの集まりが従業員団体（従業員代表機関）だが，日

本では労働組合が企業単位で組織されているゆえに，同時にその性格を帯びるようになる。つまり企業別組合は，相対立する 2 面的性格の間でいかにバランスをとるのか，という難しい舵取りが求められることになる。

③ 戦後労使関係の概観： 2 面性の展開

　この企業別組合の 2 面性という枠組みから戦後の労使関係を振り返ってみよう。

　①労働組合指導部の主導権交代：「合理化反対」から「パイの論理」へ

　終戦後から1950年代にかけては企業別組合の対抗団体的性格が強く出た時代であった。どの産業の企業別組合も「労働者の犠牲」を伴うから「合理化反対」，そして欧米的な産業別組合への発展を志向した「企業別脱皮」，この 2 つをスローガンに掲げ，経営側とよく対立していた（労働省『資料労働運動史』各年版）。この帰結として発生したのが，1950年代に各産業で起きた一連の大争議である（1953年日産争議，54年日鋼室蘭争議，57・59年鉄鋼争議，60年三池争議など）。

　これらの大争議はことごとく経営側の勝利に終わったが，その過程で組合が分裂して第 2 組合ができたりして，各組合の指導部において主導権交代が起きた。対抗的性格の強い従来の組合幹部に代わって，新しい幹部たちが提唱したのが「パイの論理」である（山垣，2000）。それは「労働者の犠牲」を伴うとしても経営合理化には積極的に協力し，まず企業というパイを大きくしてから，その「成果配分」として賃上げを得て組合員の生活向上を図る，というもので，「生産協調・分配対立」という新しく登場した主張にその考え方がよく表現されている。また新指導部が従来と打って変わって，労使の「相互信頼」を強調したことも特徴である。

　つまり「企業の繁栄によって労働者の生活向上が可能」になる（当時民間部門の組合運動をリードした鉄鋼労連が1968年に発表した「労働組合主義綱領」にある文言）という，なお今日の多くの企業別組合の綱領に含まれるスローガンが示すように，一企業の成長と組合員の利害は基本的に同一視できるとみる（会社との一体性を強調する）ところに，外国の産業別組合を主流とする労働組合[*]

運動にはみられない，日本的というべききわだった特色がある。

　＊　アメリカを例にとると，日本のトヨタ自動車労働組合，日産自動車労働組合
　　のように会社の名を冠した GM 労組，フォード労組などは存在しない。産業別
　　組合である全米自動車労組（UAW）が，GM 社のA工場，フォード社のB工場
　　などを，各支部として組織するのである。支部でも工場名を冠することは避け，
　　Local 153 のような呼び方をする。

　この新しい「パイの論理」を掲げる潮流は，企業別組合であることを当然視
したので，この時点をもって大企業中心の企業別組織が大勢を占めるというユ
ニークな日本の労使関係の特徴が確定し，現在に至っている。

　②「パイの論理」とは

　「パイの論理」は「生産協調・分配対立」を主張したが，前半の「生産協
調」の側面に注目すると，それは生産面においては対抗団体的側面を全面的に
自制するという徹底したもので，例えば要員の削減を伴う新技術の導入や，頻
繁な残業を前提するような生産計画（要員計画）にも肯定的で，また組合員に
対する人事査定も積極的に受け入れるというものであった。諸外国の労働組合
が，組合員への人事査定は労働者間競争をあおるとか，査定の主観性は免れが
たいなどの理由で拒否してきたのとは対照的である。それゆえこの新しい「パ
イの論理」に立つ企業別組合やその指導部は，経営側からも歓迎され，しだい
にパートナーとみなされていく。

　ただし「生産協調」には1つの条件があった。それは新技術の導入，例えば
機械化によって余剰人員が発生するとしても，けっして人員整理にはつなげさ
せないこと，すなわち「終身雇用」（定年までの雇用保障）こそが協力の大前提
だということである。余剰人員の発生と雇用保障とを両立させる手段は，主と
して他の職場や事業所への労働者の配置転換である。これ自体は「労働者の犠
牲」に他ならないが，それは企業の繁栄の果実たる「成果配分」，つまり賃上
げで還元されるべきものだとした。こうして経営合理化提案を受け入れ，それ
を今度は一般の組合員に説明して，彼らの納得を調達するという役割を，企業
別組合は会社の中で果たすようになっていったのである。

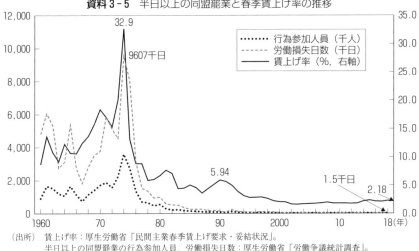

資料3-5　半日以上の同盟罷業と春季賃上げ率の推移

（出所）賃上げ率：厚生労働省「民間主業春季賃上げ要求・妥結状況」。
　　　　半日以上の同盟罷業の行為参加人員，労働損失日数：厚生労働省「労働争議統計調査」。

　次に後半の「分配対立」つまり「成果配分」の側面，具体的には賃上げの手
段に目を転じよう。高度成長期に民間部門の組合運動をリードした鉄鋼労連
傘下の企業別組合では，「相互信頼」の立場から賃上げの団体交渉においてス
トライキ（同盟罷業）という戦術を完全に封印し，交渉の帰結としての経営側
の賃上げ回答をそのまま受け入れるという行動をとって，これを習慣化させ
た。これが世にいう「鉄の一発回答」である。鉄鋼大手では1965年の24時間ス
トを最後に，今日まで半世紀以上一度もストライキを打っていない。このよう
に「分配対立」といいながらも，労使対抗団体的側面は確実に後退していった。
とはいえたしかに，実質賃金は1970年代の初めまで高いペースで上昇していた
のである。それゆえ「パイの論理」は，高度成長という時代にマッチしていた
という評価はできるだろう。
　③石油危機後の状況：労使協議制の進展と大衆性の喪失
　ストライキは，鉄鋼大手以外の産業では，高度成長期まではしばしばみられ
た。転機となるのが，石油危機後の1975年春闘である。前年の春闘では「狂乱
物価」を背景に多くの組合がストライキを決行し，32.9％という大幅賃上げ
となった（資料3-5）。ところが当時日本の労働組合運動の指導的地位にあっ

た鉄鋼労連出身の宮田義二は，「狂乱物価」の原因は賃上げにもあると述べて，これを収束させるために賃金自粛を宣言し，労働者たちに呼びかけたのである。まさに労使協力団体的側面をマクロ経済次元で打ち出した瞬間であった。結果，1975年の賃上げ率は事前の予想を下回る13.1％に収束した。これは「春闘の終焉」であると，春闘の生みの親である元日本労働組合総評議会（総評）議長太田薫は宮田を批判したが，この予測は的中し，以後ストライキと春季賃上げ率は，図が示す如く軌を一にして低下していく。75年春闘は日本の労働組合運動から大衆性というエネルギー源が失われる契機となった。

　このように，1950年代の一連の大争議以後，労使協力団体的側面が前面に出ていく中で，新たに制度化され，石油危機後の経済の低成長期に発展していったのが，労使協議制度である。争議行為等を背景に賃金交渉などを行う団体交渉制度が，日本国憲法や労働組合法で保障された労働基本権の1つなのに対し，日本における労使協議制は，労使のあいだの自主的な取組みとして行われているものである。したがって経営側には，団体交渉と違いテーブルにつく義務はない。それにもかかわらず労使協議に応じるのは，企業別組合が経営側の方針に根幹部分で協力してくれると確信できるからであり，またその限りにおいてである*。

　　*　ひとたび経営側と組合の方針が対立すると，経営側から排除されてしまうことは，1980年代の日産自動車労働組合の事例が物語る（上井，1994）。

　そのプロセスは次のようなものである。経営側が新技術導入などの合理化計画を労使協議（これを事前協議という）の場で説明し，組合の代表者に意見を求める。組合側は「その計画では要員を減らしすぎてトラブルが発生する恐れがある」などと伝えると，経営側もトラブルが発生するのは望まないから，組合側の意見をある程度受け入れて計画を修正し，組合側もそれなら実現可能だとして合意する。次に組合はそうして決まった合理化計画の必要性を一般の組合員に説明して，一定の「犠牲」を伴う合理化計画を会社内にスムーズにソフトランディングさせ，実現につなげる役割を果たす。

　すなわち会社の合理化計画について，一般組合員に理解を求め，ときに説得

し，その実現につなげる仕事こそ，日本の企業別組合の最も特徴的かつ重要な機能である，と筆者は評価している（一方，労働条件向上機能という一般的な尺度でみると，高い評価は難しいと考えている）。もっとも，それが労働者のための仕事なのか，会社のための仕事なのかは，判然としない。会社の利益になっていることは明白であるが，労働者の利益になっているのかはさほど自明ではないからである。

　また経営側と組合幹部とのあいだで数多く実施される労使協議は，労働条件に関係する事項に限らず，広く経営全般に関する事項の，経営側からの説明の場になっていることも多い。一般の組合員には話せないような会社の機密事項が扱われたりすると，経営者と組合幹部との距離が近づく一方で，組合幹部と一般組合員との距離は開いていく。組合が大衆性を離れしだいに「上部機関化」していっているという懸念は，組合内部からも起きるほどであった。

　④バブル崩壊後から現在：人員整理への協力へ

　そして現在，第1に賃上げ交渉は天井にぶつかっている（前掲資料3-2および3-5）。春季賃上げ率の10年間の単純平均は1980～89年が5.30％，1990～99年が3.70％だったが，2000～2009年は1.82％，2010～2019年が2.05％と全く低迷している。一方，株主への配当金や社内留保は顕著に増加している（前掲資料3-3）。それゆえ「賃上げか雇用か」と迫ってくる経営側に対し，雇用を選択したから賃上げを譲歩している，という解釈は当たらないであろう。

　なぜなら第2に1997～2003年および2009年から翌年にかけて，「希望退職」募集の名のもとで大量の人員整理が実施されているからである（前掲資料3-4）。「希望退職」といっても文字通りではなく，経営側は目標とする人数と対象者を計画した上で募集しているのだが，注目すべきは，この人員整理がかつてなくスムーズに実施されるようになったことである。実際1997年を境に雇用削減速度が速くなり，「97年以降，赤字になる以前の段階で人員整理を実施する企業も増加した」と指摘する研究もある（野田，2010，254頁）。

　これに組合が反発したというような話もきかない。むしろ「肩たたき」（上司からの退職勧奨）にあった労働者が組合に相談すると全く相手にされず，仕

方なく企業外部の個人加盟できる労組に相談に行ったら，直ちに会社と団体交渉をしてくれて解雇を免れた，というような個人加盟ユニオンの「駆け込み寺」的役割が世間の注目を集めたくらいである（『朝日新聞』2000年９月３日朝刊「守ってくれない労組に見切り」）。きっとこういうケースでは，「希望退職」の実施の仕方や目標の人数，退職金の上乗せの仕方等について，一般の組合員の知るところではない「事前協議」の場ですでに「労使合意」ができており，組合はその実現を図ろうとしたのだろう。しかしこれでは企業別組合はいったい労働者の味方なのか，会社の味方なのか，判然としない話である。企業別組合は一般に，個々の組合員の要求よりも会社の成長ないし存続の方に関心をもっている。今後もひとたび不況になれば，「労使合意」のもとで大量の人員整理が発生するだろう。コロナ禍の影響はリーマンショックを超えるかもしれない。

　＊　これに関連して，過労死事件で遺族が労働基準監督署に労災認定の申請をしようとする際に，「当該企業の企業別組合が協力して取り組み，記録を残すことはまずない」とされる（熊沢，2010，11頁）。

　以上，1960年前後に「パイの論理」が登場した当初では，「①終身雇用」（定年までの雇用保障）が組合の「②生産協調」の大前提であり，またその「③成果配分」を賃上げで獲得するというものだったが，この３つのうち今日まできちんと継承されているのは「②生産協調」だけである，といってよい。

　かくて日本の企業別組合は，労使対抗団体的側面が著しく希薄化し，労使協力団体化した。ここに問題の本質があると結論する。その結果として，いったい労働者のための組織なのか，会社のための組織なのかさえ判然としなくなっている。こうして，現在の日本では経営優位の労使関係となっている。

2　こう考えればいい
対等な労使関係に向けて

　労使関係の問題は，労使の当事者だけで解決すべきであるという労使自治の

原則がある。とはいえ，日本の労使関係の一方の当事者である企業別組合とは前述のようなものであり，経営優位の労使関係なのは明らかだから，労使自治の原則をいうだけでは不十分である。日本政府には労働組合の弱点を補い労働条件の改善を図る積極的な政策が求められる。

1 労働組合のすべきこと

　労使対抗団体的側面を回復させる試みが求められる。労働組合の交渉力の源泉は，もっぱらその大衆性，団体行動にある。経営側にとっては組合の行動が予測できないほうが，脅威に感じられる。だが労使協議制を通して経営とつながった現在の組合は，あまりに経営側にとって予測しやすい相手となっている。それゆえストライキという永らく控えていた手段による実力行使は，大衆性を喚起しやすく，組合を予測しにくい組織に変える。

　大衆の共感を呼び，運動につなげられるテーマは，職場に世間に，転がっている。例えば非正規労働者の賃上げ（「賃上げしてくれないと生活が苦しい」），正規社員ならば長時間労働規制（「毎日残業ばかりでは健康を壊すか，うつ病になってしまうかもしれない」），そして欧州水準のインターバル規制つまり24時間のうち最低連続11時間の休息時間の導入，さらには人員整理の際の撤回闘争またはせめてもの条件闘争などは，切実でわかりやすい問題だけに，多くの労働者の共感を得られよう。また，三六協定の見直しはすぐにでもできるはずである。協定がないと経営者は困るので，多くの譲歩を引き出す手段になるはずだ。

2 政府に求められること

　第1に労働組合の交渉力を高めるような，労使関係の対等化を図る政策，第2に組合の力量が弱いことを前提にそれを補完する政策，この2つが政府には求められることになる。特に経営優位の日本では，労使自治の原則をいうだけでは不十分なので，後者が重要になる。ここではわずかしか言及できないが，①紛争処理の支援策について，個別労働紛争解決制度と労働審判がすでに導入された。今後はドイツのような労働裁判所の設置が検討課題である。②賃金政

策について，非正規労働者の待遇改善に寄与する最低賃金の底上げがいま実施途上である。アメリカでは Fight for $15 という運動があるが，日本ではまず全国平均1000円の実現が課題である。③労働時間規制の強化による長時間労働の防止。2019年に勤務間インターバル制度が事業主の努力義務となったが，義務化とさらに EU を範にとった11時間化が検討課題である。

　前者の労働組合の交渉力を高める政策については，後の第 4 節で述べるとして，これに関連してユニオンショップ制の見直しも政策課題になりうる。ユニオンショップ制とは，労使協定によって，企業に採用された労働者がその企業の企業別組合に加入することを義務づけられる制度である（労働組合法 7 条 1 号但書）。その本来の目的は，労働力の独占性を確保することで組合組織の維持を保障することにあるが，その反面労働者の「組合選択の自由」や「組合に入らない自由」を制限する短所もある。この制度のおかげで企業別組合は組織化の努力なしに組合員を確保できるわけだが，同時に運動の活性化の努力を妨げる要因ともなっている。組合員の中には「労使協力団体化」した今の組合に強制加入させられて，ざっと月 4 ～ 5 千円，年間 5 ～ 6 万円ほどの組合費を支払わされるのは，御免蒙りたいと考える人もいるだろうし，またキャリアの展望の違いから明らかに利害の異なる，幹部ホワイトカラー，ブルーカラー，女性を含む準ホワイトカラー，近年では非正規労働者，これらが 1 つに組織化されることに矛盾を感じる労働者もいるだろう。ユニオンショップ制は時代に合わなくなっているように思われる。

3　ここがポイント
本来の労働組合の意義

　ここで労働組合の意義を改めて確認しておきたい。第 1 に，個人では雇い主にものが言えないが，みなで団結すればものが言えるようになり，労働条件を変えられる可能性がある。第 2 に，日本国憲法や労働組合法によって，最も権利が保障された社会運動こそ労働組合運動である。労働組合を結成する権利を

保障する団結権，経営側と交渉する権利を保障する団体交渉権，労働争議を行う権利を保障し，その結果企業に損害を与えても，民事・刑事免責を保障する争議権という，3つの労働基本権が保障されている。第3に，ブラック企業が社会問題になっているが，たとえ労働組合の労働条件に対する交渉力が弱体化しているとしても，ワンマン経営者の恣意的な行動，機会主義的行動（一方的な労働条件変更等）は防ぐことができる。やはり組合はないよりは，あったほうがいいのである。しかし，対抗的性格が著しく希薄化した労使協力団体では，保障された権利に照らして惜しいという他はない。

4 これから深めていくべきテーマ
産業民主主義の実現へ

　企業別組合は事実上「労使協力団体化」した，すなわち実態として労働組合性は希薄化し従業員代表機関的な組織になったという本章の主張を，むしろ積極的にとらえるとすれば，ドイツの2元的労働者代表システムを範にした「経営参加」を制度化するという政策は検討に値しよう。

　ドイツの事業所委員会（Betriebsrat）は労働組合とは区別される従業員代表機関だが，多くの事項について共同決定権があり，日本の労使協議制とは違って，法的根拠があるので，日本でもこの制度を導入すれば従業員の発言力が高くなるだろう。「労使協力団体化」した現状の企業別組合を手がかりに，労働者の発言力を高める魅力的な方法になるかもしれない。このように従業員の「経営参加」の制度化など，企業内で労働者の発言力を保障することを産業民主主義という。ただしドイツでは産業別組合の伝統下にある制度である。産業別組合と事業所委員会の2つが異なる役割を担うから2元的なのである。他方，労働組合と従業員代表機関的機能が1元化（一体化）している日本で，ドイツと同様の効果があるのかが検討課題である。実際，締結を拒否できる三六協定は，共同決定権があるのと事実上同等であるにもかかわらず，前述のような無制限残業を認める内容になっている。だから何よりも重要なのは，労働組合と

しての思想である。現在の労働条件をどう向上させていくのか，対抗的性格を
ひそめ経営側との「相互信頼」に依存することで労働条件向上の展望が見える
のか，労働組合の戦略のあり方，採るべき手段といったものを今一度考え直さ
ないと始まらない。

手にとって読んでほしい５冊の本

禹宗杬・連合総研編，2014，『現場力の再構築へ──発言と効率の視点から』日本
経済評論社。
　　労使関係研究には，主として個別企業の事例を掘り下げる事例分析と，多くの
　　データから傾向を読み取る数量分析の２つの接近法がある。これは前者のアプ
　　ローチ。
熊沢誠，2013，『労働組合運動とはなにか──絆のある働き方をもとめて』岩波書
店。
　　一生涯，労働者たちの受難を見つめ，労働組合を研究してきたこの分野の第一
　　人者による，労働組合運動の今後を考えるための本。
野田知彦，2010，『雇用保障の経済分析』ミネルヴァ書房。
　　労使関係研究の２つの接近法（上述）のうち，後者のアプローチの好例。
兵藤釗，1997，『労働の戦後史』（上）（下），東京大学出版会。
　　今日日本で労働運動がニュースになることはなくなったが，以前は様々なドラ
　　マがあった。
宮前忠夫，1992，『週労働35時間への挑戦──戦後ドイツ労働時間短縮のたたか
い』学習の友社。
　　世界で最も時短の進む国ドイツ。それは労働組合が勝ち取ったもので1984年の
　　７週間の大ストライキは今も経営者らを含む人々の記憶に刻まれている。

引用・参考文献

上井喜彦，1994，『労働組合の職場規制──日本自動車産業の事例研究』東京大学出版会。
熊沢誠，2010，『働きすぎに斃れて』岩波書店。
菅野和夫，2019，『労働法（第12版）』弘文堂。
山垣真浩，2000，「日本型《労働組合主義》運動とその帰結──企業成長と労働者の利害
　は同一視できるか」『大原社会問題研究所雑誌』No. 498，19-42頁。

（山垣真浩）

第**4**章

人的資源管理

人口減少社会における人材の育成と定着

（グラフィック・イントロダクション）

資料4-1　リテンション・マネジメントの全体像

採　用	配置・異動	人材育成
入念な採用，RJP などミスマッチを防ぐ取組み，多様な人材の採用など	個人のニーズや事情に配慮した配置・異動，将来展望をもつことのできるキャリアパスなど	充実した教育訓練機会，自立（律）的キャリア支援など
報酬管理　納得性や妥当性のある報酬	従業員定着	**人事評価**　公正な評価，評価結果のフィードバックなど
福利厚生　従業員のニーズにマッチした福利厚生サービスの提供	**労働時間管理**　労働時間短縮，WLB 支援など	**労使関係管理**　従業員による発言機会の確保，適切な職場環境，適切な労働条件の実現

経営理念	組織文化
従業員が誇りを抱くことのできる理念，前途有望と思わせるビジョン・方向性の提示	従業員が働きやすく，働きがいを感じ，前向きな意欲を抱き，相互に信頼を構築し，助け合うことのできる組織文化

（出所）　筆者作成。

　この図は，本章で扱う人材定着のための管理，すなわちリテンション・マネジメントの全体像を表している。採用から労使関係管理まで，いわゆる人的資源管理と総称される管理活動全般に加え，経営理念や組織文化までを含む，網羅的な管理であることがわかる。なお，人材育成と従業員定着を結ぶ，双方向の矢印は，両者が相互補完的な関係にあることを示している。

1 何が問題か
人手不足問題の深刻化

［1］人口減少とスキルの高度化

　昨今,「人手不足」をめぐる議論がかまびすしい。その現状について2019年4月時点で正社員が不足していると回答した企業は50.3％で, 4月としては過去最高であったとの調査結果がある（帝国データバンク, 2019）。回答企業の過半数が人手不足の状況で年度初めを迎えているという事実は衝撃的である。

　企業が人手不足に陥る理由としては, 第1に生産年齢人口（15〜64歳）の減少を指摘せねばならないだろう。生産年齢人口はピーク時8716万人（1995年）であったものが2015年時点で7592万人にまで減少し, 2060年には4418万人と最盛期からほぼ半減すると見込まれている（総務省「国勢調査」および国立社会保障・人口問題研究所「日本の将来推計人口（平成24年1月推計）」）。続いて, 第2に要求されるスキルやコンピテンシー[*]の変化・高度化が挙げられる。これによって, 企業が必要とする人材と, 求職者との間にミスマッチが生じ, 見かけ上の数字だけでは把握できない人材不足が引き起こされることになる。いわゆる AI 人材不足をめぐる昨今の喧噪はその一例である。もちろん景気動向の影響も無視できないが, 日本の人手不足の構造的要因としては以上の2点が大きい。

　　＊　ある職務や役割において, 継続的に高い業績をあげることを可能とする行動特性のこと。

［2］リテンション・マネジメントの重要性

　それでは, この人手不足はどのような弊害をもたらすのだろうか。個々の企業にとって人材不足は必要な労働力がまかなえないことを意味する。これによって企業が倒産へと追いやられるという最悪のケースが, 近年頻発している。倒産に至らずとも, 人手不足の悪影響は雇用管理（採用難, 従業員の定着率低下）,

賃金管理（人件費増加），人材育成（技術・ノウハウの継承問題），労働時間管理
（残業の蔓延）など人的資源管理（Human Resource Management，以下 HRM）全
般に及び，さらには，売上減少・機会の損失，商品・サービスの質低下，人件
費以外のコスト増加など企業経営そのものに波及する。

　こうした人手不足の解消に向け，産学官のいずれかが主体となった，ある
いはそれらが連携しての様々な対応策が考えられるが，本章では，個別企業
の HRM を通した取組み，その中でも従業員の能力向上を図る人材育成，そ
して人材定着のための管理（Retention Management＝リテンション・マネジメン
ト，以下 RM）に絞って考察していくこととする。ヒトという資源の能力開発
を担う人材育成およびそれら資源の定着を企図する RM にこそ，人的資源の
有する可能性を信じ，その能力を育み活用することによって企業目的の達成を
図ろうとの HRM の理念が色濃く反映されていると判断したからである。と
りわけ「高業績を挙げる（または挙げることが予想される）従業員が，長期間組
織にとどまってその能力を発揮することができるようにするための，人的資源
管理施策全般（傍点は引用者による）」（山本，2009，15頁）とも定義される RM
は，目下企業における HRM の最重要課題といって過言ではない。

　HRM の根幹をなす人材開発については，多様な研究領域をまたぎ研究が進
められているが，ある意味その集大成とも呼ぶべき成果として中原（2017）が
挙げられるだろう。同書では，人材開発をめぐる最新の知見を網羅するととも
に，そこから得られる実践的な含意が提供される。他方，櫻井（2009）と澤田
（2016）は OJT（On the Job Training），Off-JT（Off the Job Training），自己啓
発を柱とした企業主導による日本的な人材育成の有り様を手堅くまとめた上で，
それが内包する問題点を鋭く指摘している。本章はこれら先行研究の成果をふ
まえつつ，日本的人材育成の新動向を確認し，その課題を析出していくことに
なる。

　次に，RM に関する研究は，国内外を問わず，経営コンサルタントを中心と
する実務家が牽引してきたといってよい。こうした経緯から，どちらかといえ
ばノウハウに重きを置く実務書が多い中，希少な学術書として，Michaels et

al.（2001），Capelli（1999），Capelli（2008）が，アメリカにおける人材争奪戦の厳しさを教えてくれる。国内の研究としては山本（2009）という先駆的研究が存在する。ただし，前者の外国文献は日本の RM に言及していない。後者の山本（2009）も刊行後10年以上経っており，この間日本の経営環境が変化し，RM の重要性はより増していることから，本章が日本の RM について批判的考察を加えつつこれら間隙を埋めていくことにしたい。

2 こう考えればいい
　 人材育成と RM の有効性と問題点

1 日本の人材育成と課題

①企業主導の人材育成

　日本における人材育成は，①実際に仕事を行いながら能力開発を図っていく OJT，②階層別，職能別，目的別による各種研修・教育＝Off-JT と，③自己啓発への支援が3本柱となっている。とりわけ OJT が重視されており，これを通じ，個々の従業員の適性や能力に応じたレベルの教育訓練が施され，言葉では説明しがたい現場の生きた知識・暗黙知が教授される。そして，OJT を補完する形で Off-JT が実施され，それぞれの職種，階層，目的遂行に必須の知識・技能習得が目指される。さらには，経済的援助，時間的な配慮，情報提供といった支援を通して，従業員の自己啓発が促されることになる。

　これら3本柱によって支えられる体系立った人材育成が企業主導で進められてきた点に，従来の日本的な人材育成の大きな特徴を見出すことができる。高等教育と職業教育が乖離しているという教育事情，新規学卒一括採用，長期雇用といった雇用慣行を思えば，企業主導の人材育成にならざるを得なかったという側面もあろう。しかしながら，従業員が職業能力の開発を全面的に所属企業に依存することには大きな問題が伴う。それは，企業規模，雇用形態，産業の差異によりもたらされる人材育成の機会や質についての格差である。

　具体的に，厚生労働省の調査によれば，計画的な OJT を実施した事業所割

合についても，Off-JT を実施した事業所割合についても，概ね企業規模が大きくなるほど高くなっている。雇用形態別にみれば，計画的な OJT を正社員に対し実施した事業所割合は62.9％に上るが，非正社員に対しては28.3％に過ぎない。同様に Off-JT についても，正社員に対しては75.7％の事業所が実施している一方で，非正社員に対しては40.4％と両者には大きな開きがある。自己啓発支援も正社員82.5％に比して非正社員55.4％に過ぎない。最後に，産業別にみると，正社員に対する計画的 OJT 実施事業所割合について最高の「金融，保険業」（97.1％）と最低の「生活関連サービス業，娯楽業」（45.8％）には大きな差が認められる。同じく Off-JT 実施割合についても，上は「複合サービス事業」（70.2％）から下は「情報通信業」（17.7％），「不動産業，物品賃貸業」（17.7％）まで開きは大きい（厚生労働省，2019）。

②業界や労働組合の関与

以上，もっぱら人材育成の機会にまつわる格差を確認したが，労働政策研究・研修機構の調査からは，質についても格差が存在することがうかがえる。例えば OJT について「とにかく実践させ，経験させる」「仕事のやり方を実際に見せている」といった基本的・簡略な内容の訓練は企業規模に関係なく高い比率で実践されている一方，本格的・周到な訓練（「仕事の幅を広げている」「個々の従業員の教育訓練の計画をつくる」「業務に関するマニュアルを配布している」など）は企業規模が大きくなるほど高くなる傾向がみて取れるのである。産業別では「情報通信業」「学術研究，専門・技術サービス業」「複合サービス事業」が本格的・周到な OJT の実施比率が高い一方，「運輸業，郵便業」「建設業」ではそれらが低く，基本的・簡略な内容に留まっている。また，雇用形態別では，概ね正社員が，非正社員に比して本格的・周到な OJT を受けたと回答する比率が高い（労働政策研究・研修機構，2017 a ；同，2017 b ）。

人材育成をもっぱら個別企業に委ねる以上，こうした格差が生じることは避けられない。問題となるのは，人材育成投資の余裕がない企業で働く従業員や，そもそも雇用されていない人々の人材育成である。こうした人々を放置していては，結局のところ日本の人材プールは枯渇していくことになるため，企業外

部での育成機会を拡充するしかない。具体的には，①学校教育と職業教育の連携（接続）強化，②企業内教育訓練との隔たりを埋める方向での公的職業訓練充実，③業界ぐるみによる教育訓練機会の提供，④労働組合による企業内人材育成への積極的関与および組合自身による教育訓練機会の提供など，多様なアプローチが考えられる。いずれも重要な論点ではあるが，ここでは HRM の延長線上で，企業とそこで働く人々が主体となり得る③と④に注目したい。

　③については，愛媛県今治市の造船・舶用企業50社以上によって構成される今治地域造船技術センターの試みが示唆的である。具体的には，会員企業各社のベテラン社員が，企業の枠を越え3カ月間，新入社員対象に溶接，ガス切断，クレーン操作などの実技訓練と，船の構造や図面の読み方などについての座学を実施するという取組みである（朝日新聞，2006；日本経済新聞，2014）。他業界のとりわけ中小企業がこの共同活動から学べることは多いはずである。

　④について，そもそも日本の企業別組合は人材育成を団体交渉で取り扱うことが稀で，諸外国に比して関与の度合いが決定的に低いとされる（鈴木，2011）。組合員のニーズと合致した人材育成の実現，公平な人材育成機会の提供を果たすべく積極的な働きかけが求められるだろう。他方で，少数事例の域を出ないが，産業別労働組合である電機連合が過去に実施した「電機産業職業アカデミー」や職種別組合「出版ネッツ」の勉強会・講座など，労働組合自身による人材育成の取組みは注目に値する（岡本，2011；櫻井，2008；出版ネッツサイト http://union-nets.org/　2019年7月28日閲覧）。労働組合によるこうした取組みは時宜を得たものであり，労働組合の存在意義を高める契機ともなろう。

［2］日本の RM と課題

　そもそも RM は，タレント人材争奪戦が激化した1990年代以降のアメリカにおいて HRM 上の重要課題として急浮上し，世界的に注目されるようになった。すでにみたとおり，雇用管理，報酬管理，人材育成，福利厚生，労使関係管理，労働時間管理といった管理活動を駆使して人材の定着を図ることが RM の眼目となる。これに加えて，組織心理学の知見からは，望ましい組織文

化（風土）や支援的なリーダーシップを実現することの重要性が説かれている。以上をふまえれば，資料 4 - 1 に示されている取組みが，体系的な RM の全体像ということになろう。

　この RM の取組みについて，日本は欧米など他の先進諸国に比して立ち後れている。長期雇用へのこだわりが企業と正規従業員の双方においてなお強いこと，完全には払拭されない年功的処遇と相まって「35歳の壁」とも呼ばれる年齢による制約が中高年層の転職を阻んできたことを背景に，RM 着手の必要性を差し迫って意識せずとも済んだためと考えられる。しかしながら，すでに確認した人手不足が状況を一変させ，日本企業も次第に RM を経営上の重要課題とみなすようになった。

　それでは，今後 RM を推進していくに当たって，日本では何が課題になるのか。調査対象が若年従業員に限定されるが，厚生労働省調査を手がかりに，この点を考えてみよう。同調査によれば，若年正社員（満15～34歳）の「定着のための対策を行っている」事業所は70.5％，同様に若年非正社員の「定着のための対策を行っている」事業所は54.2％であった。具体的な施策（複数回答）としては，「職場での意思疎通の向上」が正社員，非正社員ともに最も高く，これに「本人の能力・適性にあった配置」「教育訓練の実施・援助」「採用前の詳細な説明・情報提供」が続いていた（厚生労働省，2014）。RM の実施比率はそれなりに高いが，取組み内容としては職場コミュニケーションの促進や適正配置，入社希望者に対する採用後の仕事に関してのネガティブな情報も含めた情報開示（Realistic Job Preview）など，金をかけない施策が上位を占めており，経営側の本気度に疑問符をつけざるを得ない。労働政策研究・研修機構が2006年に実施した調査結果をみると，こうした疑問はさらに深まる。同調査によると，若年従業員の側は定着対策（複数回答）として「賃金水準を引き上げる」「休日をとりやすいようにする」「本人の希望を活かした配置を行う」の順で希望しているのだが，企業側が強化している対策（複数回答）は「企業内訓練を実施する」が最も多く，これに「本人の希望を活かした配置を行う」「若者が職場で話しやすい雰囲気を作る」が続く（労働政策研究・研修機構，2007）。両

者には明らかに隔たりがある（第7章第2節の分析も参照）。

　以上が，日本における RM の未熟さに起因する課題とすれば，RM に必然的に伴う本質的課題も指摘せねばならない。それは，RM の選別性である。先に示した定義から明らかなように，RM は基本的に高業績者や必要不可欠ないしは代替の効かない技能を有した従業員のみを対象にしており，ここに含まれない多くの従業員は蚊帳の外に置かれることになる。仮に高業績者のみを対象とする RM を実施しても，HRM 制度の多くが通常は全従業員共通であることから，最終的にはすべての従業員にその恩恵が及ぶという見方もある。しかしながら，実施当初の RM 対象に選ばれた層と選に漏れた多くの層の間には心理的な距離が生じかねない。多くの従業員が許容できる日本的な RM の有り様を検討する必要があるだろう。これとも関わるが，中小企業の多くが不足感を覚えているのは上記のような高度な人材ではなく，定型的な業務や補助業務を担う労働人材であるとする調査結果が存在する（中小企業庁，2018）。こうした現実を度外視して，高業績者や高度な技能・知識を有した人材のみを想定した RM に引きずられては，現実的かつ効果的な定着策はおぼつかない。日本の各業界事情，そして各企業規模に適した RM を見極めていくことが肝要である。

3　ここがポイント
企業・従業員双方の視点からとらえる

　ここでは，人材育成と RM の大事さを企業側の必要性および従業員側の必要性という観点から確認しよう。

1 人材育成の大事さ

　まず，企業サイドからみた人材育成の必要性を考えてみる。企業が市場競争や経営環境の変化に対応できるか否かは従業員が保有する能力によって大きく左右される。具体例を挙げれば，新規製品・サービスや新規事業の開発，事業

の転換・多角化，技術革新やグローバル化などへの対応は，それに要する能力を有した従業員の存在如何で成否が決せられよう。他方で，新規学卒一括採用，高齢者雇用安定法改正によって求められる65歳までの雇用確保措置といった日本特有の事情が，企業主導による人材育成を不可欠なものにしている。前者によって新入社員に職業人としての基本的能力を身につけさせる必要性が，後者によって60代従業員の戦力化を図る必要性が生じるからである。今後予想されるAIやロボット技術のさらなる進歩に伴う業務内容の見直しや配転，従業員の属性とキャリア展開双方の多様化進展により，一層きめ細かな人材育成が求められていくようになるだろう。企業側にとって，人材育成の重要性は増すことはあっても減ずることはない。

　他方，従業員の側も人材育成を通して職業能力を高めることは極めて大切である。多くの企業では，制度的に職務遂行能力やコンピテンシーの伸長が昇格・昇進のための前提条件となっているからである。加えて，日本企業におけるHRMの傾向として，「キャリア・ディベロップメント・プログラム」「自己申告制度」「社内公募制」「社内FA制度」など従業員の自立（律）的なキャリア展開を促す施策の導入が進んでいる。こうした動きを受け，従業員の側にも必要な研修を必要なタイミングで受講するなど，これまで以上に主体的，積極的に人材育成機会を活用していくことが求められるのである。

2　RMの大事さ

　人材が流出することで，企業は様々なコストを強いられる。すなわち，離職者のための事務手続きや面談，補充のための新規人材採用コスト，新規人材が実際に配置されるまでの臨時的補填コスト（臨時社員採用や同僚たちの残業），不慣れな新規採用人材が貢献できるようになるまでの期間コストや教育訓練費用，流出した人材がもたらすはずだった売上や受注額等の逸失，流出した人材が保有していた専門的技術・知識や顧客の喪失などのコストである。これとは別に，人材流出が相次いだ場合は企業イメージが悪化し，有能な人材の確保が困難になるという事態も起こりうる（宇佐美，2009；山本，2009；Allen et al.,

2010)。以上を回避するために RM の取組みが重要となる。

　ところで，総務省『2018年度労働力調査』を確認する限り，近年転職者数の増加傾向は認められるものの，過去に比して顕著に多いわけではない。むしろ目につくのは，45〜54歳と55〜64歳の中高年齢層について転職者数と転職者比率が増大していることである。これは，もはや「35歳の壁」は取り除かれつつあり，中高年齢の要職についている人材の転職リスクが増大していることを意味する。今後，こうした現場のキーパーソンを引き留めるため，RM 実践の必要性はますます高まるものと予想される。

　より積極的な観点からも企業が RM に取り組むことの重要性を説明できる。本章では人材育成の意義を強調してきたところであるが，流出の可能性がある従業員への投資に企業が及び腰になるのは理の当然である。逆に，もし企業が従業員の定着に確固たる自信をもつことができれば，積極的に従業員のスキル向上に投資を行い，それを回収することが可能となる。さらに，従業員が提供される人材育成機会を活用して，自身のキャリア開発を図っていこうとするのであれば，組織コミットメントを高め定着の確度が高まるという好循環を期待できることになる（Capelli, 1999／若山訳，2001；山本，2016）。このように RM は人材育成と相互補完的な関係にあるという意味でも必要なのである。

　一方，職場への定着は，経験を積みスキル，知恵，仲間を得るという意味で従業員にとっても大切である（熊沢，2006）。RM は従業員の自発的離職を抑制するための取組みに他ならないが，就職して３年以内に中卒の７割，高卒の５割，大卒の３割が離職する「七五三現象」が問題視されるように，仮に自発的なものであっても早期の離職は企業と従業員の双方にとってデメリットが多い。様々な離職理由が考えられようが，RM の一環としてミスマッチ解消や本人のキャリアおよび企業経営の将来展望を明確に示すなどの取組みを行い，少なくとも短絡的な考えによる早期離職を防ぐことは，従業員サイドからも意義あることといえよう。

③ 労働政策との関係

　日本の人材育成に関わる法制は,「職業能力開発促進法」(以下, 能開法) を核として整備されている。同法は事業主が主体となって多様な職業能力開発機会を確保し, 計画的に職業能力開発を促進すべきことを謳っている。つまり, 能開法は企業主導の人材育成を法的に是認しているといえる。したがって, 今後, 本章でも触れた企業主導型人材育成の限界とそれがもたらす弊害が深刻化していくようであれば, あるいは, 日本においても転職をいとわないキャリア展開が一般化するのであれば, 個人主導のキャリア開発・能力を積極的に支援する方向での法改正の検討が必要となってくるだろう (諏訪, 2017)。後者については, 以下で触れる労働移動支援助成金 (以下, 移助金) の動向と, 現行能開法がすでに齟齬を来しつつあるといわねばならない。

　その移助金とは, 第 2 次安倍政権によって拡充された助成金制度で, 間接的にではあるが RM と関わりをもつ労働政策とみなしうるのである。そもそも2001年にスタートした同助成金は,「行き過ぎた雇用維持型から労働移動支援型への政策転換 (失業なき労働移動の実現)」を謳いつつ2013年に閣議決定された「日本産業再興プラン」によって, 同年大幅に改変された。具体的には, 休業, 教育訓練, 出向を用いての解雇回避＝雇用維持を奨励する雇用調整助成金が大幅に縮減される傍らで, 移助金については, 資金増強, 大企業への適用拡大, 民間人材ビジネスによる訓練を活用した場合への適用などが実施されることになったのである。予算規模や実績をみる限り, 必ずしも移助金制度の利用は広がっていないものの, こうした動きについて, 労働政策の力点が雇用継続から「退職促進→移動」へと移行された証左とみなす向きがある (阿部, 2016；佐口, 2018)。かかる見立てが正しいならば, 以上の労働政策変更は, 企業による RM 実践を促進させる方向に作用することになろう。余剰人員を送り出す側の企業においては不可欠な人材までもが流出する事態の回避を, 中途採用を行った側の企業においてはそれら新規人材の定着を図る必要が生じるからである。

4 これから深めていくべきテーマ
求められる企業外人材育成機会の拡充と「選ばれる雇用主」への転換

　本章では，人手不足への対応策として人材育成と RM の意義と課題につい
て考察してきた。多くの企業にとって，自社の人的資源をしっかりと育て保持
していくことが，多様な人材の採用と並んで，人手不足対策の基本となること
は間違いない。ところで，ここまで人手不足や転職機会の広がりを企業経営の
視点でとらえてきたが，こうした状況は従業員側からすれば，新規学卒者に
とって売り手市場の，在職者にとって転職＝現在の職場から離脱（exit）[*]でき
る機会の到来に他ならない。とりわけ後者の意味は大きい。日本の従業員が無
限定な労働を受け入れざるを得ない要因として，長らく企業外への道が遮断さ
れている事実が指摘されてきたからである（鈴木，1994）。転職機会の広がり
が，離脱という選択肢を手にした従業員の広がりと同義であることをふまえれ
ば，日本企業は過酷な労働を当然のように強いる働かせ方の修正を本気で考え
ざるを得ない。離脱という選択肢の獲得は，定着という道を選んだ従業員の発
言（voice）力を強めることにもつながるだろう。

　　＊　政治経済学者ハーシュマン，A. O. が提唱した概念（Hirschman, 1970）。離脱
　　　とは，顧客がある企業の製品の購入をやめる，あるいはメンバーがある組織から
　　　離れていくこと。発言とは，企業の顧客や組織のメンバーが経営陣や自分たちを
　　　監督する権威ある部署などに自らの不満を直接表明すること。

　従業員にとって，こうした時代環境の変化は基本的に望ましいものであろう
が，選択肢が増えることとそれを活かすことはまた別である。定着を選ぶに
せよ，転職を選ぶにせよ，従業員一人一人が自立（律）的にキャリアを計画し，
その実現のため努力していかなければならない。そして，これをきめ細かく支
援していくためには，やはり個別企業に依存した人材育成だけでは限界がある。
本章では部分的な考察に止まったが，企業外での人材育成機会の充実が大きな
課題となる。これと関わり，企業や労働市場のニーズに即した公共職業訓練カ

リキュラムを産官学の連携により確立し，そうした育成機会を利用しやすい環境整備を進めることが急がれる。以上が労働政策上の課題とすれば，自社に相応しい RM を実践していくことが個別企業の課題となる。唯一最善の取組みは存在し得ないが，選別性を抑制しつつ，ワーク・ライフ・バランス支援に力点を置くことが勘所となろう。いずれにせよ，遅ればせながら日本においても「選ばれる雇用主」（employer of choice）となるべく競い合わねばならない時代となったことを企業は肝に銘じる必要がある。

［付記］　本研究は JSPS 科研費18K01750の助成を受けたものである。

手にとって読んでほしい5冊の本

岩出博，2014，『従業員満足指向人的資源管理論』泉文堂。
　　「ヒトをヒトとして見る管理」＝従業員満足指向型 HRM の意義や可能性について考察し，かかる観点から日本企業におけるワーク・ライフ・バランス実現や長期雇用の重要性を指摘している。

熊野英生，2019，『なぜ日本の会社は生産性が低いのか？』文春新書。
　　日本企業における生産性の低さの原因をワンオペに象徴される個人の酷使に求める一方，人材育成と組織再編に生産性向上の活路を見出している。

浪江巌，2010，『労働管理の基本構造』晃洋書房。
　　ヒトを対象とした管理全般を「労働管理」と命名した上で，個々の管理活動とそこに付随する労働問題を深く洞察している。

松尾睦，2011，『職場が生きる人が育つ「経験学習」入門』ダイヤモンド社。
　　人の成長には「経験から学ぶ力」が不可欠であるとの前提のもと，挑戦し（ストレッチ），振り返り（リフレクション），楽しみながら（エンジョイメント）仕事に臨むことがより多くを学ぶための鍵になると指摘している。

山本寛，2018，『なぜ，御社は若手が辞めるのか』日経プレミアシリーズ。
　　山本寛（2009）のエッセンスをベースにしながら，近年の各種調査結果やインタビューをふまえつつ，社員定着のための手がかりを提示している。

引用・参考文献

朝日新聞，2006，「守れ造船の未来」（2006年9月2日付大阪版朝刊）。
阿部正浩，2016，「一事例から見た再就職支援と労働移動支援助成金の課題」労働政策研

　　究・研修機構『日本労働研究雑誌』671号，17-26頁。

宇佐美英司，2009，『リテンション・クライシス』ファーストプレス。

岡本昌史，2011，「電機産業職業アカデミーの取り組みと今後の課題について」連合総研『DIO』No. 257，9-11頁。

熊沢誠，2006，『若者が働くとき』ミネルヴァ書房。

厚生労働省，2014，「平成25年若年者雇用実態調査の概況」。

厚生労働省，2018，『人材確保に「効く」事例集』三菱総合研究所。

厚生労働省，2019，「2018年度能力開発基本調査」。

厚生労働省職業能力開発局，2003，「若者の未来のキャリアを育むために（若年者キャリア支援研究会報告書）」。

佐口和郎，2018，『雇用システム論』有斐閣。

櫻井純理，2008，「産業別労働組合によるキャリア形成支援政策」『（京都女子大学）現代社会研究』第11号，147-163頁。

櫻井純理，2009，「キャリア形成と職業能力開発」黒田兼一・守屋貴司・今村寛治編著『人間らしい「働き方」・「働かせ方」』ミネルヴァ書房，147-171頁。

澤田幹，2016，「企業内教育訓練・能力開発の課題」澤田幹・谷本啓・橋場俊展・山本大造『ヒト・仕事・職場のマネジメント』ミネルヴァ書房，109-136頁。

鈴木宏昌，2011，「職業訓練再構築の方向性——欧州の経験と労働組合への示唆」連合総研『DIO』No. 257，4-5頁。

鈴木良始，1994，『日本的生産システムと企業社会』北海道大学図書刊行会。

諏訪康雄，2017，『雇用政策とキャリア権』。

総務省，2019，『2018年度労働力調査』。

帝国データバンク，2018，「特別企画：『人手不足倒産』の動向調査（2018年上半期）」。

帝国データバンク，2019，「特別企画：人手不足に対する企業の動向調査」。

中小企業庁，2018，『2018年版中小企業白書』。

中原淳編，2017，『人材開発研究大全』東京大学出版会。

日本経済新聞，2014，「（四国の鮮力拠点）船造り継承　企業が連携」（2014年5月20日付四国地方経済面）。

日本生産性本部，2012，「『人事部門が抱える課題とその取り組み』に関するアンケート調査結果概要」。

山本寛，2009，『人材定着のマネジメント』中央経済社。

山本寛，2016，「人手不足に対応する事後の人的資源管理」『日本労働研究雑誌』No. 673，17-25頁。

労働政策研究・研修機構，2007，『（JILPT 調査シリーズ No. 36）若者者の離職理由と職場定着に関する調査』。

労働政策研究・研修機構，2017 a，『（JILPT 調査シリーズ No. 172）人材育成と能力開発の現状と課題に関する調査結果（企業調査）』。

労働政策研究・研修機構，2017 b，『(JILPT 調査シリーズ No. 173) 人材育成と能力開発の現状と課題に関する調査結果（労働者調査)』。

Allen, D. G., et al., 2010, "Retaining Talent: Replacing Misconceptions with Evidence-Based Strategies", *Academy of Management Perspectives*, Vol. 24, No. 2.

Capelli, P., 1999, *The New Deal at Work*, Harvard Business School Press.（若山由美訳，2001，『雇用の未来』日本経済新聞出版）

Capelli, P., 2008, *Talent on Demand*, Harvard Business School Press.（若山由美訳，2010，『ジャスト・イン・タイムの人材戦略』日本経済新聞出版）

Hirschman, A. O., 1970, *Exit, Voice and Loyalty: Responses to Decline in Firms, Organizations and States*, Harvard University Press.（矢野修一訳，2005，『離脱・発言・忠誠――企業・組織・国家における衰退への反応』ミネルヴァ書房）

Michaels, E., et al., 2001, *The War for Talent*, Harvard Business School Press.（マッキンゼー・アンド・カンパニー・渡会圭子訳，2002，『ウォー・フォー・タレント』翔泳社）

（橋場俊展）

第 **5** 章

非正規雇用

「働き方」による処遇格差と政策

資料 5-1　正規雇用と非正規雇用の違いは「働き方」

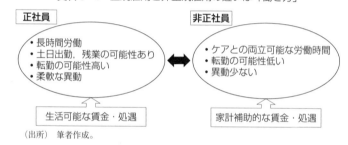

正社員

- 長時間労働
- 土日出勤，残業の可能性あり
- 転勤の可能性高い
- 柔軟な異動

生活可能な賃金・処遇

非正社員

- ケアとの両立可能な労働時間
- 転勤の可能性低い
- 異動少ない

家計補助的な賃金・処遇

（出所）　筆者作成。

　正社員は転勤や長時間労働，休日出勤等が求められる企業拘束性の高い働き方である。このように働き方で雇用形態が決まることは，ケアを担う者，担わない者の間で，雇用形態の偏り／処遇（待遇）格差を生み出す。「働き方」による処遇（待遇）格差は正当化されることだろうか？

1 何が問題か
非正規化の進展と処遇格差

1 典型的な正規雇用とは

　雇用者に占める非正規雇用比率は，趨勢的に増加し，2019年には38.2％と雇われて働く者の3人に1人以上が非正規雇用となっている（総務省「労働力調査」）。しかし，非正規化の趨勢を男女別にみると，様相が異なる。男性では

資料 5 - 2　雇用形態別人数と非正規雇用割合の推移

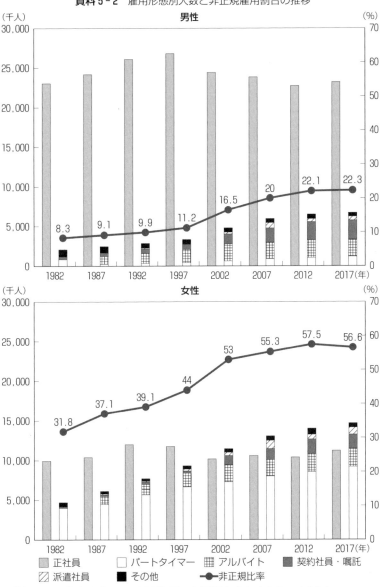

（注）　1：1982年はパート・アルバイト数であったが便宜上「パートタイマー」とした。
　　　　2：1987年以降は、「契約社員」「嘱託」は別々に集計されているが便宜上「契約社員・嘱託」とした。
（出所）　総務省「就業構造基本調査」各年版より作成。

2000年代に入ってから非正規化が進んだものの，雇用者の多数が正社員であることに変わらない。一方，女性では一貫して非正規化が進み，総務省「就業構造基本調査」の2002年調査時点で非正社員（非正規雇用）数が正社員数を上回り，女性の半数以上が非正規雇用となっている（**資料５-２**）。

　日本では，そもそも正社員や非正社員といった雇用形態はどのようなものであるのか。厚生労働省の「非正規雇用のビジョンに関する懇談会」報告書では，正規雇用を①労働契約の期間の定めがない，②所定労働時間がフルタイムである，③直接雇用であるの３つを満たすものと定義し，④長期雇用慣行を前提とした待遇や雇用管理の体系となっている（勤続年数に応じた賃金体系，昇進・昇格，配置，能力開発等），⑤勤務地や業務内容の限定がなく時間外労働がある，といった①～⑤の要素を満たす労働者を「典型的な正規雇用」としている。ここでいう「典型的な正規雇用」とは，残業や休日出勤，転勤も含めた配置転換などが見込まれる企業拘束性の高い中核的な存在としての正社員を指している。

　ここに当てはまらない正社員は，例えば転勤がない「一般職」など企業拘束性がそれほど高くない一方，処遇水準も高くない。男女雇用機会均等法導入を１つの契機に，大企業を中心に雇用管理区分（雇用期間の有無，転勤範囲，残業の有無などの組み合わせによって作られる区分）が整備され，ようするにどのような要素で雇用管理区分をつくり，各雇用管理区分をどのような賃金体系とし昇進・昇格，配置，能力開発をどうするのかは企業の慣行や裁量で決まっている。

２ 処遇差は合理的といえるか

①企業拘束性の高低

　日本において，正社員と非正社員の間に処遇差があり，諸外国と比較してその処遇差が大きいことは，一般的に認められた事実である（**資料５-３**）。非正規雇用をめぐる研究や議論は，正社員と非正社員の処遇差が「合理的かどうか」をめぐって，展開されてきたといえる。

　処遇差の合理性を強調する見方は，雇用形態間での技能（スキル）の差，能

資料5-3　パートタイム労働者の賃金水準（フルタイム＝100）

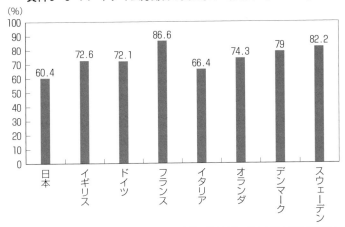

（注）　1：パートタイム（短時間）労働者の定義，調査対象，賃金水準の算出方法等は
　　　　　国によって異なるので，比較の際は注意を要する。日本とイギリスは2018年，
　　　　　それ以外は2014年。
　　　　2：フルタイム労働者に対するパートタイム労働者の時間当たり平均賃金。
（出所）　労働政策研究・研修機構「データブック国際労働比較2019」。

力の差を強調するほか，企業拘束性の高低を基準とした補償賃金仮説などを根拠としてきた。補償賃金仮説とは，労働者が仕事を選ぶ場合，賃金率だけでなく，仕事の危険度，快適さ，安定度，かっこよさなど様々な要因を考慮する一方で，企業も賃金だけでなく様々な環境を考えて労働者を募集するため，同じ能力の労働者であっても異なる職種・雇用形態等で異なる賃金が成立すると考えるものである。

　例えば，同じ仕事内容でも，労働時間や休みを労働者が自由に設定できる柔軟な働き方と，企業の要求に応じて残業，休日出勤，出張，転勤などを行わなければならず労働者の選択の余地がない働き方がある場合，賃金が同じであれば，労働者は前者の働き方を選択するため，企業は自らの要求に応じた働き方を労働者にさせるには，それだけ高い賃金を支払わなければならない。企業は，その支払い分を補償すべく労働時間を自由に選べる労働者の賃金を低くし，選べない労働者と格差をつけるため，労働時間選択の自由度に応じて賃金の格差が生じると考える。

　ただし，永瀬（1997，305頁）はミクロデータを用いて補償賃金仮説が実際に妥当するのかを分析し，この枠組みでは正社員とパート間の格差の一部しかとらえられず，家庭生活との両立のしにくさの代償として補償賃金で説明するには，格差が大きすぎると指摘する。

　②職務価値の同一性

　一方，処遇差に合理性がないとする見方では，正社員と非正社員の仕事の重複度合いなど職務や職務価値の同一性を実証してきた。特に1990年代以降は，企業の中で量的に非正社員が増大する中で（量的基幹化），従来正社員がやってきた仕事を非正社員が担ったり，正社員と非正社員が同じ仕事を行うなど，非正社員の仕事が質的にも変化していること（質的基幹化）が多くの研究で明らかにされ，仕事の重複度合いに比べて非正社員の処遇が低いことが指摘されてきた。

3 日本の非正規雇用の特徴と政策

　日本の非正規雇用は，正社員との処遇格差が大きく，有期雇用であるため雇用保障が脆弱で，その多くを女性が担ってきたという特徴がある。日本の非正規雇用に対する政策では，パートタイム労働法，労働者派遣法，労働契約法が直接的な規制手段となっている。これらの政策の焦点は，①非正規雇用の処遇をどのように規制するのか，②雇用保障と密接にかかわる雇用契約期間をどのように規制するのかをめぐって，規制緩和・強化どちらの方向にも改正が繰り返されてきた。これら非正規雇用に対する政策枠組みの 1 つの到達点として，働き方改革関連法が2018年 6 月29日に成立した。

　本章の結論を先取りすれば，日本の非正規雇用政策が，職務だけでなく企業拘束性の高低による処遇差を合理化することで，典型的・中核的な男性正社員の拘束性の高い働き方を維持しながら，拘束性の低い働き方としての非正規雇用の処遇を抑えることにつながった。そのことが，正規と非正規の間で類似の業務を行うことを可能とし，非正規雇用の増大をもたらすと同時に，雇用形態間での強固なジェンダーの偏りを生み出し，男女間の処遇格差や性別役割分業

を維持することにつながっている。

2 こう考えればいい
非正規雇用政策の展開

1 パートタイム労働政策

①パートタイム労働法の規定

日本では1960年代から，行政主導によってパートタイム労働政策を行って
きたが，1993年になってようやくパートタイム労働法が立法化され，2007年，
2014年に改正，2018年には働き方改革関連法の一環として有期・パートタイム
労働法として改正された。

1993年に成立したパートタイム労働法は，「適正な労働条件の確保及び教育
訓練の実施，福利厚生の充実その他の雇用管理の改善に関する措置，職業能力
の開発及び向上等に関する措置等を講ずることにより，短時間労働者がその有
する能力を有効に発揮することができるようにし，もってその福祉の増進を図
る」ことを目的にしている。93年の時点では，パートタイム労働者の労働条件
をどのように規制するのかについては，第3条1項に「短時間労働者につい
て，その就業の実態，通常の労働者との均衡等を考慮して，適正な労働条件の
確保」に努めるという文言で示されたものの，「その就業の実態，通常の労働
者との均衡等を考慮」するとはどのような状態であるのかについては規定され
なかった。

その後，国会審議を経ずに，研究会等で「均衡」概念の整理が行われ，「日
本型均衡処遇ルール」といわれる考え方が整理され，2007年のパートタイム労
働法改正で法制化された。

②「日本型均衡処遇ルール」とは

日本型均衡処遇ルールの考え方を視覚的に整理すると，**資料5-4**のように
なる。点線の雇用区分線で隔てられたパートタイム労働者は，①職務内容が
通常の労働者（正社員）と同一，②人材活用の仕組みも雇用される全期間にわ

資料5-4　改正パートタイム労働法の正社員とパートの処遇の考え方

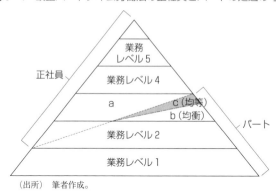

(出所)　筆者作成。

たって同一，③契約期間も同一という３要件がそろっていなければ，正社員ａ
と比較して取扱い差別の禁止の対象にはなりえない。2014年改正で③の要件は
外れたが，職務内容には「責任の程度」の違いも明記されるようになった。こ
れらの要件がそろった区分は，ｃの色が付いている部分になる。パートタイム
労働者ｃは，ａの正社員と比べて取扱い差別が禁止されるのであり，日本の文
脈における「均等」待遇（処遇）が意味する範囲である。要件がそろっていな
いｃ以外のｂのパートについては，ａの正社員との処遇のバランスを図るとい
う「均衡」処遇（待遇）が意味する範囲となる。どの程度のバランスを図る
かについての具体的規定はない。ただし，2014年改正で，ｂも含めたすべての
パートタイム労働者を対象に①職務の内容，②人材活用の仕組み，③その他の
事情の相違を考慮して不合理な待遇であってはならないとする「不合理的な待
遇の相違の禁止」規定も設けられた。

　さらに2018年に成立した「働き方改革関連法」では，有期雇用労働者に関す
る労働契約法，パートタイム労働者に関するパートタイム労働法，後述する派
遣労働者に関する労働者派遣法の３法を改正した。①対象範囲をパートタイム
労働法で定められたパートタイム労働者だけでなく有期雇用労働者を含めたこ
とによってパートタイム労働法の均等と均衡の概念が有期雇用労働者にも該当
されるようになり，②均衡概念については，基本給，賞与，役職手当，食事手

当，福利厚生，教育訓練といった個々の待遇ごとの性質・目的に照らして適切とみられる事情を考慮して判断されるべき旨が明記された。

　個々の待遇ごとの性質・目的に照らして均衡かどうか判断されることになったため，手当や賞与支給などについては若干の改善が予想される。しかし，基本的には日本型均衡処遇ルールの考え方は変わっておらず，同じ仕事をしていても，転勤の範囲や残業の有無，配置転換の範囲などが異なれば，正社員とパートタイム労働者の処遇に格差を設けることは合理的とされる。とはいえ，どの程度の差が合理的なのかどうかを個々の待遇の性質ごとに判断をするものに変わったため，裁判等の争いごとになることをリスクととらえる企業ではいち早く「正社員化」といった対応もみせている。「正社員化」すれば，パート・有期労働者ではないので均等待遇ルールは適用されず，「正社員の中での格付けの問題」となる。島田（2018, 27頁）は，正社員の間でも必ずしも明確な目的や方針によって賃金配分がなされていない中で，正規・非正規労働者についてのみ均衡・均等待遇ルールを導入したことで，司法判断の根拠として，格差の大きさの不合理性を判断するモノサシがない点など，なお不安定な法律といわざるを得ないと指摘している。

　③雇用契約期間の規制

　2012年に労働契約法が改正された。2013年以降有期雇用契約を結んだ労働者が5年以上勤務すると，希望により無期雇用に転換させなければならない。この改正労働契約法により，実質的な契約更新を繰り返すことを5年以上は禁止するという有期雇用の期間をめぐる規制が設けられることになった。ただし，有期雇用契約終了後，半年間の空白期間（クーリングオフ期間）をおけば，再雇用も可能となっている。また，労働契約法改正による無期転換の権利が発生する2018年4月を前に，実質的に契約更新を繰り返してきた人の中で雇止めが行われ，いわゆる「2018年問題」が生じるなど，雇用の安定性を意図した立法と反対のことも起きている。

２ 派遣労働政策

①労働者派遣法の制定と改正

　派遣労働は，派遣労働者，派遣元企業，派遣先企業の三者の関係で成り立つ間接雇用の非正規雇用である。派遣元企業と派遣先企業が労働者派遣契約を結んで派遣内容や派遣料金を取り決める。派遣労働者は派遣元企業と雇用契約を結び，派遣料金の中から賃金を受け取り，実際に指揮命令を受けながら仕事をするのは派遣先企業においてである。

　戦前は人買い業や強制労働，極端なピンハネ的職業紹介などがあり，第2次世界大戦後の「労働の民主化」のもとで，労働者を指揮命令するためにはその前提条件として，労働契約が締結されなければならないという直接雇用の原則が明確にされ（伍賀，2009，13頁），職業安定法で労働者供給事業が禁止された。しかし，1985年に労働者派遣法が成立し，派遣労働が解禁された。本項では労働者派遣法において派遣労働をどのような考え方のもと規制しようとしてきたのかを概観する。

　1985年に成立した労働者派遣法は，「労働力の需給の適正な調整と派遣労働者の雇用の安定その他福祉の増進のために，労働者派遣事業の適正な運営の確保と派遣労働者の就業にかかる整備を目的」（第1条）にしている。その後繰り返された派遣法の改正は，大きくは①派遣対象業務と②派遣期間をめぐって行われた。そもそも1985年に成立した労働者派遣法では，法制定に深く関与した高梨昌氏によると，「専門的職業別労働市場として外部労働市場を形成し，終身雇用・年功制で形成されている企業内労働市場とは競合しえない市場と棲み分けた」（高梨，2009，2頁）専門13業務に対してのみ，派遣労働を解禁したという。「業務」を規制することによって常用代替は防止できていると考えられ，派遣期間については基本的には制限が設けられなかった。しかしその半年（1986年）後には専門16業務，1996年に専門26業務に拡大し，1999年には原則自由化され専門26業務以外にも労働者派遣が可能となった。2003年にはついに物の製造業務への派遣も可能となるような改正が行われた。

　そこで，専門26業務以外の業務に対しては期間制限を設けることで「常用代

替の防止」を行うという政策を展開してきた（専門26業務は派遣期間が無制限）。1999年に新たに認められた自由化業務では派遣期間は 1 年が上限，専門26業務は実質 3 年上限とされた。しかし，2003年改正では，専門26業務の期間制限等を廃止して，自由化業務については 3 年の上限へと期間制限の緩和が行われた。2015年改正では，専門26業務と自由化業務の区分を廃止し，業務単位の期間制限を撤廃し，すべての業務に共通の新しい期間制限として，派遣労働者個人単位の期間制限と派遣先事業所単位の期間制限を設けることとなった。そのため，派遣先の同一の事業所に対する派遣可能期間は原則 3 年が限度となった。このように派遣労働政策は，専門業務かどうかや常用代替をどのように防止するのかなどについて，「政策理念のみが先行し実態との乖離が放置」（佐口，2018，166頁）され，幾度の改正を経て複雑な法制度となっている。

　②派遣労働者の均等・均衡処遇ルール

　2009年にマニフェストで「派遣労働者の雇用の安定」を掲げていた民主党政権が誕生したこともあり，2012年派遣法改正で「派遣先の労働者との均衡を考慮しつつ，一般の労働者の賃金水準や派遣労働者の職務内容，成果，意欲，能力，経験等を勘案し，賃金を決定する派遣元の配慮義務」が定められた。ただし，働き方改革関連法までの改正では民事的効力はないものと解されただけでなく，派遣先の労働者との均衡以外にも様々な事情を考慮することとされたため，実務への影響の程度はそれほど大きくなかったという。しかし2018年働き方改革関連法では，派遣労働者に対しても上述したパート・有期雇用労働者についての不合理な待遇の禁止・不利益取扱いの禁止について定めた規定と基本的に同じ文言が用いられ，派遣労働者の待遇の決定に当たっては派遣先労働者との均等・均衡を原則としてはかることが全面的に要請された（小西，2018，34頁）。均等・均衡処遇を実質化するため，派遣先は派遣労働者の従事する業務ごとに，当該派遣労働者と待遇を比較すべき労働者の賃金等の待遇に関する情報を派遣元事業主に提供しなければならない。小西（2018，36頁）は，働き方改革関連法によって派遣先は，均等・均衡待遇ルールのもとで，これまで以上の派遣料金を派遣元に支払わなければならなくなると指摘している。

③ 日本の非正規雇用政策の特徴

　日本では，正社員と非正社員が同じ仕事をしていても，転勤の範囲や残業の有無，配置転換の範囲などの「働き方」が異なれば，処遇に格差を設けることは合理的とする非正規雇用政策となっている。こうした政策による処遇格差の「合理化」は，企業拘束性の高い働き方としての正規雇用を維持しながら，拘束性の低い働き方としての非正規雇用の処遇を抑えることにつながっている。

　また，有期雇用は実質的な契約更新を繰り返すことを５年以上は禁止，派遣労働については派遣先の同一の事業所に対する派遣可能期間を原則３年とするような規制が行われ，有期雇用の期間を制限することで常用代替を防止しようとしている。しかし，合理的理由のない有期契約を禁止する「入り口規制」が行われないまま，上述の処遇格差の合理性の考え方が維持されるため，恒常的な仕事に対して「働き方」は異なるが，正規雇用と同質性の高い業務を担う非正規雇用を生み出すことにもつながっている。

3 ここがポイント
処遇格差だけが問題ではない

　上述してきたように，日本では正規と非正規の仕事の同質性が高いものの，処遇格差は大きい。しかし，日本の非正規雇用には，正規との処遇格差以上の意味が含まれている。

　１つに，日本では一度非正規雇用になるとその後，正規雇用に移行することが難しいのが特徴である。四方（2011，97頁）はヨーロッパ諸国との比較から，日本では臨時雇用から常用雇用への移行割合は最も低位であり，呼称による区分になるとさらに正規雇用への移行割合が低位となることを明らかにしている。この移行割合は男女格差が顕著で，女性は男性の５分の１から３分の１程度という。つまり，日本では非正規雇用は正規雇用への「架け橋」ではなく，「行き止まり」の職となっている。そのため，年齢や勤続年数が増加するほど，正規と非正規の格差は大きくなるだけでなく，特に女性で非正規雇用から抜け出

すことができない。

　2つに，このことと関連して「身分としての」非正規雇用という側面が挙げられる。例えばヨーロッパ諸国の多くではパートタイム労働者はフルタイム労働者に対して単に労働時間が短い労働者を指すが，日本ではフルタイム働いていても企業で「パートタイマー」と呼ばれることで（呼称），正社員とは異なるステイタスが与えられる。つまり，日本ではパートタイム労働者は労働時間の問題ではなく企業内での身分の問題となっている。そして個々の企業内での身分としてだけでなく，社会的にも正規雇用とは異なる身分として位置づけられる。そこに付与される意味づけは，女性であれば実際の仕事内容や本人の就労目的とは関係なく，「家計補助的に働く者」とみなされ，男性であれば好きなときに自由に働く「フリーター」や正社員になれなかった不安定雇用労働者などといったイメージである。特に既婚女性非正規については，正社員の配偶者である場合の年金や健康保険などの加入要件や配偶者控除といった社会保障・税制度によってもその意味づけは強化される。

　非正規雇用が「身分」であることの結果として，例えば，正規と非正規では結婚確率に差が生じている。厚生労働省（2012）「第9回21世紀成年者縦断調査」によると，初職が非正規雇用であったものの結婚確率は，初職が正規であったものに比べて低く，男性で顕著である。このように日本では，非正規雇用は単に労働市場において処遇が低いという以上に，社会的な身分として機能しており，労働や生活全体にも影響を及ぼすものとなっている。

 ## これから深めていくべきテーマ
非正規雇用として働き，生活を維持するには

　今後の検討課題には，正社員と比較するだけでなく，非正規雇用それ自体の処遇と生活をいかに構想するのかという発想も必要となる。例えば，労働時間が短い者のスキルの向上やインセンティブを踏まえた賃金制度，人事制度はどのように構想できるのかを検討することである。その際，労働時間が短い者の

生活が維持できるようにするために，賃金だけでなく社会保障や社会福祉の領域も含めて考えていく必要がある。「労働時間の短さ」を例に挙げたが，他にも異動や転勤など空間的な制限のある働き方におけるスキルの向上やインセンティブを踏まえた賃金制度，人事制度の構想なども考えられる。

　さらに，非正規雇用の雇用保障の低さの問題を社会的にどのように解決していくのかも研究課題となるだろう。日本では，有期雇用がもつ労働条件の低さや不安定性といった雇用上のリスクの多くを女性が偏って引き受けてきた。壮年男性が一家の稼ぎ手として，新卒一括採用から定年まで正社員で働き，女性は妻として家計補助的に非正社員として働くといった日本的雇用システムが想定する労働者像と一致し，社会的コンフリクトとして顕在化してこなかった側面がある。女性が有期雇用で働くことは，雇用上のリスクを引き受けるというよりも，ワーク・ライフ・バランスや家庭責任を重視する女性たちの「自己選択」という見方も一部ではされてきた。しかし，特に1990年代以降，未婚化や晩婚化が進み，離婚件数も増加するなど，日本的雇用システムが想定してきた「家族像」が現実に当てはまる割合はどんどん減少してきている。こうした事実は，非正規雇用をめぐる社会的コンフリクトを顕在化させることにつながる可能性がある。非正規雇用をめぐる社会的な支援制度，例えば能力開発や就労支援などの検討も必要であろう。

　これらのことを検討することは，日本における正規雇用の機能やあり方を問い直すことでもある。

手にとって読んでほしい５冊の本

神林龍，2017，『正規の世界・非正規の世界——現代日本労働経済学の基本問題』慶應義塾大学出版会。

　　1980・90年代以降の正規雇用，非正規雇用がいかなる変化をしているのかしていないのか，豊富な実証データを用いて検討している。

木本喜美子・大森真紀・室住眞麻子，2010，『社会政策のなかのジェンダー』明石書店。

　　社会政策の中に埋め込まれているジェンダーを掘り起こし，社会政策の面から，

非正規雇用のジェンダー化を検討する上での良書である。

金英, 2017, 『主婦パートタイマーの処遇格差はなぜ再生産されるのか――スーパーマーケット産業のジェンダー分析』ミネルヴァ書房。

　　パートタイマーの「職務と処遇の不均衡」が拡大する現象がなぜ起きるのか, 企業, 労働組合, パートの行為戦略から分析する。

島貫智行, 2017, 『派遣労働という働き方――市場と組織の間隙』有斐閣。

　　日本における派遣労働がいかなる働き方であるのか, 事務職の登録型派遣労働を対象に, その主体に焦点を当てながら実態を描いている。

野村正實, 2007, 『日本的雇用慣行――全体像構築の試み』ミネルヴァ書房。

　　日本的雇用慣行の全体像を描く上で, その本質は学歴別・性別に仕切られた経営秩序にあることに言及した書籍。

引用・参考文献

厚生労働省, 2012, 『「非正規雇用のビジョンに関する懇談会」報告書』。

小西康之, 2018, 「派遣先均等・均衡待遇原則と労働者派遣」『日本労働研究雑誌』701号, 30-39頁。

伍賀一道, 2009, 「派遣労働は働き方・働かせ方をどのように変えたか――間接雇用の戦後史をふまえて」『大原社会問題研究所雑誌』604号, 9-24頁。

佐口和郎, 2018, 『雇用システム論』有斐閣。

四方理人, 2011, 「非正規雇用は行き止まりか?――労働市場の規制と正規雇用への移行」『日本労働研究雑誌』608号, 88-102頁。

島田裕子, 2018, 「パートタイム・有期労働法の制定・改正の内容と課題」『日本労働研究雑誌』701号, 17-29頁。

高梨昌, 2009, 「労働者派遣法の原点へ帰れ」『大原社会問題研究所雑誌』604号, 1-8頁。

永瀬伸子, 1997, 「女性の就業選択――家庭内生産と労働供給」中馬宏之・駿河輝和編『雇用慣行の変化と女性労働』東京大学出版会, 279-312頁。

（金井　郁）

第Ⅱ部

労働政策のこれからを読み解く10のイシュー

第6章

最低賃金制度の役割

貧困と雇用におよぼす影響

グラフィック・イントロダクション

資料6-1 最低賃金制度の役割とその機能

賃金分布

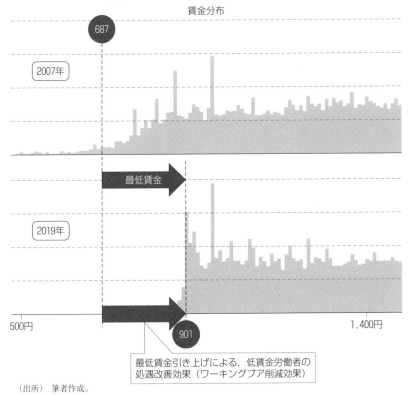

(出所) 筆者作成。

　最低賃金水準は，2007年の全国加重平均687円から2019に901円に，12年間で214円引き上げられた。最低賃金水準で働いている労働者たちの賃金水準を引き上げることが，ワーキングプア問題解消の政策手段として機能している。

1　何が問題か
ワーキングプアや貧困問題との関係

　最低賃金制度は，低賃金労働者の賃金上昇を実現させ，生活水準の向上を通して，貧困層を削減させ，ワーキングプア問題を改善させる効果をもつ労働政策である。世界的にもこの制度に対する関心は強まっている。イギリスでは，1993年にいったん廃止された最低賃金制度が，1999年に再導入された。ワーキングプア拡大に苦慮したブレア政権がワーキングプア問題解消のために最低賃金制度の役割を認めた，ということがその背景にある。アメリカにおいても，2020年の大統領選挙の争点として注目を集めている。また，日本においても第2次安倍政権によって，最低賃金水準はこれまでにない上昇を記録した。

　日本における最低賃金制度への関心の背景には，貧困問題，ワーキングプア，そして子どもの貧困への関心が高まっていることがある。戸室（2016）は「就業構造基本調査」（総務省統計局）のデータを基に，「最低生活費」（生活保護基準の「生活扶助」「住宅扶助」「一時扶助」「教育扶助」の合計である）を貧困ラインとして，1992年から2012年までの「世帯単位貧困率」「ワーキングプア世帯率」「子どものいる貧困世帯率」を算出した（**資料6-2**）。

　世帯単位貧困率とは，全世帯のうち，「最低生活費」以下の所得しか得ていない世帯の割合であり，年金生活者など働いていない世帯も含まれる。この世帯単位貧困率は，1992年には9.2％であったものが，2012年には18.3％と20年間で倍増している。

　ワーキングプア世帯率とは，就業世帯（世帯の主な収入が就業によっている世帯）のうちで，「最低生活費」以下の賃金収入しか得ていない世帯のことである。1992年では就業世帯の4.0％がワーキングプア世帯であったが，2012年に

資料 6-2　日本における世帯単位でみた貧困指標の推移

(単位：%)

年	世帯単位貧困率	ワーキングプア貧困率	子どものいる貧困世帯率
1992	9.2	4.0	5.4
1997	10.1	4.2	6.0
2002	14.6	6.9	10.5
2007	14.4	6.7	10.0
2012	18.3	9.7	13.8

(出所)　戸室 (2016) より作成。

は9.7％と約2倍以上となった。このように，1992年からの20年間で，日本社会にワーキングプア世帯は拡大した。子どものいる貧困世帯も同様に拡大しており，近年の日本社会において，貧困問題が非常に重要な社会問題になっている。そのために，ワーキングプア問題を解消する機能をもつ最低賃金制度への関心が高まっている。

　主流派経済学の理解では，「最低賃金制度の導入は，雇用量の減少・失業の増大を招くので，労働政策としては有効でない」という見解が主流であった。しかし，1990年代にこの見解に対して，再考を促す有力な研究が出現した。それ以降現在まで，最低賃金制度のもつ効果や雇用に与える影響について，多くの議論がなされている。

　最低賃金制度を扱う本章は，最低賃金制度が雇用量に与える影響について考えるために，最低賃金制度に関する最新の研究を紹介する。その上で，戦後日本において最低賃金導入時に，どのような議論がなされたのかをみることで，最低賃金制度の果たす役割とその機能についても明らかにしたい。

2　こう考えればいい
最低賃金の引き上げと雇用量の変化

□1　最低賃金を引き上げると失業が増える？

　最低賃金制度は，ワーキングプア問題や貧困問題の解消を可能とする制度であるので，雇用に悪影響を与える限度まで，その水準を少しずつ引き上げたら

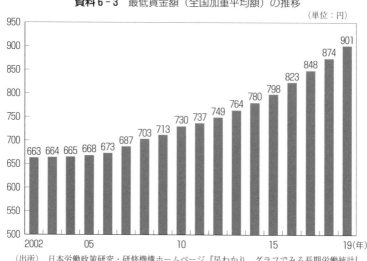

資料6-3　最低賃金額（全国加重平均額）の推移

（単位：円）

（出所）　日本労働政策研究・研修機構ホームページ『早わかり　グラフでみる長期労働統計』
より作図。2019年8月1日アクセス。なお，2019年のデータは筆者が追加した。

よい，これが本章の主張である。

　2012年12月に発足した第2次安倍政権以降，日本の最低賃金水準は，全国加重平均額で2013年の764円から2019年の901円に，5年間で137円の上昇と，これまでの上げ幅よりもより大きな上昇を記録している（**資料6-3**）。しかし，この5年間において，最低賃金の上昇による雇用量の変化，失業の増大は観察されていない。この点をどのように考えたらいいのであろうか。

　「最低賃金制度の導入は，完全競争状態（市場が完全に機能している状態）を前提にすると，雇用の減少・失業の上昇をもたらす」という主流派経済学の見解は，アメリカの経済学者スティグラーによって確立された（Stigler, 1946）。これ以降，多くの主流派経済学者はこの見解を受け入れてきた。

　しかし，この通説を批判し，最低賃金の上昇は必ずしも雇用の減少をもたらさないばかりか，「増加させることさえある」とする研究が，カードとクルーガーによって，1994年に発表された。この研究は，1992年にニュージャージー州の最低賃金を時給4.25ドルから5.05ドルに引き上げた際に，同時期に最低賃金を引き上げずに時給4.25ドルに据え置いたペンシルベニア州との雇用量変化

を比較した論文である（Card and Krueger, 1994）。

この論文の結論は，最低賃金を引き上げたニュージャージー州では雇用の減少どころか，増加さえみられたというものであった。この研究以降，最低賃金上昇と雇用量変化に関する研究が数多くなされ，議論の争点となった。

2 雇用にネガティブな影響を与えるとする研究

このカードとクルーガーの研究に対する，代表的な批判としてニューマークとウィリアムの研究がある（Neumark and William, 2008）。彼らは，カードとクルーガーの結論を次の2点において批判した。第1の批判は，最低賃金引き上げ直後に調査したために得られた結論であるとする批判である。つまり，最低賃金引き上げによる雇用の減少は，短期的でなく長期的に現れる現象であるが，カードとクルーガーは短期的な結論を一般化しすぎているという批判である。

第2の批判は，ファストフード店のみを調査対象にしたために，バイアス（かたより）を有した結論になったという批判である。つまり，最低賃金の上昇によって，個人営業のレストラン等が廃業し，雇用総量は減少したが，ファストフード店のみを調査対象としたために，その影響をとらえられなかったとする批判である。

日本の最低賃金を対象とした研究で，スティグラーの研究を支持し，最低賃金の上昇は若年雇用を減少させるとした研究として，川口と森の研究がある。この論文は2006年から2010年の『労働力調査』の個票をデータとして，最低賃金上昇と雇用との影響を統計的に分析したものである（川口・森, 2013）。この論文の結論は，最低賃金の10％上昇によって，16〜19歳男女の就業率を5.25％低下させ，16〜19歳男女の雇用量でみると約30％低下させたというものであった。

3 雇用にネガティブな影響を与えないとする研究

このように，最低賃金制度のもつ効果に否定的な論者，スティグラーの結論を支持する論者がいる一方で，カードとクルーガーの結論を支持する論者もいる。その代表的な研究が，1979〜2016年の Current Population Survey をデー

タとして，雇用総量でなく，最低賃金変化に最も影響を受ける低賃金労働者の雇用変化を統計的に調べた論文である（Cenginz et al., 2019）。最低賃金引き上げ後，5年間にわたり，最低賃金引き上げは雇用量に影響を及ぼさなかった，これがこの論文の結論であった。

　日本を対象とした研究で，カードとクルーガーの結論を支持する論者として山口の研究がある（山口，2017）。この研究は，2008年から2010年にかけての「賃金構造基本調査」の個票をデータとして，同一の飲食店を対象に，最低賃金上昇の前後における雇用量の変化を統計的に分析したものである。山口が飲食店を対象としたのは，最低賃金水準で働く労働者が集中している産業だからである。山口は最低賃金の引き上げによって，雇用量に有意な影響を与えなかったと結論づけている。

　このように日本とアメリカにおいても，最低賃金の雇用に対する影響をめぐる議論は，現在も続く争点となっており，明確な結論を得ていない。2012年に発足した第2次安倍政権は，最低賃金上昇を継続的に行ってきた。しかし，最低賃金上昇による雇用への負の影響は今のところ観察されていない。最低賃金政策は，ワーキングプア削減などに効果を有する政策であり，明確な雇用に対する負の影響（失業率の上昇）などが認められないならば，現状においては「雇用に悪影響を与える限度まで最低賃金水準を少しずつ引き上げる」という判断が現実的であろう。

3　ここがポイント
最低賃金制度の多様な機能

　このように，最低賃金制度と雇用量変化の関係はまだ結論の出ていない論点である。最低賃金の大事な「ポイント」は，雇用量の変化だけでない。以下では，最低賃金のもつ雇用量変化以外の「ポイント」について述べていきたい。その「ポイント」をあらかじめ述べておくと，低賃金部門をスクラップすることで，産業構造を「高度化」する機能である。

1 戦後日本における最低賃金制度導入の経緯

　日本における最低賃金制導入の経緯について簡単に説明する。終戦後の1950年に日本政府は，最低賃金制度導入のために中央賃金審議会を発足させた。中央賃金審議会は約4年にわたる議論を経て，1954年に「最低賃金制に関する答申」を発表した。さらに同審議会は1957年に，その最低賃金水準を業者間協定によって決定されるとする「業者協定による最低賃金方式の実施について」という通達を出した。これらの議論を経て，日本政府は1959年に最低賃金法を制定した。

　しかし，業者間協定による最低賃金制度では，ILO 条約に批准できず「ニセ最賃」と批判された。そのため，日本政府は1968年に最低賃金法を改正し，最低賃金額決定の主体を業者間協定から賃金審議会に変更した。

　1970年に中央賃金審議会は「今後における最低賃金制のあり方」答申を出し，現在の制度的枠組みである特定産業を対象にした「特定最低賃金」と，各都道府県のすべての労働者を対象にした「地域別最低賃金」の2本立ての最低賃金制度を提案した。そして1971年に，ILO 第26号，および第131号条約に批准し，国際的に認められる最低賃金制度が確立した。

　2019年現在の最低賃金額決定のあり方を合わせて述べておくと，三者構成原則に基づき「中央最低賃金審議会」と「地方最低賃金審議会」が組織される。この三者構成原則とは，弁護士や大学教員などからなる公益委員，労働組合から選ばれる労働委員，そして経営者団体から選ばれる使用者委員，各委員同数によって組織される組織原則のことである。この三者構成原則のもとでは，賃金取引に直接関係する労働者と使用者の意見が必ず反映されるしくみとなっている。

　中央最低賃金審議会は，①労働者の生計費（必要とされる生活費），②労働者の現在の賃金水準，③企業の賃金支払い能力の3点を勘案して，「目安（めやす）」を発表する。地方最低賃金審議会は，この目安を参考に各都道府県の最低賃金額を決定する。本来的には，最低賃金水準は，生活保護基準より高く設定されなくてはならない。しかし，この関係は逆転し，日本では生活保護基準

の方が，最低賃金基準よりも事実上高く設定されてきた。この問題を解消するために，2007年に最低賃金法が改正され，「生活保護に関わる施策との整合性に配慮する」ことを明記し，最低賃金水準引き上げの条件を整備し，現在の制度的枠組みが完成した。

2 産業構造の高度化機能と企業の「賃金支払い能力」論

①産業構造の高度化機能

　最低賃金政策の「ポイント」をみていく上で重要な点は，1954年に発表された中央賃金審議会「最低賃金制に関する答申」（以下，1954年答申とする）での議論である。この1954年答申は，イギリスの最低賃金制度を念頭に置き，低賃金労働者の集中する特定産業を対象とした「産業別最低賃金」を最優先課題とし，「一般最低賃金」を次の課題とした。産業別最低賃金は「絹，人絹織物製造業」や「家具建具製造業」など4産業を対象に構想され，その最低賃金水準の決定に際してはこれら4産業で働く労働者たちの生計費でなく，企業の「賃金支払い能力」を優先的に考慮することとした。そのため，この1954年答申が想定した産業別最低賃金は，低水準の最低賃金額を想定していた。

　この1954年答申をめぐる議論において，最低賃金制度のもつ役割がほぼ網羅されていた。1954年答申が出された後，この問題に関係する研究者たちがこの問題を討議した。

　藤林は，この時の議論をまとめ，この答申をめぐる論点として次の5点をあげている（藤林，1957）。(1)最低賃金制度によって定められた賃金水準が非常に低い場合，現在の賃金水準を最低賃金制度が引き下げる可能性を有する。(2)最低賃金制度は雇用量を削減し，失業を増大させる可能性を有する。(3)競争力を失った中小企業を淘汰することで，日本の産業構造を高度化する可能性を有する。(4)加工貿易を前提とすると，「低賃金」は国際競争力維持，輸出量増大，経済発展のための「重要な条件」であり，最低賃金制度は，「低賃金」という経済発展のための「重要な条件」に制限をかける可能性を有している。(5)最低賃金の設定水準によって，日本は「高賃金国的作用」か，それとも「低賃金国

的作用」か，を選択しなくてはならない。以上の5点である。

このうち，(1)最低賃金制度が現行の賃金水準を引き下げる可能性は理論的に存在する。(2)最低賃金と雇用量の変化，失業の増大の論点はすでに議論した。重要なのは，(3)中小企業の淘汰による産業構造の高度化と，(4)「低賃金」は国際競争力向上の条件となりえるか，である。

(3)中小企業の淘汰による産業構造の高度化とは，国際競争力や生産性の低い産業を廃業に追い込むことで，日本の産業構造を高生産性部門に高度化することである。すでに廃業に追い込まれた産業を例示するならば，絹織物産業があるだろう。明治維新以後，富岡製糸工場に象徴されるように絹織物は日本の主要輸出産業であり，その原料を生産する養蚕業も盛んであった。しかし，時代とともに国際競争力を失い，現在は主要産業でなく伝統工芸として存続している。

このように最低賃金も払えないような競争力を失った産業を存続させることは，その産業に資本や労働力を縛りつけ，経済全体の好循環を妨げる。よってそのような産業を廃業に追い込み，その産業に投下されていた資本や労働力を解放し，成長産業に振り向けることで，産業の高度化を実現し，経済全体の好循環を実現させる。そのような機能が最低賃金制度にはある。

②企業の支払い能力に基づく最低賃金の決定

(4)国際競争力向上の条件としての低賃金とは，どのような論点であろうか。この論点は，先の産業構造高度化と対立する論点であるが，日本の最低賃金制度に現在も根強く固着する論点でもある。つまり，低賃金部門を維持した方が，日本企業の国際競争力を強め，日本経済全体にとって有利であるとする議論である。日本の最低賃金制度は，最低賃金水準を上げ，低賃金部門を「過度に」縮小させないように機能してきた。

具体的には，最低賃金水準決定において最優先されてきたのは，企業の「賃金支払い能力」であって，「労働者の生計費」ではなかった。その象徴的な問題が，前述した1959年最低賃金法制定から1968年に改正されるまでの最低賃金決定方式である「業者間協定方式」である。

　この業者間協定方式とは，業者間で労働者を雇用するときの「最低賃金」を
決め，その決定額をその産業の最低賃金水準とする政策である。これは事実上
その産業の最低賃金額を，業者の決定に委ねることになる。つまりその業者の
「賃金支払い能力」で最低賃金が決定される方式である。そのため，最低賃金
水準は，低水準にならざるを得なかった。

　その後も日本の最低賃金制度では，企業の「賃金支払い能力」が優先され，
最低賃金額よりも，生活保護基準の方がより上位にある状態が続いた。この状
態は，2007年に最低賃金法が改正されるまで続いた。このように，日本の最低
賃金制度は，長期的に最低賃金水準を企業の「賃金支払い能力」で決定するこ
とで，低賃金構造を維持しようとしたのであった。

 4 ## これから深めていくべきテーマ
最低賃金制度とこれからの日本社会の方向性

　藤林のいう(5)の「高賃金国的作用」か「低賃金国的作用」かという論点は，
現在の日本に非常に密接な論点であるので，本節で議論したい。これまでの議
論をふまえると，この論点は，日本社会の方向性を，賃金水準の高い社会を目
指すのか，それとも低賃金労働者の数多くいる社会を目指すのか，という問い
である。

　最低賃金制度の「高賃金国的作用」とは，人的資源への投資を積極的に行
い，労働者の高技能を基に，生産する製品やサービスに高い付加価値をつける
方向性を目指すアプローチのことであり，結果的に労働者の賃金水準は高くな
る。一方「低賃金国的作用」とは，人的資源への投資を行わず，未熟練・低技
能で安価な労働力を武器に，安価な製品やサービスを生産する方向性を目指す
アプローチのことであり，賃金水準は低くなる。つまり，藤林のこれまでの論
点と合わせて考えると，最低賃金制度は，多くの低賃金部門を廃絶する「高賃
金国」を目指すのか，それとも多くのワーキングプアのいる「低賃金国」を目
指すのか，その分水嶺を形成する。

　「高賃金国」では賃金の高さゆえに，雇用拡大せずに高失業に怯える可能性がある。また「低賃金国」では，雇用はあるが，ワーキングプアに怯える可能性がある。日本社会はどちらを目指すべきなのか，それがこの藤林の指摘する最後の論点であった。

　さらに，「低賃金国」アプローチ，すなわち低賃金部門の維持・拡大は諸外国からの厳しい批判にさらされる可能性を有する。戦前，日本社会は諸外国から「ソーシャル・ダンピング」との批判にさらされた。ソーシャル・ダンピングとは，低賃金構造を意図的に作り出し，不当に安い製品を製造することである。戦後も1950年代半ばに「１ドル・ブラウス」問題として日本政府は強い批判にさらされた。当時の日本政府がこの「ソーシャル・ダンピング」批判をかわすために，最低賃金制度整備を目指した側面もある。

　さらに近年では，有名スポーツブランドが海外での製品製造過程で児童労働を利用していたとして強い批判を浴びた。また，日本では外国人労働者の研修・技能実習制度において，当初研修生は労働者でないとして，最低賃金法や労働基準法の対象外であった。そのため，最低賃金を下回る「１時間300円の研修手当」で，実質上単純労働を担わせていた。このような最低賃金を下回る労働は，諸外国から「人身売買」「奴隷労働」といった厳しい批判を浴びた（第８章を参照）。

　このように低賃金部門の維持・拡大は，貧困の問題を超えて，社会正義の問題として強い批判を浴びる可能性をもつ。今後，日本は外国人労働者をこれまでにない規模で受け入れるので，社会正義という視点からも，低賃金労働者の問題をとらえる必要があるだろう。

　2019年10月に最低賃金額の引き上げが行われ，東京と神奈川の最低賃金はそれぞれ1013円と1011円になり1000円を超えた。前述の通り，全国加重平均額は901円になり，2007年以来，最低賃金水準は一貫して大きく引き上げられている。しかし，日本の最低賃金制度成立以来2006年まで，その水準は企業の「賃金支払い能力」を理由に，低位に抑えられてきたのも事実である。現在の日本社会は「ワーキングプア」「子どもの貧困」「経済的格差の拡大」などの問題に

直面している。この貧困の拡大，特にフリーター問題など若年層における経済力の低下は，結婚・出産など世帯形成にまで負の影響を及ぼし，「少子・高齢化」に拍車をかけ，将来的な年金制度など社会保障制度まで不安定にした。

　これからの日本社会の安定のためにも，最低賃金政策によって貧困を除去し，安定的な雇用を拡大し，労働社会の「再建」を目指すばかりでなく，広く社会的な不平等を是正するためにも，所得再分配政策の強化が必要となるであろう。具体的には，直接税と間接税からなる税制のあり方，社会保障政策のあり方など様々な政策を組み合わせて，今後の日本社会の展望を示す必要がある。

手にとって読んでほしい5冊の本

後藤道夫・中澤秀一・木下武男・今野晴貴・福祉国家構想研究会編，2018，『最低賃金1500円がつくる仕事と暮らし』大月書店。
　　日本で最低賃金1500円を実現するために，どのような課題があるのか，多面的にとらえた論考である。
橘木俊詔・浦川邦夫，2006，『日本の貧困研究』東京大学出版会。
　　少しデータが古いが，日本の貧困の状況をマクロ的にみるために読まなくてはならない文献である。
小杉礼子・宮本みち子編著，2015，『下層化する女性たち』勁草書房。
　　貧困集中グループである「女性」を対象に，社会学的アプローチで多面的に貧困問題を分析している。
シプラー，D. K.／森岡孝二他訳，2007，『ワーキング・プア』岩波書店。
　　アメリカの貧困層を対象にしたルポルタージュである。あまりの「現実」に声を失う。
ブラットワース，J.／濱野大道訳，2019，『アマゾンの倉庫で絶望し，ウーバーの車で発狂した』光文社。
　　イギリスにおいて，アマゾンやウーバーで実際に働いた筆者の体験をもとに執筆されたルポルタージュである。

引用・参考文献

川口大司・森悠子，2013，「最低賃金と若年雇用」大竹文雄・川口大司・鶴光太朗編著『最低賃金改革』日本評論社。
戸室健作，2016，「都道府県別の貧困率，ワーキングプア率，子どもの貧困率，補足率の

検討」『山形大学人文学部研究年報』第13号，33-53頁。

藤林敬，1957，「序論─わが国における最低賃金制をめぐる諸問題」社会政策学会編『最低賃金制』有斐閣。

山口雅生，2017，「最低賃金の引き上げが飲食店事業所の雇用にどう影響するのか」『政策科学』第24巻第3号，立命館大学政策科学学会，127-146頁。

Card, D. and Krueger, A. B., 1994, "Minimum Wage and Employment: A Case Study of the Fast-Food Industry in New Jersey and Pennsylvania", *American Economic Review*, Vol. 84, No. 4, pp. 772-793.

Cengiz, D., Dube, A., Lindner, A. and Zipperer, B., 2019, "The Effect of Minimum Wages on Low-Wage Jobs", *The Quarterly Journal of Economics*, Vol. 134, No. 3, pp. 1405-1454.

Neumark, D. and William, L. W., 2008, *Minimum wages*, MIT Press.

Stigler, G., 1946, "The Economics of Minimum Wage Legislation", *American Economic Review*, Vol. 36, No. 3, pp. 358-365.

（伊藤大一）

第 **7** 章

労働力不足と中小企業
未解決の日本経済の格差問題

グラフィック・イントロダクション

資料7-1 有効求人倍率と完全失業率の推移

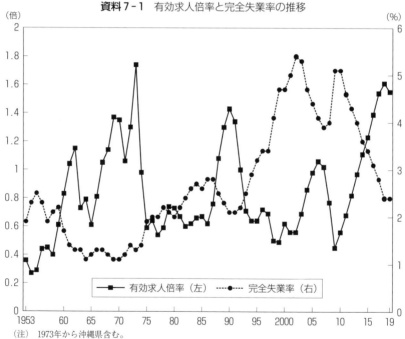

(注) 1973年から沖縄県含む。
(出所) 厚生労働省『一般職業紹介状況』(各年版)および総務省統計局『労働力調査』(各年版)より作成。

　リーマンショック後の2009年度の有効求人倍率は0.42倍であったが，その後上昇し，2018年度には1.6倍になり，高度成長期あるいはバブル期並の水準に達している。同時期の失業率は低下しており，有効求人倍率の上昇をもって雇

用情勢の改善や景気回復の指標とする見方もあるが，むしろそこには日本経済
における深刻な労働力不足が現れていると思われる。*

　　＊　本論文執筆後の新型コロナ禍の影響で，有効求人倍率は急速に低下し，2020年
　　　6 月時点では1.1倍になり，同期の完全失業率は2.8％に上昇している。

1 何が問題か
中小企業に集中する労働力不足

［1］労働力不足の深刻化

　労働力不足は全般的に起きているのではなく，業種や職種によってばらつき
がみられ，とりわけ中小企業において労働力の確保と定着が困難になってい
る。中小企業基盤整備機構の「中小企業景況調査」によれば，「従業員数過不
足 DI（「過剰」－「不足」）」は2011年の第 3 四半期にマイナスに転じ，その後
は一貫して不足傾向にあり，2019年第 2 四半期にはマイナス21.6と不足感が強
い。『中小企業白書　2015年版』では「中小企業・小規模企業は従業者の半数
を占める高校卒業者の確保に苦慮し，また，大卒者も十分に確保できて」いな
いことが不足感を強めているとしている。そこで「新規学卒者（高校・中学）
の職業紹介状況」から高卒者の充足状況を確認すると，2018年 3 月末の高卒者
の「充足率」は300人以上の事業所は84.6％のところ，299人以下の事業所は
28.0％であり，中小企業が高卒者を十分に確保できていないことがわかる。ま
た，大卒者の採用難も深刻である。リクルートワークス研究所「大卒求人倍率
調査」によれば，2019年度卒業予定の大卒求人倍率は，300人以上の大企業で
0.9倍であるが，299人以下の中小企業では実に9.9倍である。

　このように労働力不足は中小企業に集中して現れ，「求人難」が中小企業経
営上の喫緊の課題になっている。「求人難」が悪化すれば，収益悪化をまねき，
「人手不足倒産」に至ってしまう。こうしたケースは2013年頃から増加してい
る。

　一般的に労働力不足は高い経済成長率のもとで景気が過熱し，旺盛な企業の
設備投資と生産拡大による労働力需要の高まりによって発生すると考えられる

が，2010年代の日本経済の成長率は低く，企業の設備投資も活発だとはいえない。現在の労働力不足の主因は生産年齢人口（15～64歳）の減少にある。生産年齢人口は1995年以降一貫して減少傾向にあり，そうした傾向のもとでは景気があまり良くなくても労働力不足が生じる。特に若年人口が大幅に減少しているため，新規学卒者の労働市場においてその傾向は著しい（小﨑，2018，79-86頁）。

② 中小企業はなぜ労働力不足に陥るのか

　さて，労働力不足はなぜ中小企業に集中するのだろうか。中小企業の採用のあり方は中途採用が中心である。労働政策研究・研修機構の調査では，2011～2013年の中小企業における新卒採用者の平均人数は4.92人で，そのうち2.25人が退職，中途採用は12.92人で，そのうち11.01人が退職であった。中途採用中心の中小企業では，その退職者も多く，定着に課題を抱えていることがわかる（労働政策研究・研修機構，2017，22頁）。近年，労働市場が逼迫する中で，長期にわたる人材育成や人材の多様性といった観点から新卒採用を積極的に行っている中小企業も少なくない。こうした採用活動の中で中小企業が「求人難」に陥る要因として以下の点が考えられる。

　第1に，そもそも中小企業が人材を募集しても応募が来ないことである。労働政策研究・研修機構の調査によれば，人手不足が生じている企業への求人の充足状況の回答として「募集しても，応募がない」が39.9％で最も多く，次いで「応募はあるが，応募者の資質が自社の求める水準に満たない」（32.2％），「求職者が求める処遇・労働条件と自社の提示内容が折り合わない」（5.4％）といった雇用のミスマッチは計37.6％であった（労働政策研究・研修機構，2016，8頁）。

　第2に，募集方法にも原因がある。新卒・中途採用において，5000人以上の有名大企業の募集は自社のウェブサイト，会社説明会，就職情報誌，新聞広告，チラシを利用する傾向が強いが，中小企業ではこれらを利用する企業は少なく，ハローワークに依存している。ハローワークの人材紹介機能は，現在求人倍率

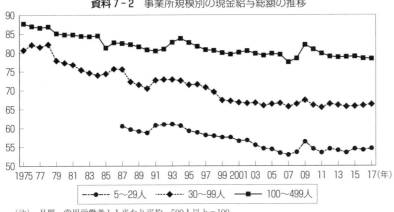

資料7-2　事業所規模別の現金給与総額の推移

凡例：●— 5〜29人　　◆— 30〜99人　　■— 100〜499人

(注)　月間，常用労働者1人当たり平均，500人以上＝100。
(資料)　厚生労働省「毎月勤労統計調査」。
(出所)　商工総合研究所，2018，『図説　日本の中小企業2018/2019』同所，65頁より作成。

が低い一般事務など専門的な経験・技術を必要としない職種には強く，逆に求人倍率が高い専門・技術職などには弱いといった傾向がある。

　第3に，中小企業から大企業への労働移動が生じている。近年の前職の規模別にみた現職規模別転職者の推移をみると，中小企業から大企業への転職が増えている。前職が中小企業で大企業へ転職した者の数は2011年の62万人から2016年には96万人に増加しており，中小企業が転職先として選ばれにくい傾向にある（中小企業庁，2019年版，54頁）。

　第4は求職者の大企業志向である。「2019年卒マイナビ大学生就職意識調査」によると，大卒者の「大手企業志向」は54.5％で，「中堅・中小企業志向」は41.4％であった。「中堅・中小企業志向」の大学生も少なからず存在しているが，2013年卒以降，企業選択のポイントとして「安定している会社」を選ぶ大学生が上昇するとともに「大手企業志向」が高まっている。

　第5に，求人難に陥る基底的な要因として賃金など労働条件の規模別格差が挙げられる。戦後日本経済において労働力不足が深刻化した時期は高度成長期とバブル経済期であり，今回も含め，いずれの時期も中小企業に集中している。それらに共通する要因は労働条件の規模別格差である（黒瀬，2012，237-247頁，

332頁）。高度成長期の労働力不足に対して中小企業は若年労働者を中心に賃金引き上げを行い，規模別賃金格差は是正の方向に向かったが，1970年代半ば以降，賃金格差は再び拡大し，現在も改善されていない（**資料7-2**）。ただし，規模別にみられる平均的な賃金格差の背後に労働力構成や職種内容，雇用形態，雇用安定性，教育訓練などの違いがあることには留意する必要がある。

　労働条件の規模別格差は賃金だけでなく，労働時間，作業環境，福利厚生等の雇用管理全般においてみられ，応募の少なさ，募集方法，求職者の大企業志向などの要因と相まって中小企業の人材確保を難しくしている。そのため，『中小企業白書　2019年版』でも労働条件を「大企業の水準に近づけることが人手不足解消の一つの鍵」だと述べ，労働条件の規模別格差の是正に言及している。

2 こう考えればいい
中小企業の労働力不足対策

［1］中小企業労働政策

　中小企業に対する労働政策は，新中小企業基本法（1999年制定）の第16条に「国は，中小企業における労働関係の適正化及び従業員の福祉の向上を図るため必要な施策を講ずるとともに，職業訓練及び職業紹介の事業の充実等必要な施策を講ずる」（2013年基本法では第21条）と規定され，中小企業の発展に必要な労働力の確保を図る等の観点から実施されている。中小企業労働政策は，①退職金・年金といった福利厚生の充実，②労働力の確保，③能力開発に大別される。

　新中小企業基本法における中小企業労働政策の前提となる認識は，①少子高齢化の進展に伴い，労働力の供給制約が高まる中で，②経済活性化のためベンチャー企業等による新規産業の創出が期待され，③独自技術と商品開発をする独立した中小企業を育成する必要があり，④大企業における日本的雇用が変化する中で，中小企業でも高度な人材の確保とその活用が望まれているというも

のである。こうした認識をふまえて，中小企業労働政策の課題は，第1に，労働時間・職場環境・福利厚生・募集採用・教育訓練など労働条件の改善を支援し，外部人材の活用ができるよう労働市場を整備することを通じて労働力の「量の確保」を実現することである。第2に，新規事業の展開・創業に資する経営者・労働者の能力向上を支援して労働力の「質の向上」を図ること，そして第3に「流動性の向上」を図り，大企業から中小企業への労働移動を促すことだとしている。

　これらの政策のうち労働力確保については，バブル経済期の労働力不足の深刻化を受けて始められた。1991年に「中小企業における労働力確保のための雇用管理の改善の促進に関する法律」（労確法）が制定され，事業協同組合等が作成した労働環境の改善や福利厚生の充実などに関わる事業に対して通商産業省と労働省が連携して支援措置を講じてきた。この労確法は1995年，1998年に改正され，高度人材の確保や新分野進出・創業の支援を目的とした個別中小企業にも支援対象が広げられている（中小企業庁，1999，265-274頁）。

２　中小企業の雇用と賃金の動向

　こうした中小企業労働政策が実施されるもとで，1990年代以降の中小企業の雇用や賃金は次のように推移した。まず挙げるべき変化は，全雇用者の約6割を占めていた中小企業の雇用吸収力が低下傾向に転じたことである。

　資料7-3は非農林水産業の従業者規模別雇用者数の変化である。1990年代末から30～99人規模の雇用者数は800万人台で伸び悩み，1～29人規模の雇用者数は1998年の1755万人から2018年の1540万人にまで減少した。その一方で，500人以上規模の雇用者数は2002年の1184万人から2018年には1770万人に急増している。

　このトレンド変化の背景には，バブル崩壊後，中小企業数の減少が始まる中で，中小企業の労働生産性が低下し，雇用の増加や賃金引き上げをする余裕が失われてきたことがある。その一方で，大企業は労働生産性の向上と非正規雇用の拡大により労働分配率を引き下げ，利益率を高めるとともに，雇用を増加

資料7-3　非農林水産業の従業者規模別雇用者数

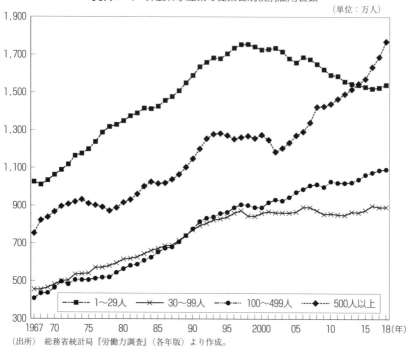

（出所）　総務省統計局『労働力調査』（各年版）より作成。

させた（商工総合研究所，2014，77-78頁）。

　そして，2010年代に入ると中小企業の雇用不足感が強まっていく。労働市場が逼迫するもとで，労働力を優先的に吸収できた大企業は労働投入量（延べ労働時間）を1割近く増加させた。それに対して，正規雇用者数の減少に直面していた中小企業は非正規雇用の増加で雇用者数を確保するものの，労働投入量の増加にはつながらず，労働力不足が解消されていない。正規雇用者に比べ非正規雇用者の労働時間が少なく，非正規雇用者の労働時間短縮化が進展していたことが原因である。このような状況のもとで，中小企業の正規雇用者には一層の負担がかかる一方で，正規雇用者における大企業との規模別賃金格差には変化はなく，正規雇用者の中小企業離れが加速しかねないとの懸念が生まれている（商工総合研究所，2018，27-28頁）。

③ 中小企業庁が示す対策の問題点

　中小企業庁は中小企業の労働力不足の深刻化を受けて，「中小企業・小規模事業所における人手不足対応研究会」を設置し，2017年3月に労働力不足対策の基本的な考え方と施策をまとめた。そこでは労働力不足への対応は「人材を掘り起こすか，生産性を向上させるか」の「2通り」だとしている。すなわち，①女性，高齢者，外国人等の多様な人材に視野を広げ，多様な人材確保を進めるために職場環境整備等の改善を進めること，②ITや省力化設備の導入，従業員の能力を引き上げる人材育成，業務フローの見直しといった生産性の向上を進めることである。そして人手不足は中小企業にとって「ピンチ」ではあるが，これを積極的にとらえ，中小企業が成長していくための「チャンス」でもあるとして，「経営課題や業務」「生産性」「求人像」「人材募集」「職場環境」を「見つめ直す」施策を展開している（中小企業庁，2017，18-46頁）。

　こうした労働力不足対策に対して，大林（2017）は，その対策の必要性を認めつつも，次のような問題点を指摘している。現実に行われている企業の労働力不足への対応は，労働者の正社員化などの処遇改善に力を入れているものの，賃金や休暇・育児支援など労働条件改善の取組みは多くなく，強調されている生産性向上の取組みも少ない。さらに労働力不足に対処した業種は医療・福祉，宿泊業・飲食サービス業，卸売業，小売業，生活関連サービス業，娯楽業，製造業が中心である。これらの産業は製造業を除いて機械化や省力化が本来的に困難な産業であり，また近年，雇用を増加させている医療福祉・サービス業などは賃金の引き上げが課題となっている産業でもある。要するに労働力不足への対処の重点が必ずしも抜本的でない方法に置かれていると問題提起し，先に述べた政府の対策は企業の対処と乖離しており，むしろ企業の対処の方向性の変更を政策的に誘導することが課題であるとしている。

　さらに，大林は，政府の対策において個別中小企業の経営の「見つめ直し」が提唱されているが，中小企業の経営環境との関係が不明確であり，近年の「下請法違反件数」の急増を例に挙げて，むしろ中小企業が置かれている経営環境にこそ重要な課題があると主張し，労働力不足は日本経済の構造的問題を

改めて呼び起こす可能性があるとしている（大林，2017，20-21頁）。

　すでに述べた通り，逼迫する労働市場において，大企業が優先的に労働力を確保し，中小企業が労働力の確保と定着に苦慮する基底的な要因は労働条件の規模別格差にあると考えられる。しかし，「人手不足対応研究会」が示す労働力不足へ対応は，労働条件の規模別格差の是正を目指すものとはいえない。労働条件の規模別格差が放置されたままでは，労働市場における中小企業の不利は変わらず，労働力不足は根本的には解消しないだろう。労働力は中小企業の存続，発展に不可欠な経営資源の１つであり，労働力の確保と定着への支援を抜本的に強化する必要がある（第４章参照）。

3　ここがポイント
中小企業のとらえ方

　賃金など労働条件における格差が大企業と中小企業の間にあることは事実だとしても，そのことで働く場としての中小企業に魅力がないといえるだろうか。中小企業にもやりがいのある仕事はあるし，大企業とは異なり経営者と従業員の距離が近く，責任ある仕事を任せられる機会が多いと感じながら働く人たちが中小企業にも多くいる。また，企業の規模が小さいからといって働きにくい職場であるということにはならない（植田他，2014，47-49頁）。**資料7‐4**に示すように，就業者に対する調査では，職場の働きやすさに対する満足度は中規模企業・小規模企業においても大企業とそん色ない。とはいえ，より働きやすい環境を整備していくために，多くの課題を抱えていることもまた事実である。

　大企業と比較して経営資源や労働条件の格差を取り上げて，中小企業が劣っていることを問題にするだけであれば，中小企業が果たしている経済的社会的役割はみえてこない。中小企業が企業数の99％を占め，従業者の３分の２は中小企業で働いているのには，合理的な理由がある。大企業をみるものさしで中小企業を測るのではなく，中小企業が存続する理由を様々な角度から検討し，その経済的社会的役割や可能性を見出すことが重要であろう（植田他，2014，

資料7-4　職場の働きやすさに対する満足度

(上段：n，下段：%)

	合計	大いに働きやすい	働きやすい	どちらともいえない	やや働きづらい	働きづらい
大規模企業 （301人以上）	1,532 100.0	73 4.8	586 38.3	575 37.5	203 13.3	95 6.2
中規模企業 （21〜300人）	1,805 100.0	85 4.7	686 38.0	647 35.8	232 12.9	155 8.6
小規模企業 （20人以下）	563 100.0	38 6.7	234 41.6	196 34.8	59 10.5	36 6.4

(出所)　みずほ情報総研，2017，「平成28年度　中小企業・小規模事業者の人材確保・定着等に関する調査作業報告書」より作成。

58頁）。

　2010年に閣議決定された中小企業憲章に中小企業の果たしている役割が端的に表現されている。そこでは，中小企業は「経済やくらしを支え，牽引する」「創意工夫を凝らし，技術を磨き，雇用の大部分を支え，くらしに潤いを与える」「意思決定の素早さや行動力，個性豊かな得意分野や多種多様な可能性を持つ」存在として表現されている。また中小企業は「社会の主役として地域社会と住民生活に貢献」し，地域社会や地域経済を支える役割をもっている。しかし，その一方で，「資金や人材などに制約があるため，外からの変化に弱く，不公平な取引を強いられるなど数多くの困難に晒され」ているとしている。このように中小企業の多面的な役割を積極的にとらえるのと同時に，企業規模が小さいことに起因する問題や不利に直面するような経済主体としてとらえている。

　1963年に制定された旧中小企業基本法の政策理念には「中小企業の経済的社会的制約による不利の是正」が位置づけられていた。しかし，その後，中小企業政策における「中小企業観」が転換し，1999年に改正された新基本法では中小企業を日本経済の「ダイナミズムの源泉」と位置づけ，政策の基本理念は「多様で活力ある中小企業の育成・発展」を図ることであるとして，「不利是正」が政策理念から消えてしまった（植田，2004，135-152頁）。しかし，現実には中小企業であることによる不利は，労働条件の格差をはじめ，経営や財務，

取引環境など様々な局面でみられ，未だに解決されたとはいえない。中小企業は日本経済や日本社会にとって不可欠な存在であり，多様な役割をもち，可能性に秘めている一方で，企業規模が小さく経営資源が不足することに起因する問題や不利が存在している。こうした不足する経営資源を政策的に補完することで中小企業の積極性を高めていくことが求められる（植田他，2014，12-14頁）。

4　これから深めていくべきテーマ
規模別賃金格差

　中小企業に関わる研究テーマは多くあるが，本章の論旨に沿ったテーマとして次の2点を挙げたい。

　第1に，規模別賃金格差の要因をめぐる議論は，理論的にも実証的にも決着がついておらず，今後も深めていくべき研究テーマである。規模別賃金格差をめぐる議論は，①産業，職種，性，学歴，年齢，勤続年数などの労働者の属性を揃えると，規模別賃金格差は労働者構成の差，特に勤続年数，年齢の差に帰着するとみる研究がある一方で，②労働者構成を揃えたとしても規模別賃金格差は残るとして，労働や労働力の質の違い，支払い能力の差（第6章参照），労働市場の二重性などに賃金格差の要因を求める研究がある（高田，2013，170-174頁）。

　第2に，規模別賃金格差は中小企業政策の直接の対象であるか否かも問われるべきだろう（三井，2006，15頁）。これを中小企業政策の対象とするのであれば，格差是正の今日的な意義についても問われることになる。高度成長期に「不利の是正」が中小企業政策の目標となっていたのは，生産性や賃金などの格差が顕在化したことだけでなく，格差の存在が日本経済の発展の足かせになっているとする「二重構造」問題[*]があり，その解消が目指されていたからである。日本経済が国際競争力をつけてきた1970年代以降における大企業と中小企業の格差，1990年代以降も依然として存在する格差をどのような問題としてとらえるのか，そして格差是正の今日的な意義についての議論を深める必要が

あるだろう（植田，2004，26-27，34-35頁）。

＊　「二重構造」問題：一方に近代的大企業，他方に前近代的な小零細経営と農業
　　が両極に対立的に存在し，近代的部門からはみ出した労働力が，生産性の低い農
　　業や小零細経営に低賃金で吸収されている。欧米先進国に比べ農業や小零細経営
　　の比重が高い日本は構造的に生産性が低く，二重構造の解消なしに日本経済の発
　　展はありえないとする考え方。

　格差是正に関するアプローチの仕方についても，中小企業の多様性をふまえ
ると，大企業との平均的格差を是正するアプローチよりも中小企業の可能性の
十分な発揮を妨げている制約要因を摘出し，これに対する対応策を講じていく
ことがより効率的である，といった指摘がある（通商産業政策史編纂委員会他編
著，2013，44頁）。その他，議論すべき論点として，経済的社会的に妥当な格差
の水準，具体的な施策などが挙げられるだろう。

手にとって読んでほしい 5 冊の本

植田浩史，2004，『現代日本の中小企業』岩波書店。
　　日本の中小企業について製造業を中心に考察しており，戦後の中小企業，そし
　　て90年代以降の中小企業の歴史的な位置や課題について学ぶことができる。
植田浩史・桑原武志・本田哲夫・義永忠一・関智宏・田中幹大・林幸治，2014，
『中小企業・ベンチャー企業論［新版］』有斐閣。
　　中小企業のとらえ方，現状と歴史，中小企業政策など幅広く学ぶことができる
　　入門書。
黒瀬直宏，2006，『中小企業政策』日本経済評論。
　　「中小企業は発展性と問題性の統一物」であるとする筆者の「複眼的中小企業
　　論」から戦後日本の中小企業政策について総括している。
黒瀬直宏，2012，『複眼的中小企業論』同友館。
　　上記の「複眼的中小企業論」の視点から戦後日本の中小企業の歴史を問題性と
　　発展性の視点から体系的にまとめている。
渡辺幸男・小川正博・黒瀬直宏・向山雅夫，2013，『21世紀中小企業論［第 3 版］』
有斐閣。
　　中小企業は「リスキーだが多様な可能性ある存在」という見方を基本として，
　　働く場としての中小企業，中小企業とは何か，歴史，政策などを学ぶことがで

きる入門書。

引用・参考文献

大林弘道，2017，「『労働力不足』と中小企業」『中小企業支援研究』別冊 Vol. 4，18-21頁。

小﨑俊男，2018，『労働力不足の経済学』日本評論社。

商工総合研究所，2014，『中小企業の雇用吸収力』。

商工総合研究所，2018，『人手不足の実態と中小企業の対応』。

高田亮爾，2013，「中小企業と雇用・労働・労務」『日本の中小企業研究（2000-2009）第１巻　成果と課題』同友館，161-182頁。

中小企業庁『中小企業白書』各年版。

中小企業庁，1999，『中小企業政策の新たな展開』同友館。

中小企業庁，2017，「中小企業・小規模事業者における人手不足対策研究会とりまとめ」。

通商産業政策史編纂委員会・中田哲雄編著，2013，『通商産業政策史　1980-2000　第12巻中小企業政策』経済産業調査会。

三井逸友，2006，「中小企業の労働問題の今日的様相」『商工金融』第56巻第１号，10-37頁。

労働政策研究・研修機構，2017，『中小企業における採用と定着』。

労働政策研究・研修機構，2016，「『人材（人手）不足の現状等に関する調査』（企業調査）結果及び『働き方のあり方等に関する調査』（労働者調査）結果」。

（永島　昂）

第 8 章

複雑化する外国人労働問題

階層化と社会的統合

グラフィック・イントロダクション

資料 8 − 1　日本の外国人労働市場の階層性（在留資格を基準とした場合）

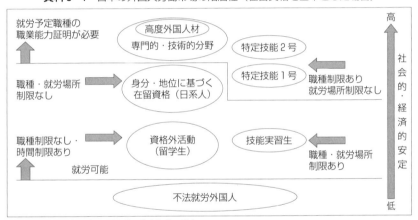

（出所）　上林（2015）41頁を基に筆者加筆・改定。

　2019年 4 月，新たに29番目の在留資格「特定技能」が創設された。日本における外国人はこの「在留資格」によって働き方，生活の仕方が規定されているため，労働市場は在留資格ごとに階層化されている。最も安定した地位を築くことができるのが，就労予定職種の職業能力証明が必要な「専門的・技術的分野」の労働者であり，日本人の正規雇用と同等の処遇を受ける。次に，「いわゆる単純労働」に分類される就労が可能な人々がいる。ここに分類される人々が外国人労働問題の対象として取り上げられることが多く，日本人の非正規雇用に相当する。そして，在留資格の喪失などを契機に不法就労となった人々が存在する。

1 何が問題か
外国人労働者の受入れ促進

　2019年12月末現在，日本には293万3137人の外国人が住んでおり，31年前の1988年（94万1005人）と比べると約3倍に増えている。総人口に対する外国人の割合でみても1985年の0.9％から2015年には1.8％へと高まっている。この間，日本では労働力不足による外国人労働者の受入れをめぐる議論が1990年前後，2000年代前半，そして2014年以降と3度にわたって盛り上がりをみせる。そのたびに開国か鎖国かといった形で激しい議論が繰り広げられ，表向きには単純労働者は受け入れないとされてきた。しかし，実態としては新たな在留資格が議論のたびに設けられ，受入れが進められてきた。

　一方，表面的には単純労働者は受け入れないとされてきたために，この過程で来日した外国人の労働環境や，生活上の課題についてはこれまで放置されてきた。これらの課題の一部は，2018年の入国管理法改正を機にようやく明るみになってきたが，一般的にはまだ認識されているとはいえない。

　そこで，本章では在留資格が外国人の働き方をどのように規定しているのかを示すとともに，外国人の労働現場や生活で生じている問題とその改善策について探ることにしたい。

［1］建前と実態の乖離

　資料8-1に示した通り，日本における外国人の労働市場は在留資格によって階層化されている。それでは，なぜこのように階層化しているのか，まずは，現在の日本の外国人労働者政策の起点となった1990年の「出入国管理・難民認定法（以下，入管法）」改定当時に遡り問題の所在を明らかにする。

　当時の日本経済は，バブル景気を背景に自動車や電気機械といった製造業において人手不足が叫ばれていた。また，地方の縫製業などでも若年女性労働力が枯渇するなど日本人を採用できない状況に陥っていた。そこで，前者に向け

ては日系南米人を，後者に向けては周辺アジア諸国から外国人を招き入れることにした。ただし，就労用の在留資格を付与して正面から迎え入れたわけではなかった。日系人には「日本人の配偶者」や「定住者」といった「身分・地位に基づいた資格」を，アジア諸国向けには「技能移転を通じた途上国への国際協力」を目的とする「技能実習」を1993年に創設し就労を可能とした。

　このややこしいしくみは，日本政府の①専門的・技術的分野の労働者は積極的に受け入れるが，②それ以外の「いわゆる単純労働者」は十分慎重に対応する，といった方針に基づいたものであった。これによって①に属する外国人と，②に属する外国人は区別され，後者は，実態は受け入れているにもかかわらず，建前上は受け入れていないものとされてきた。

　このように外国人労働者を公的には容認しないまま，実態としては受入れを妨げないルートを開くやり方は「1990年体制」（明石，2010，97頁）と呼ばれ，以後の日本の入国管理政策の基調となる。また，これが外国人労働市場の階層化に大きな影響を与えることになった。

　2010年代に入り人口減少とそれによる労働力不足が指摘される中，こうした階層性は複雑化する。その契機となったのが2014年に閣議決定された改定「日本再興戦略」である。この中で労働力の担い手を生み出すため「女性のさらなる活躍推進」とともに，「外国人材の活用」が掲げられる。具体的には，外国人技能実習制度の見直し，建設・造船分野での外国人材活用，国家戦略特区における家事支援人材の受入れ，介護分野における外国人留学生の活躍の促進などが提示される。

　以後，2016年成立の技能実習法によって実習期間が３年から５年へ延長されるとともに，介護など技能実習対象職種も拡充される。続く2017年には国家戦略特区を利用した家事労働者，農業労働者の就業が可能になる。最終的に，2018年11月の入管法改正によって在留資格「特定技能」が創設された。「人材を確保することが困難な状況にあるため外国人により不足する人材の確保を図るべき産業上の分野」（同法第２条の３第２号）として，14の対象業務に５年間で最大34万5000人の受入れを見込んでいる。

② 「在留資格」と外国人の働き方

　日本の在留資格は現在29種類存在し，在留者約293万人のうち就労者は約166万人に達する。これらの資格は大きく①「活動に基づく在留資格」（25種類）と②「身分・地位に基づく在留資格」（4種類）に分類される。

　このうち①「活動に基づく在留資格」は，就業や学業，研修など特定の「活動」を行うことを前提に在留許可が与えられる。この資格はさらに「就労が認められるもの」と「認められないもの」に分類され，前者は就労し報酬を得ることが認められている。これには経営・管理者，語学教師，技術者や通訳，スポーツ選手など計15種類の資格があり，まとめて「専門的・技術的分野」（2019年現在約32万9000人）と呼んでいる。ここに，2019年4月から「特定技能」が加わったことで「いわゆる単純労働」が一部含まれることになった。

　一方，「就労の認められないもの」には，例えば観光用の「短期滞在」等がある。例外的に「資格外活動を許可」される人々が「留学」資格の保有者で，2019年には約37万3000人に達している。彼らは，主に「教育を受ける活動」を行いながら週28時間以内（長期休暇中は1日8時間）のアルバイトが認められる。都市部のコンビニなどで働く外国人は，その大半が昼間は日本語学校などの専門学校に通い，夜はアルバイトをする留学生である。

　もう1つ，活動の目的が就労ではない代表的な資格は「技能実習」である。これは日本の技術を周辺アジア諸国に移転することを目的とした在留期間1年間の「研修」の延長策として始まった。「研修」は当初，単独で実施できる規模の会社でしか行われていなかった。しかし，人材が枯渇する中小零細企業も活用をという声に押され，1990年代に枠組みが拡充される。1993年には研修後1年間の「技能実習」が設けられ，1997年にはさらに「技能実習」が2年間に延長され，合わせて3年間の制度へと発展する。ところが，1年目は「研修」名目であるためまともな報酬が支払われないなど，研修生を奴隷扱いしているとして，2009年に「研修」が廃止され「技能実習（1号・2号）」に統一される。さらに，2018年には「技能実習法」が施行され，一部の職種では計5年間の受入れが可能となった。その結果，2019年現在約38万4000人が「技能実習」資格

で就労している。

　近年，「技能実習」は全国で積極的に受け入れられ，職種も拡充を続けている。2年目以降も就労可能な職種は1993年には17しかなかったが，2018年現在では従来からの縫製業，農業などに介護等を加え，合わせて80に達している。彼らは，日本に渡航する際の手数料や事前研修費用などで約100万円の借金を抱えて来日する。そのため，たとえ渡航前に提示された条件以下で働かされたとしても，途中帰国させられ借金を抱え込まないためにはその条件で働かざるを得ない。その上，職業選択や移動の自由が存在しないため，より弱い立場へと追いやられている。その結果，賃金不払い，技能実習計画と実際の職務との相違，はては暴行・脅迫・監禁といった不正行為が蔓延している。

　最後に，②「身分・地位に基づく在留資格」である。これは，例えば「日本人の配偶者等」のように「身分・地位」に対して与えられる資格となっている。他に「永住者」「定住者」「永住者・定住者の配偶者」も含まれる。これらの在留資格を保持する典型例は日系南米人である。彼らが来日するきっかけになったのが，前述した1990年の入管法改正で，この時「定住者」が日系3世およびその配偶者にまで拡げられたことで，ブラジルやペルーから一斉に日本に出稼ぎにやってきた。彼らは居住地や職業の移動に制限がないため，技能実習生と比較して相対的に高い賃金で働くことができる。しかし，「いわゆる単純労働」として扱われキャリアアップの機会を得ることができず，10年も20年も非正規雇用を続けるといった状況が生じている。この「身分・地位に基づく在留資格」で就労する人々は2019年現在で約53万2000人にのぼる。

　以上のように，外国人はその在留資格によって就労・生活の仕方が決められるため，労働市場において固定的な役割を担わされる。また，そのことが日本人と外国人を分断するとともに，外国人労働者間でも資格によって相互に分断された状況を生み出している。

2 こう考えればいい
人権を尊重した受入れと社会統合の推進

1 入国管理政策の是正

　新たに創設された「特定技能」について，政府は実施後5年間に最大34万5000人の受入れを計画しており，初年度の目標をそのうち4万7550人としていた。しかし，1年後の2020年3月末時点での受入れは3987人となっており目標の1割にも満たない。また，「技能実習」からの移行者は約5割にとどまるとされていたが，現状では約9割にあたる3663人が移行者であり，残りの4年間で目標に達するか不透明である。このように，特定技能は政府の当初の想定と大きく異なる形でスタートした。

　ところで，特定技能制度では従来からの悪質な仲介業者を2国間取り決めによって規制するとしているが，技能実習と同様に仲介手数料や事前研修費用などで多額の借金を背負う可能性は高い。この問題は監理団体や送り出し機関など民間業者に国際労働力移動を任せている限り解決しないため，政府組織が介入すべきである。技能実習は全国各地の最低賃金に近い水準に位置する低賃金労働であるが，改定入管法においても「日本人と同等以上」という抽象的な水準が示されているだけで，具体的な基準は設けられていない。そのため，低賃金が改善される見通しはない。

　転職の自由について，改定入管法では同一職種であれば認める方向で進んでおり，人権保障の面では前進している。しかし，これでは賃金水準の高い大都市部に流れてしまうという懸念から，再び地域内にとどめようとする動きが出ている。こうした問題の背後には地域間の最低賃金格差が存在する（第6章も参照）。そこで最低賃金を全国一律に設定すべきという意見もある。

　技能実習制度が引き起こす人権侵害の1つに家族の帯同が認められない問題がある。この点については，特定技能1号でも改善されておらず，技能実習（3～5年）と特定技能（5年間）を合わせて最長10年間も家族と離れて暮らさ

資料 8-2　技能実習生の失踪者数の推移

（単位：人）

	2013年	2014年	2015年	2016年	2017年	2018年
ベトナム	496	828	1,022	1,705	2,025	3,751
中　国	1,177	2,313	3,065	3,116	1,987	1,594
カンボジア	-	-	-	58	284	656
ミャンマー	7	7	107	336	216	446
インドネシア	124	114	276	252	200	242
その他	201	304	377	336	346	400
総　　数	2,005	3,566	4,847	5,803	5,058	7,089

（出所）　法務省「技能実習制度の現状」2018年。

ざるを得ない。早急に，家族帯同を人権として認めて制度に組み込むべきである。

　以上のように，「特定技能」によって「技能実習」が抱えていた問題が劇的に改善される見込みはない。そのため，労働基準法違反や耐えかねた技能実習生の「失踪」（**資料 8-2**）といった問題が特定技能においても生じうる。そうならないためにも，入国管理政策に人権の意識を組み込む必要がある。

［2］社会統合政策の実施

　外国人に対する政策は，どのような外国人を受け入れるのかという入国管理政策と，受け入れた外国人を定住する移民としてどのように社会に統合していくのかという統合政策に分けられる。この点からすると，日本の外国人政策は前者に偏りすぎている。こうした政府の態度は，外国人の生活（教育，医療など）上の問題をもっぱら自治体や現場の教育機関に押しつけることになる。

　①第 2 世代の教育達成

　移民の生活上の問題は，北関東の群馬県や東海地域の愛知県や静岡県といった，日系南米人が早くから定住してきた地域では従来から取り上げられてきた。そのうちの 1 つに，日系 2 世・3 世が連れてきた，あるいは日本で結婚して生まれた移民第 2 世代の就学の問題がある。学歴社会である日本において彼らが高卒あるいは大卒といった学歴を得ることは，社会的経済的安定性を獲得する 1 つの条件となる。

　竹ノ下弘久は国勢調査をもとに，国籍ごとに高校進学率が異なることを明らかにしている。それによると2010年国勢調査時点では日本の国籍者の高校進学率が96％であるのに対し，中国88％，フィリピン86％，ブラジルでは76％であった。フィリピンやブラジル出身者は10年前と比較して20〜30ポイント以上上昇したことを考えると大きな意識の変化が生じている。ただし，それでもブラジル出身者の24％は中卒である。また，この調査では高校の種別までは判明しないが，現実には定時制などと，進学を視野に入れた普通高校などに分かれている（竹ノ下，2019，248頁）。

　そこで，短大・高専と大学を合わせた高等教育機関への進学率をみてみると，2010年国勢調査時点で日本と韓国・朝鮮の国籍者はそれぞれ65％，中国は58％，ベトナムは47％に達している。これに対し，フィリピン，ペルー，ブラジルの国籍者は20％前後にとどまっており，大きな格差が存在している（樋口・稲葉，2018，572頁）。

　第2世代の教育達成を考えるには，外国人の子どもたちへの教育保障の問題を考える必要がある。現在，義務教育年齢に相当する外国籍者（12万人）のうち約7割（8万5000人）が日本の小中学校に通っているとされているが，親がその子どもを日本の義務教育機関へ通わせるのは任意である。また，通っていた場合でも日本語がわからずに授業についていけない，文化的同調圧力にさらされ足が遠のいてしまうといったことが生じている。その他の選択肢として各種学校扱いの外国人学校が存在する。しかし，学費の高騰，通学距離の延長などの問題が生じ，通学をあきらめざるを得なくなるケースがある。こうした形で教育からはじき出され不就学に陥っている義務教育年齢相当の外国人は全体の7.0％と推定されている（小島，2019，254頁）。この子どもたちはそのまま放置され，知識や技能を身につけることなく労働市場に放り出されてしまっている。第2世代の子弟の教育達成には，まずなによりも外国人の子弟への教育を義務化して子どもの教育を受ける権利が保障されることが必要である。

　竹ノ下が静岡県で行った調査によると，進学率の相違は親の就労状況を反映している。南米諸国出身の父親は派遣や請負労働などの間接雇用の割合が高い。

そうした家庭では，父親がフルタイムの直接雇用で働く場合と比較して子ども
の高校進学率が低い。また，これと関連して親の日本語能力も子どもの進学率
に影響を与えている（竹ノ下，2019，247頁）。

　このように，第1世代の生活の安定と日本語能力の向上が課題であることが
わかる。彼らの経済的安定の点でいうと，派遣・請負などの間接雇用から直接
雇用，そして正規雇用への移行のルートをいかに確保するかを考える必要があ
る。これは，日本人の非正規雇用の問題とも関連しており，有期雇用から無
期雇用への転換時の雇止めに対する規制，同一労働同一賃金などの賃金規制と
いった問題から始めていく必要がある（第5章を参照）。

　②日本語能力向上への課題

　文化庁が日本語学校に通う外国人600人に実施した調査によると，食料品を
買う，挨拶をするといった程度の日本語は8割以上の人が使えているが，役場
や医療の現場などで自身の目的や症状を伝えるといった項目では5〜6割に減
少し，さらに履歴書作成や仕事の文書を読むことができるのは3割程度となる
（文化庁，2001）。

　地域で開かれている日本語教室の6割は市町村が実施しているものである。
2015年時点で日本語学習者数約19万人に対し，教師数は3万6000人で，うち2
万2000人と過半数はボランティアである。こうした状況に対し，政府は今回の
入管法改正と併せて策定した総合的対策の中で日本語教育の充実，日本語教育
機関の管理および質の向上を掲げているが，一連の施策への2019年度の予算は
6億円にとどまるため，どこまで充実したものになるのか不明である。日本語
能力の向上は，外国人が地域や職場において良好な関係を築く基盤になるため
予算の増額が必要である。

　第2世代である外国人の子どもたちへの日本語教育について，文科省の調査
では，日本の学校に通う8万5000人のうち，日本語指導が必要な児童生徒の数
は2016年には3万4000人と約4割にのぼり，その数も2014年と比較して5137人
増えている。また，新たな傾向として日本国籍の生徒児童への日本語指導が増
えている。このため，2014年から日本語指導が正規の特別課程に位置づけられ

た。従来，放課後に行われたり在籍校以外の学校に通っていたものを，学校の責任体制下に置くことができるようになった。ただし，現段階では制度はできても運用となると進んではいない。

　以上，外国人の本格的な受入れ拡大を表明した日本には，入国管理偏重を脱し，社会統合により重点を置いた政策・予算配分が求められている。そのためにも，移民政策は採らないという政府の姿勢を改める必要がある。

3　ここがポイント
なぜ外国人労働が注目されるのか

　1990年代以降デフレ傾向に陥った日本経済の中で，外食業などの消費サービス産業は拡大を続けた。この成長を支えたのは，非正規雇用の拡大と「労働力使い捨て型雇用」（伍賀，2019，55頁）と呼ばれる，長時間・過密労働で，安全性が欠如し，企業への拘束を強いられる働き方の拡がりであった。

　ところが，2000年代に入ると非正規雇用の人材プールが徐々に枯渇し始める。具体的には，少子化による若年人口の減少，M字型雇用解消に伴う女性労働者の増加率の低下，後期高齢者増加による高齢労働者の減少が挙げられる。結果，2010年代に入るとこの問題は人手不足として顕在化することになる。有効求人倍率（2019年5月）をみると，深刻な人手不足に陥っている業種が明らかになる。建設関連（4.80），介護職（4.02），外食業などに携わる接客・給仕（3.91），飲食物調理（3.14）などであり，いずれも求人数が10万件を超えるなど需給ギャップが拡がっている（第4章・第7章も参照）。

　これらの業種は非正規労働者の方が正規労働者より多い傾向にある。特に，外食業では正規労働者と非正規労働者の比率が1：4となっている。このように，低賃金の非正規雇用に依存しているため，労働生産性（労働者1人当たり付加価値額）も全産業平均536万円と比較して196万円と著しく低い（藤田，2019，11頁）。

　こうした状況を打開するには雇用を安定させ，賃金を上げることで労働者に

とって魅力的な産業へと変貌することが1つの方法として考えられる。しかし，政府が選択したのは低賃金の外国人労働者の拡大であった。前述のように，この数年間で「技能実習」の対象業種・職種を拡げるとともに，2018年には「特定技能」を新設し，今後5年間で介護職6万人，外食業5万3000人，建設業4万人をはじめ14業種合わせて約34万5000人を受け入れることになっている。

　一方，日本のリーディング産業である自動車産業をはじめとする製造業は，常に激しい国際競争にさらされており，生産現場では市況に合わせていつでも生産調整可能な体制づくりが進められてきた。そのため，派遣や請負といった間接雇用によって柔軟に働いてくれる労働者が増やされた。同時に，常時夜勤に入る負担の大きな働き方や，危険な機械や原材料を使用する厳しい労働環境を受け入れてもらう労働者も必要であった。

　こうして選ばれたのが日系人労働者である。彼らは母国への仕送りや日本で暮らす家族を養うため厳しい労働条件を進んで受け入れる。また，製造業の付加価値は高く，相対的に賃金も高いことから，より多くの給与を得るために残業や夜勤をいとわない。結果，日本人の派遣労働者と比較して出勤率も高く，勤勉で使い勝手のよい労働者として重宝されている。

　さらに，受入れから約30年が経過し，日系人を母国や日本国内の他地域からリクルートして教育し，生産現場へと送り届ける人材供給会社も成長してきた。このように製造業の現場では日系人が働き続けられる諸条件が整っている。

　ところで，外国人の雇用は大都市を中心に広がる消費サービス業では若者，女性，高齢者と，地方で広がる製造業では若者と競合しており，両者は地続きの関係にある。そのため，外国人の働き方がこのように過酷であることは，日本人も過酷な働き方を強いられていることにつながっていることがわかる。

4　これから深めていくべきテーマ
第2世代の就労移行

　第2世代の就学問題が義務教育をめぐる論点から，中等・高等教育への進学

問題へと拡がりつつある中で，次に問題になるのが，彼らの就労への移行である。ここでもまた，問題が顕在化しつつある。

　日本で就労する外国人の親に連れてこられた若者は，「家族滞在」という資格で在留している。この資格は，親に扶養されていることが前提となっており，就労できる範囲は資格外活動としてのアルバイトにとどまる。彼らがフルタイムの仕事を得るには，親とともに「永住者」（親が10年以上の日本に在留，安定した収入，納税・社会保険の支払いが滞っていないといった条件が求められる）の資格を得るか，自分自身の力で大学や専門学校などを卒業して学位を得て「専門的・技術的分野での就労」資格を得ることが求められる。いずれにしても最終学歴が中卒や高卒の若者がフルタイムの職を得るのは難しく，就職も進学もできない若者が発生している。そこで，法務省も2015年以降，就職先が内定したという条件つきで，高卒者に「定住者」や「特定活動」への在留資格の変更を認める通知を出すなど，その対応を進めている（丸山，2019，268-270頁）。しかし，前述のように国籍によって教育達成の水準は異なっている。中卒・高卒で社会に出た彼らが今後日本でどのように生きていくのか，明るい将来はみえていない。

　第2世代がスムーズに進学・就労できるかどうかは，彼らが日本社会にうまく統合されているかどうかの指標である。ヨーロッパで生じている移民問題を日本に持ち込まないために，移民はいないと言い続けていても，現実には存在している。そんな彼らを政治の都合で無視し続ければ，彼らの居場所はなくなり，結局は統合に失敗したという結論に至るであろう。そうならないためにも，この課題に早急に取り組んでいく必要がある。

　　［付記］　世界を襲う新型コロナの影響は，真っ先に外国人労働者，特に「いわゆる単純労働」に従事する人々に現れている。政府は技能実習生の職業移動を緊急的に緩和するなど対応を図っているが，焼け石に水であり，首都圏や東海地域の労働組合，NPO 法人には雇止めなど数多くの相談が寄せられている。こうした現象は約10年前のリーマンショック時と同様に，彼らが「雇用の調整弁」でしかないことを物語っている。

手にとって読んでほしい 5 冊の本

梶田孝道・丹野清人・樋口直人，2005，『顔の見えない定住化——日系ブラジル人と国家・市場・移民ネットワーク』名古屋大学出版会。

　　1990年代の日系ブラジル人を対象に，移住過程や労働市場，そして定住に至るまでを分析した貴重な研究。

上林千恵子，2015，『外国人労働者受け入れと日本社会——技能実習制度の展開とジレンマ』東京大学出版会。

　　日本各地に分散しているため実態がつかみにくい技能実習生の問題に取り組み，まとめ上げた研究。

伍賀一道，2019，「「労働力不足」と外国人労働者導入問題」『労働総研クオータリー』No. 113，2019春季号，50-57頁，本の泉社。

　　外国人労働者受け入れの背景について，日本の経済状況や働き方の変化から考察した論考。

宮島喬・藤巻秀樹・石原進・鈴木江理子編，2019，『別冊　環㉔——開かれた移民社会へ』藤原書店。

　　入管法改正を機に出版され，入国管理政策，各国事情，教育，多文化共生など各分野の専門家が現状を紹介。

望月優大，2019，『ふたつの日本——「移民国家」の建前と現実』講談社現代新書。

　　入管法改正によって注目を集める入国管理政策の特徴について，一般読者向けに解説された新書。

引用・参考文献

明石純一，2010，『入国管理政策——「1990年体制」の成立と展開』ナカニシヤ出版。

浅川晃広，2019，『知っておきたい入管法——増える外国人と共生できるか』平凡社新書。

榎井緑，2019，「教育——子どもの自己実現のために言語と文化の保障を」高谷幸編著『移民政策とは何か——日本の現実から考える』人文書院。

旗手明，2019，「技能実習制度からみた改定入管法」『別冊　環』No. 24，83-93頁。

小島祥美，2019，「「不就学」をいかに解消するか」『別冊　環』No. 24，250-256頁。

竹ノ下弘久，2019，「移民第二世代をめぐる教育機会の不平等」『別冊　環』No. 24，244-249頁。

樋口直人・稲葉奈々子，2018，「間隙を縫う——ニューカマー第二世代の大学進学」『社会学評論』68（4），567-583頁。

藤田実，2019，「日本経済の成長構造の変化と外国人労働者受け入れのねらい」『労働総研クオータリー』No. 113，2019春季号，2-14頁。

文化庁，2001，「日本語に対する在住外国人の意識に関する実態調査」〔2019年9月12日ア
　　クセス〕http://www.bunka.go.jp/tokei_hakusho_shuppan/tokeichosa/nihongokyoiku_
　　jittai/zaiju_gaikokujin.html
丸山由紀，2019，「外国人の子どもと在留資格」『別冊　環』No. 24，267-271頁。

（植木　洋）

第 9 章

若者の就職とキャリア形成

新規学卒労働市場は変わるのか

グラフィック・イントロダクション

資料 9-1 教育機会市場と労働市場の関係

（出所）　阿部正浩・松繁寿和編著，2014，『キャリアのみかた──図でみる
110のポイント（改訂版）』有斐閣，図表 4-1 を参考に筆者作成。

　はじめに，就職に関わる 2 つの市場のつながりについて説明をしておこう。
1 つは，学校そのものを意味する教育機会市場である。良い仕事の獲得が学
歴によって決まっていると認識されれば，個人はより高い学歴を獲得したい
と考えるだろう（教育需要）。それに対し，学校は教育サービスを提供（教育
供給）することで，個人と学校の互いが選択を行う教育機会市場が形成される。
そして，学校の出口のすぐ側には，就職したいと思う生徒・学生（労働供給）
と従業員を採用したいと考える企業（労働需要）が出会う労働市場が位置する。
　ライフサイクルの時系列順に考えた場合，私たちはまず教育を需要する者と
なり，学歴を得る。この教育の需要者が学歴を獲得することで教育機会市場か
ら退出し，労働市場に参入して労働の供給者へと変わっていく過程を学校から
職業への移行という。

1 何が問題か
新規学卒労働市場の特異性

1 学校から職業への移行

　学校から職業への移行（school to work transition）とは，日本の大学生の言葉でいえば就職活動である。大卒者で就職活動を経験した多くの人は，3年生の後学期ともなれば，キャンパスで開催されるキャリアセンターや就職部主催の就職ガイダンス・セミナーに出席し始めた思い出があるだろう。そして，4年生のうちになんとか内定を得て，3月に卒業した後は4月から社会人としてすぐに働き始めたことだろう。現在，大学に在籍している大学生の多くもそのようなプランニングをしているかもしれない。

　この「3月に卒業して4月から働く」という常識は，実は世界的にみればやや特異な慣行で，いうなれば，「日本の常識は世界の非常識」である。世界（主に欧米諸国）に目を向ければ，在学中に就職活動をして卒業後すぐに安定的な仕事に就く若者は，むしろ少数派である。換言すれば，若者が失業や不安定な雇用を経験することなく，学校から職業へと移行し，安定的に職業キャリアのスタートをきることができる社会的なしくみが日本にはあったということになる。

　しかし，その反面，公的な職業訓練制度が乏しいため再チャレンジに困難が伴うこと，個人の新卒時点はほぼ選択ができないため初職の獲得に世代差が生まれること，在学中に就職活動が行われるため教育に影響が及ぶことなど，そこには様々な問題も内包されている。

　そして，今，日本の学校から職業への移行，特に大学生の就職活動が揺れている。2018年10月，日本経済団体連合会（経団連）が「採用選考に関する指針」を廃止すると発表するなど，大学生の就職活動が変わりだそうとしている（『日本経済新聞』2018年10月10日付朝刊1頁）。本章では，変わりつつある大学生の就職活動について，これまでの日本的特質をおさえた上で，その行方と社会

政策の関係を考えてみる。

②　就職活動の日本的特質

　学校から職業への移行の日本的特質とは，企業の新規学卒一括定期採用方式によって，大多数の学卒者が在学期間中に就職活動を行い，卒業後，間をおかずに働き始める間断のない学校から職業への移行（smooth school to work transition）のことである。

　アメリカにおける学校から職業への移行では，学校を卒業後，頻繁に労働移動がみられるという（吉本，1998，45頁）。そこでは不安定な就労，職業訓練，失業が混在する「移行期」という試行錯誤の期間が存在し，特に高い学歴をもたない若者が不安定な仕事を転々とすることは想像に難くない。フランスにおいてもグランゼコール卒の一部の特急組を除いて，一般教育中心の大学や高校の卒業者は，職業訓練や何らかの見習い職の位置づけで労働市場に参入し，卒業後に様々な経路からキャリア形成の可能性を追求することになるという（日本労働研究機構，1997，127頁）。また，フランス企業の採用実態から，学卒直後の若者が速やかに安定した雇用に移行することの難しさを紹介している文献もある（勇上，2011，86-87頁）。

　もちろん，欧米においても間断のない学校から職業への移行を行う学卒者は一定程度いる。しかし，日本ほど圧倒的大多数の者がそうなるわけではなく，間断のない学校から職業への移行を行う学卒者は，むしろマイノリティである。多くの者は，学校を卒業後，職探しを行うのが一般的である。

　欧米の労働市場においては，学卒者という特別に優遇された区分はない。競争的な労働市場においては，能力や経験のある者が当然ながら安定的で条件のよい仕事を得やすい。そのため，まだ能力が低く経験も十分でない学卒直後の若者は，不安定な雇用，さらには失業状態に陥りやすくなる。それ故に，欧米の若年失業率は，日本のそれと比較して高いということになる。

　戦後日本の場合は，高度経済成長によって労働需要が増大し，労働力として学卒者を青田刈りしようとする企業に対して，職業安定所と学校が社会的にも

職業的にも未経験者であり，精神的にも肉体的にも未成熟な労働力として労働市場に現れる学卒者を保護し，その移行に大きく関わってきた（氏原・高梨，1971，81頁）。高度経済成長期以降，中学卒から高校卒へとその主要な対象を変えながら，新規学卒労働市場が社会システムとして形成されてきた。大学卒についても，古くは1953年に就職協定が定められて以後，様々な変化を伴いながらも在学中の就職活動の時期について，一定のルールが60年以上にわたって設けられてきた。そして，その移行過程は，日本の若者の絶対的な入職口であり続けてきた。

③ 研究対象も大卒中心へ

　学校から職業への移行過程の研究は，教育社会学の分野を中心に行われてきた経緯がある。戦後日本の高学歴化とともに，学校から職業への移行過程の研究対象もまた高学歴化してきた。例えば，高校卒就職の日本的メカニズムを解明した研究（苅谷，1991），戦後の中学卒・高校卒就職に果たす職業安定所の役割を検証した研究（苅谷他，2000），大学卒の就職問題を取り扱った研究（苅谷・本田，2010），大学生の就職に大学就職部が果たす役割を検証した研究（大島，2012）などをみても，学校から職業への移行過程の主要な研究対象は，ここ30年ほどで高校卒から大学卒に移行してきたことがわかる。

2 こう考えればいい 大学生の就職活動

① 就職活動を考えることの意味

　学校を卒業し，就職するとき，「フリーターではなく正社員になりなさい」とよくいわれるだろう。卒業後の進路については，血気盛んな若いうちは「自分の人生は自分で決める」と反論もしたくなるだろう。しかし，冷静に考えてほしい。皆さんは学校を卒業した後に起こりうるライフイベントとリスクをどれほど知っており，それが何故起こりうるのか，その原因を突き詰め，対処策

をとることができるだろうか。

　学校を卒業し，職業選択を行うことは，洋の東西を問わず，人がキャリア形成をはじめていくための重要な契機である。特に，日本社会においては，学校から職業への移行過程は，前述のように諸外国とは異なる特徴を有しており，納得した形で職業選択を行うために，日本の就職方式の特徴を在学中の早い段階，いや進学を決意した時点で認識しておくことが望ましいといえるだろう。今後，日本の学校から職業への移行過程は，長期的には変化していくかもしれないが，これまで半世紀以上続いてきた社会システム（新規学卒一括定期採用）が突然なくなることはないだろうと思われる。新規学卒労働市場の主要なプレイヤーである企業，大学生，大学，政府は，誰も新規学卒一括定期採用方式を完全排除していない。

２　就職活動の行方

　2018年10月，経団連は2021年度以降に入社する学生を対象とする「採用選考に関する指針」を策定しないことを発表した。企業と大学・大学生だけではなく，メディアや政府まで巻き込んだ騒動となったが，続く2019年4月，経団連は新規学卒一括定期採用と並行してジョブ型*の通年採用を提言し，大学側の代表（就職問題懇談会）もこれを了承した（『日本経済新聞』2019年4月23日付朝刊3頁）。大学生の就職活動を取り巻く環境が変わりはじめた。

　　*　ジョブ型は「就職する」，メンバーシップ型は「入社する」という区分で考えるとわかりやすい。誤解を恐れずにいえば，前者は欧米型の就職，後者は日本型の就職といえるだろう。

　前述の通り，大学生の就職活動のルールが定められたのは，1953年の就職協定の制定からである。その後，会社訪問，選考開始，採用内定の解禁日は時代とともに変化してきたが，1997年の就職協定の廃止まで企業と大学の間で一定のルールが運用されてきた。そして，就職協定は，後述する就職氷河期の中でルールが有名無実化し廃止された。余談ではあるが，1997年は，就職協定の廃止だけではなく，消費税率が3％から5％に上がり，つぶれるはずのないよう

な大企業（北海道拓殖銀行と山一証券）が経営破綻し，国際的にはアジア通貨危機が起こるなど混乱の年でもあった。

　しかし，この1997年の就職協定の廃止も新規学卒一括定期採用慣行そのものを揺るがすほどのインパクトはなかった。そのことは歴史が証明している。事実，経団連はその後「採用選考に関する指針」をまとめ，大学生の就職活動のルールを改めて定めている。就職協定の廃止から20年ほどの時間が過ぎたが，新規学卒一括定期採用は現在まで揺るぎなく行われてきている。

　経団連の「採用選考に関する指針」廃止後の大学生の就職活動について，今後は政府が音頭をとることで各方面から様々な提案がなされることになると思われるが，日本の新規学卒労働市場が大きく変わるか否かは，10月１日の内定式と４月１日の入社式の存在が鍵を握る。新規学卒一括定期採用では，10月１日の内定式からの逆算で採用スケジュールが決まるため，新卒採用のスケジュールはタイトにならざるをえない（田中，2018）。

　そのため，大学生は３年生の後学期から４年生の前学期にかけて就職活動を行うことになり，就職活動の早期化・長期化がいつも懸念されている。３年生後学期から４年生前学期といえば，ゼミや研究室で専門的な学習を深め，卒業研究等，大学での学習の集大成に向かっていく時期である。しかし，就職活動のため専門教育がじっくりと行えないという大学教育への影響が度々指摘されている。批判を恐れずにいえば，新規学卒一括定期採用方式は，大学教育を事実上２年半に短縮しており，大学教育への影響が大きい。「採用選考に関する指針」が廃止されれば，就職活動は在学中に行うことが一般的な日本では，その早期化・長期化に歯止めがかからない。

　しかし，仮に内定式がなくなっても４月１日の入社式を経て大多数の者が就職していくならば，採用スケジュールという概念は残り続け，新規学卒一括定期採用方式の影響力は弱まらず，一足飛びに欧米のような労働市場が出現するわけではないことがわかる。

　未来の予測は正確にできないが，今後は，企業が新規学卒一括定期採用方式による新卒採用を減らしながら，欧米のようにハイレベルな人材を求めるジョ

ブ型の通年採用を拡大していく動きが出てきそうである。それらの割合がどの程度のところで落ち着くのか，欧米の労働市場のレベルまで行き着くのか，はたまた歴史は繰り返し，新規学卒労働市場は日本の若者の最良の入職口として強固に残り続けるのか，これらを見極めなければならない。

3　ここがポイント
新卒就職のチャンスは一度だけ

①　新規学卒労働市場のメリット

　新規学卒労働市場は，戦後の高度経済成長による労働力不足以外にも，終身雇用，年功賃金に裏打ちされた OJT を中心とする企業内職業能力開発，また，それによる公共職業訓練の長期的な縮小傾向と相まって慣行化され，社会システムとして成立した。

　では，この新規学卒労働市場の労働供給側からみたメリットとデメリット，すなわち，日本の大学生が日本の大学を卒業して日本企業に就職活動を行う利益と不利益はどこにあるのだろうか。

　メリットの第1は，職業訓練は就職してから行われるため，学卒時に無技能・無経験であることがマイナス評価にならない点である。そこでは，将来の幹部社員への昇進競争の道が開かれた比較的良好な雇用機会が提供されてきた。

　第2は，競争相手が（日本全国の大学生に）限定される点である。地域間移動の制約などを考えなければ，本来的な労働市場において競争相手が制限されるということはまずない。優秀な経験者が良好な雇用機会を確保し，そうでない者は周辺的な雇用機会にしかありつけないのが，いわゆる競争的な普通の労働市場である。しかし，新規学卒労働市場では，無技能・無経験の求職者（大学生）だけで，競争相手が制限された形で，良好な雇用機会の獲得競争を行うことができる。ここから日本の新規学卒労働市場は，若年者を失業状態に置かない世界的に類をみないしくみとして機能してきたといえる。若年失業率の国際比較をみれば，そのことは一目瞭然である（労働政策研究・研修機構，2018，

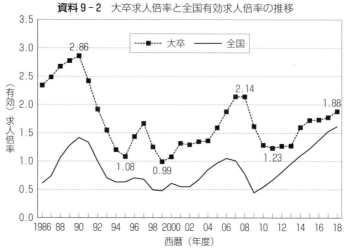

資料 9 - 2　大卒求人倍率と全国有効求人倍率の推移

(出所)　大卒求人倍率はリクルートワークス研究所「ワークス大卒求人倍率調査」，全国
　　　の有効求人倍率は厚生労働省「一般職業紹介状況」。

145頁)。

　第3は，人生最大のチャンスがめぐってくる時期が既知であることである。普通の労働市場では，いつ求人がでて選抜が行われるのか，事前にはわからない。自身にとって都合の良い求人がいつ出るのか，その求人に応募できるのかもわからないのが常である。普通の労働市場では，明日チャンスがめぐってくるかもしれないし，5年経ってもチャンスにめぐり会わないかもしれない五里霧中の中を進むことになるが，日本の新規学卒労働市場ではチャンスがやってくる時期がわかっている。すなわち，それは大学4年生の前学期である。人生最大のチャンスがいつやってくるのかが既知の情報であるならば，逆算してそれに備えておくことが合理的といえるだろう。

　第4は，新規大卒労働市場は，常に一般の転職市場よりも量的な雇用状況が良好であることである。**資料 9 - 2**は，大卒求人倍率と全国有効求人倍率の時系列変化を示したものである。大卒求人倍率は，リクルートワークス研究所が独自に調査を行い，毎年春に公開されている。1990年に2.86倍あった大卒求人倍率は，バブル経済崩壊後，1995年に1.08倍まで低下した。その後，いささか

持ち直したものの1999年には最低の0.99倍にまで落ち込んだ。この数字は，労働市場におけるマッチングが完璧に行われても就職できない者が発生するということを意味する。その後，景気の回復を受けて2007年および2008年には2.14倍を記録するが，リーマンショックによって再び下降し，2011年に1.23倍となった。近年は人手不足基調が続き，大卒求人倍率は回復しており，2018年は1.88倍となっている（コロナ禍の2020年は1.53倍になった）。

　大卒求人倍率，全国有効求人倍率ともに景気の浮き沈みによって変化しているが，注目されてよいのは，大卒求人倍率のグラフ線は必ず全国有効求人倍率のグラフ線の上に位置していることである。すなわち，どの時代においても，新規大卒労働市場では，一般の転職市場に比べて仕事がみつけやすいということがわかる。ただし，ここでは，調査方法の違う2つの調査を比較していることには留意されたい。

② 新規学卒労働市場のデメリット

　しかし，反対にデメリットもある。その第1は，学卒時未就職者，中退者は新規学卒労働市場の中に入れず，無技能・無経験のまま，競争的な普通の労働市場に送り出され，より厳しい雇用状況に直面することである。第2に，大学卒業時点は基本的に人生で1回しかめぐってこないため，景気循環の影響を受ける世代とそうでない世代が登場すること，すなわち，生まれた年，入学・卒業した年の違いによって，初職の獲得に世代差が生じる可能性があることである。

　日本の場合，新規学卒労働市場の外には，十分な公共職業訓練がなく，学卒時に良好な雇用機会に恵まれなかった者のキャリア形成への影響は長期的に続くことになってしまう。バブル経済崩壊直後の1993年から，その後10年ほどの間に新卒を迎えた就職氷河期世代の一定数が現在40代になっても非正規雇用から抜け出せないでいることはその証左でもある。

　就職氷河期世代の支援について，政策的には2003年に「若者自立・挑戦プラン」，2004年に「日本版デュアルシステム」がスタートしたが，その効果は

十分ではなかったといわれている。そして，現在，政府は民間教育機関を活用した助成金の制度化を大規模に進めようとしている（『日本経済新聞』2019年8月15日付朝刊1頁）。2000年初頭から現在までなお支援政策が続いていることは，新規学卒一括定期採用方式の負の側面が解決の難しい社会問題を抱えていたことを意味する。

　以上の事柄を労働供給（個人の就職活動）の側面から理解すれば，競争相手が制限され，比較的良好な雇用機会が用意されている労働市場に出会えるのは，人生において大学を卒業するとき（正確には大学4年生の前学期）ただ一度ということになる。この既知のチャンスをどう活かせるかというところに，就職活動の大事さがある。

4　これから深めていくべきテーマ
教育効果の検証

　労働と教育の研究は，その担い手の関心から分離されたものになっている。労働市場は経済学者をはじめとする社会科学者によって，学校教育は教育学者によって，棲み分けの中で研究が蓄積されてきた。教育社会学者が学校から職業への移行過程を論じることで教育と労働の研究は，ささやかにつながっていると感じるが，それぞれの対話は乏しいのが現実である。

　行政においても，労働政策は厚生労働省が，教育政策は文部科学省が主管しており，その分離は研究の世界だけでなく，政策にも及んでいるといえるだろう。労働政策と教育政策の連携の重要性は，世界各国が認識し，行政組織の統合や連携が進んでいるが，日本においてその交わりは乏しい。

　誤解を恐れずにいれば，教育政策には労働政策的側面がある。近代学校教育制度の誕生によって人々のライフサイクルは，教育を受けた後に労働を行うというスタイルになった。その意味では，教育政策は労働供給の質的・量的あり方を決める労働政策となる。そして，労働政策は，労働者保護と再生産を目的とする社会政策に包摂される。すなわち，教育政策もまた社会政策の一部であ

るということができる。社会政策とは，国家が行う労働者保護のための諸政策の体系と定義される。労働者が保有する能力が労働市場において適切に発揮されるために，労働者が労働市場に登場する前に受ける教育に関わる政策は，社会政策としての意味を多分に有しているといえる。これは，教育の「保障」機能である（広井，2006，82頁）。

　しかし，教育は「保障」機能にとどまらず，「上昇」機能をも有するものであり（広井，2006，80頁），個人的な「上昇」の集積が社会的な「上昇」になるとすれば，それはロスなく経済成長を実現するための人材配置機能といいかえることができる。日本の大学教育がユニバーサル・アクセス段階*に突入したことは，教育の「上昇」機能がますます個人的，社会的に期待されていることの裏返しであろう。

　＊　マーチン・トロウは，高等教育システムの段階について，該当年齢人口に占める大学在籍率が15％までをエリート段階，15〜50％までをマス段階，50％以上をユニバーサル・アクセス段階と規定した（トロウ，1976）。日本の4年制大学進学率は2009年に50％を超え，現在，日本の高等教育システムはユニバーサル・アクセス段階にあるとされている。

　ところが，バブル経済が崩壊して以後，日本経済は成長という言葉を失った。この間，教育の「保障」機能と「上昇」機能は十分に機能せず，大卒者がその学歴とスキルに見合った仕事に就けないという学歴ミスマッチ*やスキルミスマッチ*が日本の労働市場においても発生している。労働市場における学歴（スキル）ミスマッチは，賃金や労働意欲に「負の影響」を与えることが知られている。そうであるならば，すでに発生しているミスマッチについては，適切な人材配置のために円滑な労働移動を可能とする職業紹介システムの再構築が必要になってくる。今後は，これらミスマッチの決定要因の解明とそのエビデンスに基づいた政策対応が議論される必要があるだろう。

　＊　学歴（スキル）ミスマッチとは，個人の保有する学歴（スキル）がその個人が就いている仕事に必要とされる学歴（スキル）に見合っていない状態をいう。仮に，学歴（スキル）が高低で測れるとした場合，前者と後者が釣り合っていれば

教育適当（スキル適当）となるが，前者が後者よりも高ければ教育過剰（スキル過剰）となり，逆に，前者が後者よりも低ければ教育過少（スキル過少）となる。

　そして，現在，終わりのない大学教育改革が進行している。例えば，キャリア教育という観点からは，大学設置基準の改正によって2011年度より大学は教育課程や厚生補導においてキャリアガイダンス（社会的・職業的自立に関する指導等）を実施することが必要になった。このような教育改革によって新しく取り組まれた教育が私たちのキャリア形成に有用であったのかどうか，検証される必要があるだろう。実のところ，私たちは教育改革のために必要な合理的判断の材料となる科学的根拠をほとんど持ち合わせていない。就職やキャリア形成を従属変数とし，教育を独立変数とした精緻な分析をもとに，現在の教育改革を改革するような新しい政策を社会政策として立案し，教育政策を社会政策の領域に取り込んでいくことが望まれる。

手にとって読んでほしい5冊の本

阿部正浩・菅万理・勇上和史編著，2017，『職業の経済学』中央経済社。
　　自身の問題としてこれから先の職業キャリアを考えるために，そして，職業そのものについて考えるために一読してほしい。様々な職業の中身やキャリア形成のあり方が紹介されている。
阿部正浩・松繁寿和編著，2014，『キャリアのみかた――図でみる110のポイント（改訂版）』有斐閣。
　　初学者でもわかるように労働の問題が経済学的に解説されている。第一線の労働経済学者たちが執筆しているので，労働経済の理論を勉強する意味でも手元に置いてほしい。
梅崎修・田澤実編著，2019，『大学生の内定獲得――就活支援・家族・きょうだい・地元をめぐって』法政大学出版局。
梅崎修・田澤実・佐藤一磨編著，2019，『大学と企業のマッチング――大学への移行と企業へ移行』法政大学出版局。
　　ここ10年くらいの大学生の就職活動をデータで分析した研究が収められている。この2冊の本のもとはすべて学会誌や学術雑誌に発表された学術論文である。統計分析が多く，初学の読者には抵抗が大きいかもしれないが，就職活動に関わる様々な課題が網羅されているので，就職活動を社会の問題として，そして，

自身の問題として考えるために是非手にとって読んでもらいたい。

玄田有史編，2018，『30代の働く地図』岩波書店。

働くことを多様な切り口から分析している本である。若い読者でも30代になった学卒後の自分に思いをはせながら読めば，ライフステージの様々な問題に気づくことができるはずである。

引用・参考文献

氏原正治郎・高梨昌，1971，『日本労働市場分析（上）』東京大学出版会。

大島真夫，2012，『大学就職部にできること』勁草書房。

苅谷剛彦，1991，『学校・職業・選抜の社会学――高卒就職の日本的メカニズム』東京大学出版会。

苅谷剛彦・菅山真次・石田浩編，2000，『学校・職安と労働市場――戦後新規学卒市場の制度化過程』東京大学出版会。

苅谷剛彦・本田由紀編，2010，『大卒就職の社会学――データからみる変化』東京大学出版会。

田中研之輔，2018，「"内定式"を止めれば就活長期化は解消する――"ゼミより就活を優先"をなくす方法」プレジデントオンライン，2018年11月27日。

トロウ，M.／天野郁夫・喜多村和之訳，1976，『高学歴社会の大学――エリートからマスへ』東京大学出版会。

日本労働研究機構，1997，『欧米における学校から職業への移行期の指導・援助』調査研究報告書102号。

広井良典，2006，『持続可能な福祉社会』ちくま新書。

勇上和史，2011，「フランスにおける学校から職業生活への移行」『日本労働研究雑誌』617号，86-87頁。

吉本圭一，1998，「学校から職業への移行の国際比較――移行システムの効率性と改革の方向」『日本労働研究雑誌』457号，41-51頁。

労働政策研究・研修機構，2018，『データブック国際労働比較（2018年版）』労働政策研究・研修機構。

（平尾智隆）

第 10 章

自営業の衰退と再生

雇われない働き方をどう支えるか

（ グラフィック・イントロダクション ）

資料10-1　自営業者に対する労働法制／社会保障制度の脆弱性

	労働法制	社会保障制度
雇 用 者	○	○
自営業者	×	△

（出所）　筆者作成。

　「自営業」という言葉からどのような働き方を連想するだろうか。典型的な応答としては，「働く場所や時間を自分の意思で決めることができる自由な働き方である反面，収入が不安定であり年金も十分ではないために老後の生活が不安である」というものが考えられる。

　こうした不安が生じる背景には，雇用者と自営業者の間で労働法制や社会保障制度が異なっていることがある。例えば，自営業には「最低賃金」が存在していないことに加えて，仕事中に怪我や病気などの災害が発生した場合には原則として自らで補うほかなく，「安定した収入」というのは見込めない（労働法制の問題）。他方，自営業者が加入する年金保険はあるものの，それだけで老後の暮らしを支えることは難しい（社会保障制度の問題）。自営業者は「労働者（使用される者で，賃金を支払われる者）」ではないために，異なるしくみであることは問題ないとされてきた。今後もその認識を出発点とすることは妥当なのだろうか。

1 何が問題か
自営業者の生活を支える制度の不在

①「雇われて働くこと」に対する重圧

　学校から仕事への移行は，高校生／大学生を問わず就職活動（就活）と呼ばれる形式によって進められている（第9章）。その活動は企業へ就職するために行われる1つのステップである。それに向けた準備と面接試験などにかかるプレッシャーは相当なもので，それを突破するために学校入学時から「就職すること」を念頭に置いて学生生活を送る場合もあるだろう。

　たしかに，就活はその後の人生を左右する1つの出来事である。また，学校にとっても「就職率」は重要な指標となっており，学生と保護者に対するアピールの1つになっている。

　その結果，「あらゆる無駄を省いていかに効率的に就活するか」が学生生活にとって最優先事項となる。例えば，就活に役立つような資格を得る，あるいは企業へのインターンシップを経験して就活時のアピールにつなげることなどがそれに当たる。こうした活動を否定するつもりは全くない。ここではむしろ，「より良い条件で雇われること」が前提となっている就活の背後にある人々の認識に焦点を当てたい。

　いずれの企業からも内定がもらえないという意味での「就活の失敗」に直面すれば，「私には企業に雇ってもらう能力が乏しい。私の人生はお先真っ暗である……」と感じるような敗北感がある。その認識ははたして妥当なものなのだろうか。

　現代の日本社会は，「所属した組織に雇われて働き続けること」が当たり前ではなくなりつつある。事実，日本経済団体連合会（経団連）の中西宏明氏は，「企業からみると（従業員を）一生雇い続ける保証書を持っているわけではない」（『日本経済新聞』2019年4月23日付朝刊）と語っている。いわば，「終身雇用の揺らぎ」を宣言するものである。いうまでもなく，これまでも定年まで雇

い続けるという意味での「終身雇用」を実現していた企業は限られていたが，経団連に属するような大企業では終身雇用に近い形の雇用システムを構築していたと考えられる。その代表者が「脱・終身雇用」を宣言したことの意味は大きいだろう。

「人生100年時代」と形容される日本社会において，「終身雇用の揺らぎ」は，組織に雇われずに働く機会に何らかの形で関わる可能性が高まることを意味する。では，「組織に雇われずに働く」とは一体どのような活動領域なのだろうか。

2　「雇われずに働く」という選択と制度的な問題点

「働く」ことを意味する「労働」とは，収入を得ることを目的として，その人自身のからだを使ったり，頭を働かせたりして行動することである（『新明解国語辞典　第7版』）。その活動の場としての「会社（ないし組織）」は，1つの時代に形成された働く場所であるという見方がある。

諏訪は，長い歴史の中で「働くこと」を次のようにとらえている（諏訪，2017）。19世紀頃までは各人が受けもっている仕事を重視する「職務の時代」であった。職業はしばしば「家業」であり，組織に雇われるのではなく，家族が依拠する生業に従事して生計を立てていた。やがて，生産様式や産業構造が変化するにつれて，家業が縮小する一方で企業組織が大規模化し，20世紀は「組織の時代」となったという見方である。

すなわち，人々が家業に就いて職業生活を送ることが難しくなり，それに代わって組織に雇用されて人生を送るというモデルが出現したのである。しかし，21世紀は上述したようにそのモデルが揺らぎつつある。組織に従属する対価として得られていた雇用継続という意味での「キャリアの安定」は，今や過去のものとなりつつある。

それでは，組織に雇われない働き方とはいかなるものであろうか。雇われずに自ら事業を営むという活動は，「自営業」と呼ばれる。その担い手である自営業主とは，自分で自己の雇用機会を生み出す「自己雇用者（Self-employed）」

である。もちろん，読者は自営業という言葉を知っていると思うが，そこから何を思い浮かべるだろうか。例えば，事業を創出する起業家の成功者としては，日本ソフトバンクを設立した孫正義氏を連想するかもしれない。その一方で，商店街の小売店や飲食店，美容院や整骨院，下町に残る銭湯を営んでいる人々もいる。さらに最近では，ウーバーイーツ（UberEats）と呼ばれる個人が飲食店の出前を請け負うサービスもある。あるいは，個人が Amazon の配達を業務委託として受注している仕事もある。いずれも，組織に雇われていない働き方という点で自営業の一種であるが，その内実は極めて多様である。

　異質な内実の自営業であるが，「労働者を守る労働法制は原則として適用されない」という共通の問題を抱えている。自営業者は発注先と労働契約を結んでいるわけではないので，「労働者」ではないためである。しかしながら，自営業者の中には，実質的に労働者と近い働き方になっている場合もある（川上，2018）。それゆえ，自営業のすべてを「非雇用」として労働法制や社会保険制度が部分的にしか適用されないことは，根本的な問題を孕んでいる。

　とはいえ，先述の通り日本の自営業はこの数十年ほどの間に，量的／質的に大きく変化している。その内実を理解するためには，より長いスパンでの記述が必要となる。そこで，まず労働人口に占める自営業比率とその産業と職業の構成はどのように変化しているのかを素描する（第2節）。その上で，自営的な働き方が社会政策に投げかける問題を指摘し（第3節），これからの研究テーマを示したい（第4節）。

2 こう考えればいい
自営業の衰退と変容

⌈1⌋ 自営業の衰退と雇用の非正規化

　まず，農業を除く自営業が衰退し始める1980年代後半から現在までの就業人口と，それに占める就業形態の比率をみておきたい。『就業構造基本調査』（総務省統計局）によれば，日本の就業人口は，6050万人（1987年）から6620万人（2017

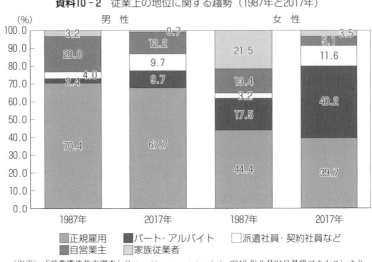

資料10-2　従業上の地位に関する趨勢（1987年と2017年）

（出所）「就業構造基本調査」（https://www.e-stat.go.jp/　2019年6月24日最終アクセス）より
筆者作成。

年）へと約600万人増加している。男女別にみると，男性は微増している一方
で（3640万人→3710万人），女性は約500万人増加している（2410万人→2910万人）。

　続いて，性別ごとに就業形態の変化を確認する（**資料10-2**）。就業形態とは，
主な仕事についてたずねた質問項目のうち，「勤めか自営かの別・勤め先にお
ける呼称」がそれに該当する。

　男性をみると，正規雇用比率は70.4％（1987年）から67.7％（2017年）へと
2.7ポイント減少しているのに対して，自営業比率は20.0％から12.2％への減
少である。加えて，家族従業者比率は，2.5ポイント減少している。一方，非
正規雇用比率（パート・アルバイトと派遣社員・契約社員の合計）は6.4％から
19.4％へ増加している。つまり，非正規雇用者比率が上昇するという意味での
「雇用の非正規化」は，自営業比率と家族従業者比率の減少と密接な関係にあ
ることがわかる。

　女性についても類似の傾向であるが，男性と大きく異なるのは家族従業者
比率の急激な減少である。女性の家族従業者比率は21.5％から3.5％となって
いる。また，自営業比率は13.4％から5.1％へ減少している。つまり，雇われ

ない働き方の比率（自営業主と家族従業者の合計）は，26.3ポイント減っている。それに対して，非正規雇用比率は31.1ポイントの増加である。すなわち，女性における雇用の非正規化は，雇われない働き方の中でも，家族従業者としての就業先がパートや派遣社員などに置き換わっていることが読み取れる。正規雇用比率も4.7ポイント減少しているとはいえ，雇われない働き方の減少が雇用の非正規化の背後にあると判断できる（第5章も参照）。

　それでは，雇われない働き方の衰退は一様に生じているのだろうか。自営業の内実（職業と産業）はいかに変容しているのかをより詳しくみていく。

［2］　サービス業と専門職で増加する自営業者

　日本の自営業はどのように変容しているのかについて，産業と職業の側面から記述しておきたい。ここでは，国勢調査と社会階層と社会移動全国調査を手がかりにして，より長期的な自営業の姿を概観する。

　資料10-3は自営業の産業と職業別の内訳である。この図をみると，1985年から2010年にかけて，農業，製造業，卸売・小売業の比率が減少する一方で，

資料10-3　産業と職業の趨勢（1985年と2010年）

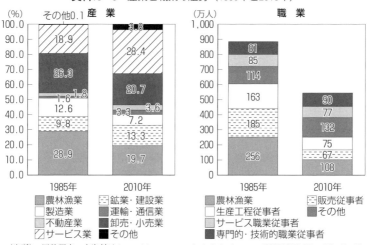

（出所）　国勢調査。本資料は https://www.cao.go.jp/zei-cho/content/20151117_27zen18kai4.pdf
（2019年7月23日最終アクセス）より筆者加工。

資料10 - 4　自営業者の主な職業内容の趨勢（1955年から2015年）

（単位：人）

1955年		1975年		1995年		2015年	
小売店主	69	小売店主	87	小売店主	79	小売店主	39
大　工	25	大　工	24	左　官	29	土木・建築請負師	24
卸売店主	22	卸売店主	18	飲食店主	21	電気工事作業者	16
行商人	13	飲食店主	18	営業・販売事務員	16	外交員	15
宗教家	10	自動車運転者	15	不動産仲買人	14	一般機械器具組立工	14
指物職	10	料理人	11	電気工事作業者	13	飲食店主	11
土　工	9	左　官	9	料理人	12	大　工	11
理容師	9	パン・菓子製造工	9	土木・建築請負師	11	建築・土木技術者	10
板金工	8	理容師	8	外交員	10	総務・企画事務員	10
自転車組立工	8	土木・建築請負師	7	金属工作機械工	10	料理人	10
おけ職	8	指物職	7	建築・土木技術者	9	理容師	9
実　数	370	実　数	406	実　数	432	実　数	380

（出所）　数値は社会階層と社会移動全国調査に基づく実数である（仲，2018，125頁）。
（付記）　本研究は JSPS 科研費特別推進研究事業（課題番号 JP25000001）に伴う成果の１つであり，本データ使用に当たっては2015年 SSM 調査データ管理委員会の許可を得た。

サービス業と鉱業・建設業の比率が増加していることがわかる。具体的にみると，1985年では，農林漁業（28.9％），卸売・小売業（26.3％），サービス業（18.9％），製造業（12.6％）と鉱業・建設業（9.8％）の順となっている。それに対して，2010年では，サービス業（28.4％），卸売・小売業（20.7％），農林漁業（19.7％）と鉱業・建設業（13.3％）と製造業（7.2％）となっている。自営業の産業はこの30年のうちに大きく変化しているが，中でもサービス業比率の上昇に特徴がある。とりわけ，専門・技術サービス業，生活関連サービス業やその他のサービス業比率が上昇している（産業小分類は非表示）。

　一方，職業をみると，産業比率と連動する形で農林漁業従事者，生産工程従事者と販売従事者が大幅に減少していることがわかる。それに対して，専門的・技術的職業従事者とその他の職業に従事している人々は増加している。2010年では，「その他」比率が最も高いことからわかるように，自営業の内実は，「自営業」として想像しやすい農業，製造業や小売業という「伝統的」な職業ではない姿になりつつあるのである。

　それでは，より具体的には自営業者は，どのような職業に従事しているのだろうか。ここでは，職業の小分類（農林漁業を除く）をより長期的な視点から

みておきたい。**資料10－4**は，1955年から2015年の社会調査における自営業者の職業である。

この資料をみると，小売店主がいずれの調査においても最上位である。1955年と1975年では，大工，卸売店主，行商人，飲食店主が上位にある。それ以外の職業は，宗教家，自動車運転者，理容師や板金工などである。75年調査までは，「伝統的」な自営業として認識されている職業が全国調査においても捕捉できていることがわかる。1995年と2015年調査においても，飲食店主や大工は比較的に人数が多いけれども，それ以外は明瞭な傾向があるとはいえない。例えば，土木・建築請負師や電気工事作業者などの該当者数が多いことがわかる。

3　ここがポイント
家族単位から個人単位への制度変更

① 自営業の衰退と社会政策の関係

自営業の衰退は2000年代に入ると，やや緩やかになってきている。この背景には，自営業の減少が底を打つと同時に，従来の調査では把握されない自営業者が潜在的に増加している可能性がある（高橋，2018）。では，自営的な働き方の衰退と再生の兆しは社会政策にとって何を意味するのだろうか。ここでは，筆者が自営業と関連して重要だと考えている社会保障制度の根幹と労働政策について言及したい。

雇用されずに働くということは，働き手とその家族が自分たちで生活を維持していくことである。自営業は，事業を営む家族が助け合って協力しながら働く／生活することが暗黙の前提にある。つまり，自営業世帯は「家族」として社会保障の一翼を担ってきたといえる。この点は，日本の社会保障制度が家族扶養義務に力点を置いていることと呼応している。例えば，家族成員が生活保護を申請すると，直系血族と兄弟姉妹は調査の対象となる点に象徴される（岩永他，2018）。

このことは，個人ないしその家族による活動が主である自営業にとっては

より深刻な意味合いをもつ。ありていにいえば，「苦難は家族と親族の協力によって何とかなる」という見えない圧力である。いいかえると，自営業世帯は「社会の細かな不都合を丸く収める緩衝材のような存在」であったといえる（神林，2017）。しかしながら，自営業の衰退は，その緩衝材がすり減り，社会保障の役割を果たすことが限界に近づいていることを意味している。つまり，自営業の存在によって不可視化されてきた個人と家族に対する社会保障の問題が顕在化する可能性が出てきたのである。そのため，「自営業は家族による協力が不可欠」という常識的な理解にとらわれず，家族ではなく個人を単位とする社会制度を設計する必要が生じるかもしれない。

　もう1つの論点は，縮小後の自営業と労働政策の関係である。労働人口に占める自営業比率（農業を除く）は，1980年代後半以降に減少してきたものの，2010年代に入ると10％程度で推移している。つまり，自営業の衰退は底を打ちつつある。このことから，自営業を取り巻く競争環境の想定を修正する必要があるかもしれない（神林，2017）。例えば，自営業の活動を守るために大型店舗の出店を規制してきたことに象徴される「事業の保護」に関わる競争政策である。もちろん，「中小小売業者の事業活動の機会を適正に保護する」法律（大規模小売店舗における小売業の事業活動の調整に関する法律）が制定された1970年代から数十年の間は，有効な役割を一定程度果たしたといえる。

　しかしながら，小売業に関わる自営業が著しく衰退した現代では，大規模店舗と競合するサービスよりはむしろ，個人単位で提供するサービスにおいて競争が激しくなりつつある（例：UberEats）。そこで明らかになってきているのは，個人単位での労働に対する保障の手薄さである（川上，2018；大内，2017）。

　すなわち，「自営業の活動」を保護するのではなく，「自営的に働く個人」を保護する制度の不在である。これまでの最低賃金の保障や職業訓練の実施などの労働政策や，仕事に起因する負傷・疾病や失職・退職などに対応する社会保険制度は主に「雇われた人」を対象としてきた。しかし，雇われる／雇われない働き方のいずれもが選択肢になりうるという現実に鑑みると，より弱い立場に立たされている可能性が高い雇われない働き方にこそ，労働政策や制度が

必要となるのではないだろうか。さらにいえば，雇われる／雇われないにかかわらず，働く個人の生活を支える労働政策が必要になると考えている。

② 「雇われない働き方」という選択肢の社会的な意味

　1990年代以降の日本企業はグローバルな経済競争下にあるため，非正規労働が典型的な働き方となる流れに抗うことは難しい。だからといって，企業の都合による意図しない配置転換を受け入れることや長時間労働を前提として働くことは，そう簡単なことではない。第2章で示されているとおり，過労死や過労自殺という労働問題の1つの背景には，正規労働者たちの「働きすぎ」という問題がある。端的にいえば，現代社会は「働くことによって人間らしいまっとうな生活を送ることが難しい」という労働問題を抱えているのである。

　この問題を部分的であったとしても解決する道筋の1つが，「雇われない働き方」にあると考えている。というのも，雇用されて働くためには，「企業が身近に存在していること」と「長時間かつ継続的に働く体力があること」が前提とされている。しかしながら，これら2つの条件は容易に満たされるとは限らないためである。

　たしかに現在は，都市圏だけではなく地方圏においても有効求人倍率は1倍を上回っている。しかし，問題は多様な雇用や生活を支える就業が地方に少ないことである（石井他編，2017）。逆にいえば，そうした地域において，利潤の追求を原理とする企業ではなく，自らの生活の存続を第1の目的として働く場を生み出す自営業がより重要な意味をもつと考えている。すなわち，より良い条件で雇用される場がない地域において，自らが就業先を創りだすという選択肢である（第12章を参照）。

　一方，何らかの事情で長時間労働に耐えうることが難しい人たちはたくさんいると考えられる。例えば，育児や仕事をひとりで担っている親，長期にわたりひきこもっていた人，あるいはメンタルヘルスに問題を抱える人などである。個々人の事情に合わせて働く場を提供する1つの手段として，自営業がその役割を果たすかもしれない。つまり，自営業が就労困難者の状況に応じた就業機

会を提供する可能性である（筒井他編，2014）。

　もちろん，自営的に働くことは上述のようなポジティブな側面の一方で，年金や保険などの制度が十分に整備されていないという難しい側面もある。加えて，労働者に関わる法律の適用外であるために，働く人々の生活はたえず脅かされる状況に置かれている。とはいえ，裾野が広がりつつある「雇われない働き方」は未知の部分が大きいため，調査研究は端緒についたばかりである。

4 これから深めていくべきテーマ
自営的就労の実態調査

　労働政策研究・研修機構（JILPT）が2017年に実施した調査は，「雇われない働き方」に関わる人々の数を1000万人以上と推定している（高橋，2018）。この数は『就業構造基本調査』の2倍に近く，該当する人々がどのような働き方／暮らし方をしているのか，は未知の研究課題であることを示唆する。

　JILPT による調査は，「自営的な働き方」が選択肢の1つとして現実味を帯びつつあることを示しているが，そうした人々をとらえるには通常の質問紙調査では難しいことを物語っている。例えば，副業・兼業として自営的に働いている人は基本的に捕捉が難しい上に，仕事を続ける／中断する／辞めるという行動は極めて不規則である可能性が高い。数カ月や1年ごとの調査では彼ら／彼女らの生活の動態をとらえ損なってしまうこともあるだろう。

　その可視化されづらい実態を把握するためには，なぜ人々は自営的な働き方を選択／非選択するのかを理解し，その働き方が人々の人生にどのように組み込まれているのかを説明する必要がある。すなわち，現代社会において自営的な働き方を選択する人々の暮らしを調べるという研究テーマである。

　このテーマにアプローチするためには，伝統的な方法と革新的な方法を取り入れることによって調査研究が進むと考えている。前者は，自営的な働き方を経験する人を対象とした調査票調査と，人生や仕事の履歴を可能な限り丁寧に聞き取る調査である（三谷・脇坂編，2002）。より具体的には，自営業を選択す

るまでの過程や選択後の働き方に関する仕事の側面，日常生活や家族形成に関わる暮らしの側面や年金などの社会制度の側面などを記述することである。

しかし他方で，この方法ではデジタル技術を駆使して生起しつつある「新しい雇用されない働き方」をとらえることは難しい。なぜなら，その働き方を実践している人々は，働き方が不規則であることに加えて，仕事内容が日々刻々と変化している場合もあるためである。

それらの点を補う方法として，調査者がデジタル時代のツールを使って従来とは異なる仕方で質問する方法がある。より適切な時間・場所で個人の状態を測定する「生態学的経時的評価法」である（サルガニック，2019）。この方法は，伝統的な調査票調査を細切りにして参加者たちの生活に組み込むものである。

「雇われない働き方」を経験する人々を研究対象とする場合には，人々が1日中頻繁に操作するスマートフォンのおかげで手軽に実施できるようになる質問法が有効かもしれない。例えば，回答者がオンラインプラットフォームを利用して仕事をしたあとに質問項目が発せられるように，スマートフォンをプログラムすることが考えられる。もちろん，調査設計の段階ではより慎重な計画が必要となる。より具体的には，回答者の選び方や行動を記録することに対する回答者の同意を得ることに加えて，倫理的な懸念に対しては調査者が第三者による審査を受ける必要があるだろう。

実査前に周到な準備は必要となるが，伝統的な調査法と新たなアプローチを組み合わせることによって，現代社会に生起しつつある「雇われない働き方」の暮らしをより深く理解する道が開けると考えている。そうした研究に基づいて，自営的就労を取り巻く法や社会保障の制度を再構築する必要があるだろう。

［付記］　本章の執筆は2019年10月である。そのため，新型コロナウイルス禍における自営業者の状況を十分に反映できていない。しかしながら，本章で指摘した「自営的に働く個人を保護する制度の不在」が，自営業者（フリーランス等を含む）たちの生活そのものをより一層おびやかしていることは疑いえない。その点に鑑みると，「雇われる／雇われないにかかわらず，働く個人の生活を支える労働政策」がますます求められる時代に差し掛かったといえる。なお，本研究は，日本学術振興会の科学研究費補助金・若手研究（20K13695）と日本経済研究センターの助成を受けたものである。

手にとって読んでほしい５冊の本

仲修平，2018，『岐路に立つ自営業──専門職の拡大と行方』勁草書房。
　　戦後日本の自営業を計量社会学の立場から明らかにしている。社会調査データ
　　に基づいた自営業の内実を垣間見ることができる。
筒井美紀・櫻井純理・本田由紀編，2014，『就労支援を問い直す──自治体と地域
の取り組み』勁草書房。
　　生活保護など福祉の供給者である基礎自治体による就労支援の実践を扱う。就
　　労先を創出する自営的な働き方の可能性と課題を知ることができる。
大内伸哉，2017，『AI 時代の働き方と法──2035年の労働法を考える』弘文堂。
　　労働法が適用される労働者とはどこまでを指すのかを再考する。自営的に働く
　　人々の法的な位置づけに対する見通しを立てることができる。
岩永理恵・卯月由佳・木下武徳，2018，『生活保護と貧困対策──その可能性と未
来を拓く』有斐閣。
　　社会制度の１つの土台である「生活保護制度」を根本からとらえ直す視座を提
　　示する。人々の暮らしの根幹にあるしくみを理解できる。
サルガニック，M. J.／瀧川裕貴・常松淳・阪本拓人・大林真也訳，2019，『ビッ
ト・バイ・ビット──デジタル社会調査入門』有斐閣。
　　社会調査についての思考法を変えるために作られた本である。デジタル時代を
　　生きる人々を調査対象とするために必要な知識を得ることができる。

引用・参考文献

石井まこと・宮本みち子・阿部誠編，2017，『地方に生きる若者たち──インタビューか
　　らみえてくる仕事・結婚・暮らしの未来』旬報社。
神林龍，2017，『正規の世界・非正規の世界──現代日本労働経済学の基本問題』慶應義
　　塾大学出版会。
川上資人，2018，「ウーバーイーツの労働実態について」『季刊・労働者の権利』324号，
　　103-109頁。
三谷直紀・脇坂明，2002，『マイクロビジネスの経済分析──中小企業経営者の実態と雇
　　用創出』東京大学出版会。
諏訪康雄，2017，『雇用政策とキャリア権──キャリア法学への模索』弘文堂。
高橋陽子，2018，「日米における自営業主数の計測」JIPLT Discussion Paper Series DP
　　18-07〔2019年 7 月30日アクセス〕https://www.jil.go.jp/institute/discussion/2018/18-07.
　　html

（仲　修平）

第 11 章

「正社員主義」からの自由

労組「ローキョー」とは

（グラフィック・イントロダクション）

資料11-1　ローキョーをはじめよう

労使関係無し
雇用責任無し
不安定な就業
中間マージン
低賃金
一生派遣
派遣切り
孤立
ハラスメント

【労働者の宿命】

集団的労使関係
雇用責任あり
安定的な就業
労使協定・協約
高賃金
社会労働保険
自由労働者
仲間・連帯
居場所

【労働組合で対抗】

　「職業安定法」から2つの働き方が誕生した。1947年の法制定時点に生まれたローキョーと，1985年の法改正により生まれた派遣労働である。両者はいわば兄弟であるが，デキの悪い「弟」が常に優遇されてきた。なぜ？　と問うことが，非正規労働問題を考える第一歩となる。非正規労働者が過半数を占める日が迫るなか，目立たない「兄」の方へ眼を凝らす時が来たようだ。

1　何が問題か

「労働者の宿命」を知ろう

［1］正社員至上主義から脱却せよ

　非正規労働問題とは何か。多数あげられる中でも，雇用の不安定性や正社員

との賃金格差が上位に来ることであろう。労働者の生活が脅かされるからである。それでは，なぜ雇用が不安定で賃金格差がなくならないのか。

　様々な意見があるが，経営者が安上がりで好都合な非正規労働者を欲する事実が否定されることはほとんどない。一方で，非正規労働者本人がそう希望しているはずとか（「いやなら辞めればよい」），本人の能力が足りない（「正社員になれない」「努力が足りない」）と本人を責める冷酷な言い方が横行している。

　多様な立場を認める社会が渇望されている中，表面上はともかく根底では，正社員というアイコンを変えず，他の就労形態を認めようとしない。これも非正規問題の一面である。研究であれ政策であれ，多様性そのものの把握に終始し，一歩進めるなら正社員への転換移行が優先課題とされる。これが大方の問題解決策である。

　例えば，政府の「経済財政運営と改革の基本方針2019（骨太の方針）」では相変わらず，就職氷河期時代の30代〜40代を3年間で30万人を正社員にするという。政府だけでなく，国民の中にも強烈な正社員信仰が顔を出す場合がある。例えば，2012年「労働者派遣法」改正時の攻防では，「日雇派遣は絶対に許されるものではない」と，奇妙な言葉が飛び交った。日雇で生活してきた労働者をどれほど貶める言葉であるか。不安定で低賃金の正社員などいくらでも創出できる事実を脇に置いて，日雇労働者にネガティブキャンペーンを仕掛けてしまう滑稽な現実をみた。

　そんな浅はかな認識はもっていない，という向きなら，労働者の多様性の把握と良好な正社員への避難という圧倒的大多数の視点からの脱却が，非正規問題を解決するための入り口であると言いたい。つまり，目の前の現象に惑うことなく本質的に考えること，および，戦後の経営者が囲い込みにより安上がりな就労形態として仕上げてきた「正社員」ではない，何者かへの避難を視野に入れることである。本章ではこれらをどう実現するか縦横無尽に考える。

［2］「労働者の宿命」

　労働者とは，経営者からかすめ取られる存在であることをまず認めなければ

ならない。正社員は労働時間を狙われ奪われ，非正規労働者は賃金を狙われ奪われる。二極化する正社員と非正規労働者の本当の姿とは，２つの収奪形態に他ならないのである。これを「労働者の宿命」と呼ぶ。いやそんなはずはない，労働は売り手と買い手がいて市場で取引されるものだ，という反論があろう。

　しかし，この反論は好都合である。筆者は，「労働者の宿命」のもとで労働の売り手と買い手は対等に取引されないから，本来は多くの良好な調整機能が発揮されるはずの労働市場が歪められている，と考えているからである。労働市場の機能性を減じる要因として，経済学の教科書は独占や寡占，公共財，外部不経済，情報の非対称性などをあげるが，これより他に，もう１つ「労働者の宿命」が潜んでいる。

　この誰にも見えない，見たことがない労働市場が問題なのである。例えば，非正規労働者の最大多数派である主婦パートの賃金格差を取り上げる。税や社会保険など制度面の特殊性による影響の他にも，経営者の意識的な差別が正常な労働市場を歪めている。それをリアルに知るには，主婦パートたちが賃金格差の裁判で全戦全勝し，労働法の教科書に必ず掲載されている，かの「丸子警報器事件」をみれば十分である。賃金差別を是正した画期的な裁判に注目が集まりがちだが，むしろ正社員に混じって同じ仕事をしていた主婦パートたちが苦悩した「労働者の宿命」を読み取るべきである。「雇ってやっているのだから低い賃金でよい」「正社員と家庭の主婦は違うのだから格差があってしかるべき」と公言した，「労働者の宿命」に操られる丸子警報器の経営者は正直である。

　主婦の労働であるがゆえに無視されたり軽視されがちな主婦パートに比べて，少数派なのに何かと同情をもって注目される派遣労働者はどうか。1985年に制定された「労働者派遣法」によって登場したこの就業形態は，現在に至るまで，根絶されるべきとの非難が止んだことはない。なぜか。

３　間接雇用の復活

　「労働者の宿命」は，当然，主婦パートのような直接雇用だけでなく，間接

雇用にも及ぶ。間接とは仲介者が入ることであり，仲介者の位置に賃金を狙い奪うセンターポイントが生まれる。仲介者とは戦前に蔓延した労働ボスや手配師という名の悪徳業者であるから，終戦直後は労働民主化のもとで「職業安定法」がこうした労働者供給事業（以下，労供）を禁止した。

　1985年に制定された「労働者派遣法」はこの労供を復活させた。「職業安定法」を改正して，派遣元企業がきちんと雇用するのだから，戦前に虐げられていた労供労働者とは別物である，との装いで労供労働者の中から，派遣労働者を切り出してきたからである。だが，法的な構成を施して区別している派遣，請負，労供，職業紹介の実態は同じビジネスモデルである。

　その後，「民間労供」とも呼ばれる派遣労働者の労働市場が，当初は賃金が高い正常な状態から，度重なる規制緩和の法改正を経て（第5章を参照），賃金が落下して正社員との賃金格差が常態というように歪められた。やはり，非正規労働問題の本質は，「労働者の宿命」の執行者である経営者による労働市場の歪曲にある。だから「労働者派遣法」は制定時，いや制定前から廃案要求が相次ぎ，現在でも廃止論を含め反対論者が多い。

　ところで，罪深い労働者供給事業を禁止したはずの「職業安定法」は，労働組合が無料で行う労供すなわち，労組労供を法認している。労働組合ならば悪徳業者になりようがないし，国が無料で運営する職業安定所（ハローワーク）と同様に職業安定の担い手でもある。労働ボスを排除する効果にも期待が寄せられた。労組労供は，今日も厚生労働省の指導のもとで運営されている。非正規労働者に差し込んだこの一筋の光を知る者はほとんどいない。読者も知らなかったはずである。

2　こう考えればいい
労組労供で賃金を引き上げる

1　新しい就労形態こそ

　直接雇用から，新しい働き方を装いながら派遣へ，副業を装いながらの請負

へ，つまり，間接雇用や非労働者へ，令和時代から戦前への歴史の逆戻りが進められるところに，筆者は「労働者の宿命」の存在を確信してしまう。

　現状では手詰まりだから，正規を守り，正規へ逃げ込むことしかできない。しかし，正社員になれ，という意見に耳を貸さないで，「非正規労働者で堂々と生きていける就業形態と社会をつくる」。そう決心すれば，堂々巡りの議論から離れ，ようやく解決策の提示に移るための入り口に辿り着ける。入り口に足を踏み入れたら，自由な態度で，自由に希望をもつことができるようになった読者はどうするのか。筆者は次のように希望する。

　歪んだ労働市場の就業形態しか存在しないのなら，新しくつくり，投入しよう。労働市場が歪まないよう監視しながら，その「良質な非正規の就業形態」を，既存の形態へぶつけるのである。

②　労組労供があった

　もう「労働者の宿命」は受け入れない。非正規だから，正社員のように労働時間をかすめ取られたくない。もちろん，賃金もかすめ取られない形態にしたい。

　その形態は，「労働市場を歪めるわけがない主体がつくる」。筆者は今のところ，労働組合しか思いつかない。労働者を保護し，自らが労働市場の機能を担える立場でないと，労働市場を浄化できないからである。それに最も近い就労形態がある。そう，労組労供である。労組労供を忘れてはいないか，と言いたいところだが，微小な認知度を考えると，労組労供を見逃してこなかったか，と表現せざるをえない。

　2019年3月末日時点で，労組労供を行うことを許可されている労働組合は100組合である（厚生労働省，2020，2頁）。組合員である労供労働者は，約1万3000人であり，このうち，約2400人が臨時の労供労働者である。労供労働者は常時労働者だけでなく臨時労働者，つまり正社員などが副業で働く場合もある。実際に供給された仕事で最も多いのは，自動車運転などの運転職と港湾労働者などの運搬職であり，この2職種で9割以上を占めるほどの集中ぶりであ

る。だが，秘かに第３の勢力が育ちつつある。建設産業の労組労供である。

③ 建設現場では

①災害時の労組労供

建設労供が展開されるきっかけとなったのは，2011年の東日本大地震であった。震災後に巨大な応急仮設住宅需要が発生したが，被災地では大工職，資材や道具が欠乏していて，外部から入れるしかない。通常のプレハブ住宅では充足できそうもない。そこで木造仮設住宅を建設すべく，国は全国建設労働組合総連合（以下，全建総連）に依頼打診した。全建総連はただちに労組労供の許可を取得して運営に乗り出し，加盟労組から延べ591人の大工職の組合員を集めて現地に供給し，延べ7924人工（作業量の単位で，この場合１日で完了させるとすれば7924人が必要となる）で928戸を建設した（本田，2019，39-42頁）。余談だが，同時期には全日本港湾労働組合（以下，全港湾）が日本海側の港で働く労供組合員たちを太平洋側の被災地近隣港へ供給している。全港湾の労組労供の歴史は古く，手慣れたものである。

全建総連は，以後，各都道府県や政令指定都市との災害協定の締結を推進し，災害時に労組労供で組合員を供給して応急木造仮設住宅を円滑に建設できる体制づくりに余念がない。実際に，2016年の熊本地震や，2018年の西日本豪雨の災害地で労組労供の実力を十分に見せつけた。熊本地震では，東日本大震災時を上回る延べ911人の労供組合員を供給し延べ１万4491人工で568戸を建設，西日本豪雨では，延べ461人の供給，延べ3863人工で250戸を建設した。

こうした社会貢献を続ける中，全建総連は，供給先の工務店に対して労使関係の枠組みと手法を駆使して交渉してきた。現場の検証や組合員たちの意見集約に基づいて，通常の賃金相場以上の賃金による就労を形成していく。例えば，東日本大震災時の賃金は日給２万円であったが，2019年時点で２万6000円へと引き上げに成功している。また，何かとアバウトな業界にあって，労使協定によって労働条件と就労環境の改善を続け，組合員たちの満足度を高めている。例えば，供給時の宿泊先は当初全建総連側が苦慮しながら手配し，供給先工務

店が費用を負担していたが，交渉の結果，2018年11月から供給先工務店がすべて行うこととなった。

②労組労供で高賃金を実現

一連の災害時労供では，全国の建設労組の組合員が参集したため，その営みは業界に浸透して話題となり，首都圏では平時の労組労供への転用に着眼する先見的な労組が現れた。埼玉土建一般労働組合はいち早く労組労供へ乗り出し，千葉土建一般労働組合も埼玉土建から指導を受けて着手した（本田，2019，51-52頁）。

埼玉土建は，労組労供の先輩格の全港湾から講師を招いた勉強会を重ね，2012年に定期大会で労組労供の運営に着手することを決定した。同年に労供組合員を募集し，495人の組合員が登録する一方，最初の供給先工務店と日給1万8000円などで協定化に進み，4人の大工職を供給して幸先よくスタートした。これ以降，一貫して労供組合員の登録を増やし，供給先を入れ替えながら労働条件の整備を進め，労組労供を継続している。

千葉土建は2012年の定期大会で労組労供の検討に入ることを確認し，埼玉土建の指導や助言を取り入れながら周到な準備期間を経て2014年に開始した。同年には最初の労供組合員2人が供給され，賃金は日給1万8000円に残業1時間分を付加した2万1200円であった。これ以降，供給先企業と供給人員を徐々に増やし，労組労供の定着に余念がない。

両労組の労組労供の運営の狙いの1つは仕事の確保であるが，同時に労働組合運動として，建設業界の悲願であった労使協定化やそれを軸にした高賃金の実現がある。これらは建設労働者の圧倒的多数が請負労働者として就労していることと不可分であるから，脱請負政策と解釈することができる（第10章の資料10-4では「土木・建築請負師」が自営業者のなかで高い比率を占めている）。供給先企業が雇用責任を負う雇用労働者となった建設労働者は，労組労供の威力により補正された就労を体験している。明確で高額な賃金水準や残業代が出る適正な労働時間などの労働条件や就労環境の保障，社会／労働保険への加入もさることながら，現場では雇用者だから資材などを購入する必要はなく，最低

限の道具を持参するだけでよい。請負で就労してきた労働者にとってこれらは驚異の改善である。

　建設労働者自身が組織のしがらみや会社人間等を忌避し，自由な就労形態である請負を好む傾向が強い中，その自由を否定することなく，雇用者である自由労働者・労供労働者を選択肢の1つとして投入したのである。これは問題の多い請負労働に対して，局所の待遇改善で立ち向かうのではなく，労組労供という新メニューを割り込ませる解決策である。なお，皮肉なことに優秀な労供労働者へ自社正社員になるようもちかけるしたたかな供給先企業がある。それに応じる者と応じない者がいるという。

　2010年度にはゼロであった建設職の労組労供の供給延べ人員数は，2018年度には1万3551人にまで増えた。とはいえ小規模な就労形態には違いない。業界内で大きな請負の塊に，小石のような労組労供をぶつけるのであるから現況でその効果は限定されている。だが，雇用という見知らぬ世界に足を踏み入れた労供組合員たちの顔は明るく，労組労供への評価と信頼は高く厚い。今後，大規模災害が起きる度に，全建総連の労組労供が大規模に展開される。また，埼玉土建，千葉土建の成果は建設業界の他労組に波及しはじめた。東京土建，神奈川土建，建設横浜など首都圏を中心に続々と労組労供へ乗り出している。

3　ここがポイント
労組労供の真価とは

［1］打たれ強い労組労供

　労組労供は，本章で取り上げた建設職や多数派の運転職，運搬職だけでなく，個別には他の仕事へ普及している。東京都内を走る清掃車（運転士や作業員）に労組労供が進出している。システムエンジニア，旅行添乗員，バスガイド，介護職，事務職，音楽家，各種運転士，農業，林業などで労供労働者が高賃金で就労してきた。後から形を変えて復活してきた労働者派遣によって何度も駆逐されかけた労組労供だが，なんとか踏ん張り，粘り強く伸長の時を待っ

ている。

2 5つの特長

労組労供をもう少し一般的に考えてみよう。労組労供の素晴らしさは，最も競合してきた派遣と比べれば明瞭である。

労組労供は文字通り，労働組合手ずからの事業である。第1に組織に所属する大事な組合員たちを供給先の雇用者として供給する供給契約を結ぶ。労組との供給契約は実務的には労使協定となり，労働に関する紛れのないルールが形成される。派遣労働者は，雇用責任がないが指揮命令者である派遣先企業で，不安定，不明瞭な関係のもとで働くことを迫られる。労組労供の特長は供給先に雇用責任を負わせ，社会／労働保険の加入を含め，明瞭な雇用関係にする点である。

第2に，供給元の労組と供給先の企業の間に，集団的労使関係が形成される。間接雇用者にとって画期的な特長である。背後に労組があるから，労働条件や職場環境を監視でき，就労を安定させられるのである。派遣労働者と派遣先企業との間に集団的労使関係などない。派遣元との間にはあるといわれるが，派遣元で働くわけではない。派遣先企業に労組があっても組合員ではない派遣労働者には関知しない。労働法の効力も，周知の通り心もとない。

これ以外にも労組労供には特長が多い。第3に，労組だから同じ組合員として仲間ができる。分断され孤立しがち，偏見や差別を受けがち，ハラスメントの標的にされがちな非正規労働者にとって，互いに手を取って助け合えることほど心強いものはない。不当に傷つけられてきた非正規労働者は，信頼関係の中でそれらをはね返す気力を取り戻す。また非正規問題を解決するという共通する目標があれば，仲間を助けるために連帯した労働運動へ踏み出すことができる。

第4に，だから，労組労供はリアルな労働者の組織化そのものである（内藤，2006，261頁）。労供組合員が増えることは，もちろん組織率を上げることになるが，供給元労組と労供組合員の強固な関係を築くことの意義は大きい。2020

年の日本の労働組合の推定組織率は17.1％で，近年，パート組合員の組織率だけが上昇している（厚生労働省，2020，3-4頁）。だが，組合活動への関与，組合費に対する忌避や労組の存否に関する意識などから潜在的未組織化層とみなせる組合員が含まれている。これらを除外した「リアル組織率」を算出したことはないが，いったい何パーセントになるのか。怖ろしいことに10％を切っている可能性がある。労組労供を組織率向上の有効な手段と再認識すべきであろう。

　第5に，労働運動に邁進するしないは別にしても，労組労供は居場所を提供できる。非正規問題の枠内に収まり切れない複合的な問題が多い。例えば，シングルマザー，高齢者，障害者，就労支援相談者，生活保護受給者など，労組労供が包摂できる範囲は広い。労組が供給組合員の枠組みで，ホームレス救済や生活保護申請援助に手を広げている事例がある（國學院大學労供研究会，2012，53頁）。労組労供とは紛れもなく居場所づくりである。

　要するに，労組労供には，労働市場を浄化する能力があり，集団的労使関係があり，仲間や居場所で労働者集団を強化できる。労働者が収奪されやすいように歪み変形していく労働市場を補正できる点が特筆される。労組は決して労働市場を否定しないし，妨害しない。労組が供給力をもつことで，また中間マージンを差し引かないことで，良性の小さな労働市場となって溶け込み，浄化するのである。

　これら労組労供の効力は，「労働者の宿命」への対抗力と言い換えてよい。複雑で強固で手遅れといわれる非正規問題だが，わかりやすさを伴う骨太の解決策がそこにある。

4　これから深めていくべきテーマ
自由労働者で行こう

［1］ 自由労働者になるために

　労供労働者は，本当に自らを自由労働者と呼ぶ場合が多い。非正規はもっと増えるから，非正規という言葉はいずれ消滅する。非正規になったと悩み苦し

むより，自由労働者になり生き抜く道もある。労組労供を育て，仲間を増やし，居場所をつくろう。労組労供が「民間労供」に負けるわけにはいかない。

　労組労供は，戦前禁断の労働者供給事業から生み出された労働者派遣制度が職種や期間について様々な規制を受けていた時期ですら，正義の就業形態ゆえにほとんど規制されてこなかった。現況で一部の職種に，あるいは特定地域に限定されているが，建設労供のように拡大できるチャンスはある。また地元限定だけでなく，女性限定，高齢者限定といった気心の知れた仲間うちのための営みもあり得る。企業別労働組合員とされがちな主婦パートにも，労組労供という選択肢がある。

　しかし，労組労供を拡大するには，多くのハードルを超える必要があり，新しい道を歩むために，努力を傾けなければならない。

　まず，労働政策の中に明確に労組労供を位置づける法制化が必須となろう。現況のような「職業安定法」における禁止事項の例外措置ではなく，新しい就労形態にふさわしい，専用の取り扱いが不可欠となる。「労組労供事業法」（仮称）である。労働者派遣に押しつぶされないよう労組労供が発展するための事項，労供労働者の社会／労働保険を完備した事項，偽装労組労供を締め出す事項，他の労働法が保障する内容の完全適用などが欲しい。

　また，労組労供は，拡大し充実する過程で，企業の人的資源管理の枠内に組み込ませなければならない。企業は，直接雇用より間接雇用を好む。「面倒くさいマネジメント，いっさい引き受けます」の売り文句に誘われ，雇用責任のない派遣労働者を利用してきた。これは人件費の節約という面だけでなく，企業のマネジメントの弱体化であり，本来は深刻な力量不足を露呈している。企業がそこから脱却するためには，労組労供が派遣制度と渡り合えるサービスを揃えることが課題となる。

　また労組労供で労働者が堂々と生きる姿を国民に示すことが大切である。非正規労働者が過半数になろうというのに，非正規労働者への差別のみならず，労働組合活動への誤解や偏見には根強いものがある。労働組合陣営は結束を固めて，労組労供に備えるべきであろう。

さらに，地域での仲間づくり，居場所づくりにつなげていきたい。労組労供とは，労働組合を舞台にして，労働者が主体的に動かせる非正規労働のツールである。生きづらさが増している日本社会において，安心できる就労形態に仕上げて様々な問題解決につなげて欲しい。

②「切り札」を切れ

非正規労働問題を解決するのはそれを生み出した人間になるはずである。その際に，これから「ローキョー」に関わる多くの人間が必要になる。ローキョーを利用するのもよし，ローキョーを育てるのに生きがいを感じるのもよし。求む，自由労働者，ミスターローキョー，ミスローキョー。ローキョーに触れれば，健全な労働市場を体験できる。だからこそ，目ざわりな労組労供は幾度となくつぶされそうになったり，社会の片隅に押しこまれてきた（例えば，災害発生のたびに仮設住宅の建設がニュースになるが，その担い手が労供労働者であると報じられることはない）。企業社会に嫌気して NPO などへ目を奪われている若者たちが，新しい社会貢献のことを知り，一転して労組労供を目指して労働組合の門を叩く日は近い。果たして自由労働者という「切り札」を切れるか。

手にとって読んでほしい 5 冊の本

厚生労働省，2018，『労働者供給事業業務取扱要領』。
　　労組労供の公式的な解説書。労組労供の事業運営の方法や手続きを規定している。労働者派遣や請負との相違を理解できる。
渋谷龍一，2016，『女性活躍「不可能」社会ニッポン』旬報社。
　　企業内市場で最下層に位置付けられた内部型非正規・主婦パートの苦境を「丸子警報器事件」当事者への取材に基づいて解明した。
中村浩爾・寺間誠治編，2015，『労働運動の新たな地平——労働者・労働組合の組織化』かもがわ出版。
　　労組労供を含めた非正規問題へ立ち向かう労働運動，組織化活動の実態を知ろう。労働法学者による労組労供解説の到達点もわかる。
濱口桂一郎，2009，『新しい労働社会』岩波新書。

就労形態の種類と内容を歴史認識の上に俯瞰し，雇用システムそのものを再構築する気概がみられ，労組労供への言及と整理もある。

労働者供給事業関連組合協議会，2011，『派遣はダメ！労供を始めよう〜労働者供給事業のすすめ〜』。

労組労供を実行する労働組合の上部団体が労組労供の開始を呼びかける。労組労供を平易に解説しており，労組労供の実践者必携書。

引用・参考文献

厚生労働省，2020，「令和2年労働組合基礎調査の概況」。

厚生労働省，2020，「平成30年度労働者供給事業報告書の集計結果」。

國學院大學労供研究会，2012，『労働者による労働者供給事業に関する調査研究報告書』。

内藤直人，2006，「労働者供給・派遣事業を通じた組織化の課題とその対応」鈴木玲・早川征一郎編『労働組合の組織拡大戦略』御茶の水書房。

本田一成，2019，『労働組合による労働者供給事業（労組労供）の実効性に関する調査研究（平成30年度國學院大學特別推進研究成果報告書）』。

（本田一成）

第 12 章

地方の若者の仕事に未来はあるのか

新しい自営業とキャリアラダー

グラフィック・イントロダクション

資料12-1　近代的労働政策とポスト近代的労働政策

	近代的労働政策	ポスト近代的労働政策
自営業	行政主導 古い公共	住民主体 新しい公共
被雇用者	製造業中心 男性労働者 OJT	サービス業中心 多様な労働者 キャリアラダー

（出所）　筆者作成。

　地方の若者たちの仕事に未来はあるのか？　本章では，「新しい自営業」と「キャリアラダー」という2つのキーワードから，その未来について考えていく。①行政主導の自営業政策から住民主導の自営業政策へ，②新しい自営業の生み出す「新しい公共」，③製造業誘致から「キャリアラダー」戦略へ，④多様なライフスタイルを前提とした職業訓練の構築というのが本章のポイントである。それは，近代的な労働政策からポスト近代的な労働政策への転換でもある。

1 何が問題か
雇用の変化が地方に落とす影

1 現在の若者の課題と労働政策

　若者をいかにして地方にとどめるか。それが，少子高齢化と東京一極集中の進む現代日本において，多くの地方自治体の課題となっている。そのための

様々な社会政策が実施されているのだが，本章では労働政策に焦点を絞って考えていきたい。

現在の若者を取り巻く雇用状況をまとめると，①自営業の減少，②産業のサービス化，③雇用の非正規化というのが，大きな流れと考えることができるだろう。それらの帰結として，賃金の低下をはじめとした「雇用の質」の悪化がみられる。

それは近年，社会的な課題としてとらえられており，自営業の減少に関しては，2011年に内閣府のまとめた『平成23年度年次経済財政報告』の中で，自営業者の高齢化などが，具体的なデータとともに，日本経済の今後の大きな課題として取り上げられている（本書第10章も参照）。また，産業のサービス化は，グローバル化に伴う地方の製造業の衰退の問題として，中小企業庁のまとめた『2015年版中小企業白書』の中で取り上げられている。雇用の非正規化に関しては，厚生労働省が「正社員転換・待遇改善実現本部」を設けて，地域ごとに具体的な対策を打つ取組みを行っている。また，同省の雇用政策研究会に提出された資料では，非正規雇用者に占める「不本意非正規」（「正社員として働く機会がなく，非正規雇用で働いている者」のこと）の割合が，男性若年層で約35％にのぼることが指摘されている（厚生労働省職業安定局，2019，27頁）。特に2010年代以降，これらは行政の取り組むべき問題として，大きくクローズアップされてきているのである。

２ 地方の若者を取り巻く環境の変化

上記の若者の就労の課題やそれに伴う不安は，地方に住む人々の実感にもそくしたものだろう。1980年代，いわゆる「ヤンキー」と呼ばれるような地方の若者たちは，高等教育からドロップアウトしたとしても，商店街の自分の家の店の跡を継いだり，いわゆる「ガテン系」（ブルーカラー）の仕事で家族を養うだけの給料を稼いだりできていた。社会学者の筒井美紀は，その頃の「ツッパリ」，「ヤンキー」の同級生たちについて，次のように振り返っている。

彼らの多くは，高校中退も含め，中卒だった。その後は仕事に就く。家が自営だと，それを継ぐ予定で，焼肉屋，牛乳屋，左官屋，塗装店，鉄工所などで見習いになった。家が自営でない場合は，「『族』のだれそれ先輩の紹介」「だれそれ君の親父さんが雇ってくれた」といった経緯で，ラーメン屋，屋台，大工，工事現場，研磨や溶接の工場へと，小売業や土木・建築業，製造業などの世界へと入っていった。(筒井・阿部，2008，179頁)

　しかし今や，彼らの継ぐべき地方の商店街の店は寂れ，「ガテン系」ではなく小売や介護の仕事が中心で，非正規雇用も多いこうした職種においては，家族を養うだけの給料を稼ぐことも厳しい。筒井も，「『お店屋さん』はコンビニやファミレス，あるいは総合スーパーや量販店の進出によって，土木・建築業者は，公共事業の大幅削減によって，製造業者は大手取引先の工場海外移転によって，どんどん潰れていった」と，彼らの雇用を取り巻く環境の変化を語っている（同上，179頁）。すべてのことにおいて「昔がよかった」とはいえないが，地方の若者の雇用に関しては「昔がよかった」といわざるをえないような状況が，そこにはある。

　しかし，冷戦終結以降，グローバル化が進んだ世界においては，今さら昔に戻ることはできない。かつての商店街を復活させ，製造業を日本に戻し，すべての労働者を正規雇用者にすることは難しい。「昔がよかった」という人々の思いに対して「昔に戻れますよ」という政治的メッセージを発するのは，ポピュリスティックな政治手法としてしばしば用いられるものではあるが（いわゆる「トランプ旋風」は，アメリカの製造業の復活を夢見る「ラストベルト」（中西部を中心とした工業地帯）の人々のノスタルジックな欲望が生み出したものでもある），それは現実的ではない。

　そうではなく，自営業は減少し，産業はサービス化し，雇用は非正規化していくという現実の時代の流れを前提とした上で，それに付随する問題を和らげ，地方の若者の雇用を，(かつてほどではないにせよ)「よりマシなもの」にするための方策を考えることこそ，現在の労働政策に求められることなのではないだろうか。

　本章では，自営業の減少に対しては，「新しい自営業」の創出，産業のサービス化，雇用の非正規化に対しては，「キャリアラダー」の構築という政策的

な対応を示しつつ，地方の若者の仕事の未来像を描いていく。両者に共通するのは，地方の若者たちに経済的に上昇する「チャンス」を与える取組みであるという点である。それが，閉塞した地方の雇用状況を打ち破る1つのきっかけとなるかもしれない。

2 こう考えればいい
「新しい自営業」とキャリアラダー戦略

1 新しい自営業の創出

①戦後の自営業者と商店街

戦後の分厚い中間層を支えていたものは，いわゆる「サラリーマン」と呼ばれる都市雇用者であると思われがちだが，実際は自営業者である「旧中間層」もその一翼を担っていた。そのことを指摘し，戦後の安定社会を「両翼の安定」と呼んだのは，社会学者の新雅史である。彼は自営業者が減り続けることで，社会の「抜け道」がなくなり，社会の閉塞感が強まっていくことを危惧している。

しかし，かつての自営業者をそのまま復活させるわけにはいかない。世襲制の問題や既得権益化など，商店街が衰退したのにはそれなりの理由がある。そうした問題を乗り越えて，自営業を復活させる必要がある（新，2012）。新は，「新しい商店街」について，次のような提案をしている。

> 新しい商店街は，地域社会が土地を管理する仕組みを考えてもよいだろう。すでにいくつかの地域でおこなわれているが，「まちづくり会社」が空き店舗を管理し，それを意欲ある若者に貸し出すという方式も有効である。この仕組みをもう少しひろげて，地域住民が土地や店舗を管理し，営業者を住民から募集することがあってもよい。この方式であれば，一部の商業者が権益をかかえこむことにはならない。（同上，208頁）

彼は「こうした提案をおこなうのは，居場所や出番が失われがちの若者に，事業をおこなう機会をつくりだしたいからである」（同上，208頁）と述べているが，まさしくこうした取組みが，現在，多くの自治体で行われている。

②福知山市の事例と「新しい自営業」

その１つが，京都府福知山市の新町商店街にある「アーキテンポ」である（**資料12-2**）。アーキテンポは，商店街で月に１回行われる「ワンダーマーケット」の実行委員会のひとりである庄田健助がクラウドファンディングで集めた寄付金を使って，借りている店舗を改修し，それをレンタルスペースとして貸し出しているもので，５つの店舗が継続的に出店しているという（『広報ふくちやま』2019年８月号）。

アーキテンポの出店者の一人，「CALM」（エスニック料理屋）の足立雄平は次のように語っている。

> 庄田さんからお声掛けいただきアーキテンポで店を持つことができました。毎週火曜日だけなのですが，マーケットの繋がりもあって，予想以上のお客さんに来ていただいて驚いています。将来的には自分の店を持ちたいと考えていますが，まずはアーキテンポから頑張っていきたいです。(同上)

最近，地方の商店街を訪れると，その一角にオシャレな店舗があって，そこだけ商店街の他の店とは異なるハイセンスな空間となっているという光景を目にすることが多くなったが，アーキテンポも，そうした例の１つといえるだろう。それはもちろん，往年の商店街の賑わいを一気に取り戻すものではないが，「新しい自営業」の創出は，こうした地道な取組みの上にこそ成り立つものである。

国や自治体といった行政機関は近年，こうした取組みに対する支援を拡充している。例えば，2017年に発表された中小企業庁の「新たな商店街政策の在り方検討会」の「中間取りまとめ（案）」では，国や自治体の政策の方向性が以下のように示されている。

> これからの商店街活性化のためには，従来の政策手法とは別の，民間主導の商店街再生の検討や，支援策のカネからチエへの転換，商店街とは別の個店同士のネットワークの構築による新たな連携体づくりの模索など，既存のアプローチにはない新たな手段を考える必要が出てきているのではないかと考えられる。(１頁)

また，内閣官房が中心となって進める「まち・ひと・しごと創生総合戦略」

資料12-2　福知山市新町商店街のアーキテンポ

月に1回開かれる福知山ワンダーマーケットの時のカフェ。入口の上部にはかつての店舗の名前（愛友堂）が見える。

においては，2019年度の地方創生推進交付金の1000億円の対象事業の1つ，「先駆性のある取組及び先駆的・優良事例の横展開」の例として「商店街活性化」があげられている。

　こうした取組みは，かつて行政が規制をし，独占的に免許を与えていったような「上から」の政策ではなく，あくまで住民が主体の「伴走型」の政策である。それは一見，頼りないものにもみえかねない（アーキテンポに関しても，それが持続する制度的保障はない）。しかし，それが地方の若者たちに自営業者になる「きっかけ」を与え，将来的に花開く可能性があるとしたら，未来につながる新たな労働政策のあり方として，注目すべきだろう。

② キャリアラダーの構築
①地方における産業のサービス化
　自営業者への支援は，かつての「両翼の安定」の一方の翼への働きかけだっ

た。続いて，もう一方の翼である被雇用者への働きかけについて考えていきたい。

　社会学者のサスキア・サッセンは，非熟練の低賃金サービス労働者が増加し，高度な専門性をもった高額所得者との間の格差が開いていく「グローバルシティ」の姿を描き出したが（サッセン，2008，222-277頁），このことは日本の地方についても当てはまる。ニューヨークやロンドン，東京と異なる点は，高齢化の進んだ日本の地方においては，若年労働者に占める，ケアサービスの従事者の割合が高いということだろう。広い意味では，こうした仕事も「非熟練の低賃金サービス労働」に含めることができる。

　私自身，近年，地方都市における統計調査をすることが多くなったのだが，そこでも産業のサービス化が進んでいることをしばしば感じる。例えば，私の所属する「トランスローカリティ研究会」が青森県のおいらせ町とむつ市で行った調査をもとにした「青森20-30代住民意識調査」報告書をみると，対象者の従事する仕事で1割を超えている業種は，医療・福祉（病院・医療施設，保育所，介護事業，社会福祉事務所等）が20.7％（おいらせ町），18.8％（むつ市），卸売・小売（物品の販売を行っている店舗，事業所等）が12.7％（おいらせ町），12.1％（むつ市）となっている（阿部，2018，67-68頁）。

　経済学者の松永桂子は，近年の地域産業の構造について，正規労働が中心の製造業依存の状態から，非正規労働が多い医療・福祉，サービス業，小売業が増加していることを指摘している。松永は，『中小企業白書』（2017年版）をもとに，医療・福祉の就業者数が2002年と比較するとほぼ倍増し，就業者が増加したのは非正規雇用比率が高い業種（飲食・宿泊サービス業，小売業，医療・福祉）であることを指摘し，『通商白書』（2017年版）をもとに，地方のサービス業は大都市圏と比較して生産性が低く，30万人以上都市圏は製造業とサービス業の生産性の差がほぼないのに対して，30万人未満都市圏や地方圏においては，サービス業の生産性は製造業の約半分であることを指摘している（松永，2018，4-5頁）。

②キャリアラダー戦略

　サッセンが指摘している通り，対人サービスを業務の中心としたサービス労働の最大の問題点は，賃金が安いことである。社会学者のジョアン・フィッツジェラルドは，アメリカでも問題となっているケア職の低賃金問題に対して，以下の3つの対応策を紹介している。

（一）　既存の対人ケアの仕事の賃金と専門性を高める。
（二）　現在区別されていない仕事の中に職階をつくり，技能の習熟を評価し，賃金の上昇を可能にする。
（三）　人びとをより高度な教育を必要とする賃金の良い仕事にキャリアアップさせる。
　　　　　　　　　　　　　　　　　　（フィッツジェラルド，2008，42頁）

　既存のケア職の「内部」で労働者の賃金を上げようとする（一）と（二）の取組みに対して一定の評価を与えつつ，フィッツジェラルドは，「意欲的なキャリアラダー・プログラム」として（三）の取組みに注目する。これは，旧来のケア職とその「外部」にある上位職の間に「キャリアのハシゴ」（キャリアラダー）をかけようとする試みである（同上，52頁）。

　日本において地方の雇用が語られる際によく出てくる言葉が，「貧困」と「人手不足」である。もし，その「人手不足」の仕事がワーキングプアを生むような仕事でないとしたら，そこに「貧困」レベルで働く人をキャリアアップして就かせようとするのが，（三）の取組みである。

　これは，従来の仕事のあり方に手を加えることなく，職業教育への投資によって問題の解決をはかろうとするもので，行政の役割が極めて大きくなる。フィッツジェラルドは，キャリアラダー戦略に関して，「教育政策の観点からすると，州はコミュニティ・カレッジ（公立の2年制大学のこと。職業訓練を行うことが多い：引用者注）により投資する必要がある」（同上，75頁）と述べている。

　キャリアラダー戦略のもつ将来的な課題は次節で扱うとして，ここでは，この戦略が，いわゆる「製造業誘致」とは異なることに注目したい。かつて，地

方の雇用を増やすといえば，工場の誘致が「定番メニュー」であった。人口が
増加し，製造業が産業の中心であった時代には，それも可能だっただろう。し
かし今や，地方では人口は減少し，サービス業が産業の中心にある。低賃金
のサービス職（例えば介護職）の上位の職種（例えば看護職）が人手不足ならば，
まずは，その間を「教育」によってつないでいくというアイデアがあってもい
いだろう。「製造業誘致からキャリアラダー戦略へ」というのが，地方経済に
おける産業のサービス化，雇用の非正規化に対して，本章が提示したい政策の
方向性である。

3 ここがポイント
「新しい公共」と多様な教育プログラム

［1］新しい自営業と「新しい公共」

　ここまで，①行政主導の自営業政策から住民主体の自営業政策へ，②製造業
誘致から「キャリアラダー」戦略へという，地方の労働政策の2つの方向性に
ついてみてきた。もちろんこれですべての労働政策を網羅するものではなく，
あくまで近年における新しい方向性の一端を紹介したに過ぎない。それらは，
閉塞した地方の雇用状況の中で，若者たちに経済的な上昇を可能にする「きっ
かけ」を与えようとするものであった。

　本節では，これらの政策の将来的な課題について考えていきたい。それを通
じて，地方の労働政策を成功に導くポイントをあげていく。

　まず，住民が主体となった「新しい自営業」の課題について考えていく。

　「新しい自営業」が広がるということについては，戦後の郊外化の中で生き
てきた人々にとっては，あまり現実的でないと思えるかもしれない。「大資本
のスーパーマーケットやショッピングモールができる」→「商店街が衰退す
る」というのは，日本中の多くの地方都市で起こったことであり，それは引き
返すことのできない時代の趨勢のようにみえるかもしれない。

　しかし，社会学の観点からみると，地域社会における商店街は，消費の場と

いうだけでなく，コミュニティ形成の場でもある。であるならば，地域コミュニティの衰退が叫ばれて久しい現在，そういった観点から，商店街の意義が見直されても不思議ではない。それは，スーパーマーケットやショッピングモールでは肩代わりすることの難しい機能でもある。

　事実，先に紹介した福知山市の新町商店街の近くに位置する広小路商店街にも，「まちのば」という，1階のコミュニティスペース，2階の「古本と珈琲モジカ」というカフェからなる複合施設があり，そこは，地域の人々が交流する場所となっている。

　「新しい自営業」の創出とコミュニティの再生は，現在，日本の各地で行われている取組みであるが（近年，「コミュニティカフェ」なるものを日本中の地方でみるようになった），それは，経済合理性だけで説明できるものではない。しかし，だからこそ，それを支援する政策の存立根拠になるものである。例えば，先にあげた「新たな商店街政策の在り方検討会　中間取りまとめ（案）」では，中小企業庁が近年，「地域商店街活性化法」をはじめとして，商店街のコミュニティの担い手としての機能を強める政策を展開していることが指摘されている（18頁）。

　それは，かつての商店街のような「賑わい」をもった日常のコミュニティとは異なるものかもしれない。その意味で，「昔に戻る」ことは難しいだろう。しかし，商店街が衰退したのには，他に魅力的な消費の場ができたというプル要因だけでなく，その担っていたコミュニティ機能のマイナス面（プライバシーの問題，保守的な価値観など）を人々が嫌ったというプッシュ要因もあった。そうした「古い公共」ではない「新しい公共」の魅力をいかに人々に示し，実感させることができるかが，新しい自営業が地方に根付いていくか否かを左右する，大きなポイントになるだろう。

［2］労働者の多様化に対応した職業訓練

　続いて「キャリアラダー」戦略に関しては，それが多様なライフスタイルに対応できているか否かが，その成否の鍵を握るだろう。かつての男性労働者中

心の社会における職業訓練とは異なる，様々な人々のニーズの応えるものでなくてはならない。

　フィッツジェラルドは，先に紹介した著書の中で，シングルマザーがキャリアアップのための教育を受けることがいかに困難であるかを指摘した上で，それを可能にするプログラムの一例を紹介している。

> 准看護師コースは有業の受講者を対象としているため，他のところにある准看護師コース──フルタイムの学生が1年間学ぶ──よりも期間は長い。ブレスリン・センターでは週に2日，4時から10時までの夜間と，隔週の土曜日と日曜日に，終日，クラスがある。これは，働く親にとってはきついスケジュールだが，伝統的な准看護師コースよりも金銭的には楽である。在学中も仕事を続けられるし，コース修了後には大幅な賃金アップが見込まれる。フィラデルフィア地区の公認看護助手は，組合のある病院の場合，時給10ドルから15ドルの間，組合のある有料老人ホームの場合，時給8ドルから10ドルの間で仕事を始める。それが准看護師になると，一気に17ドルから18ドルの間に跳ね上がる。（同上，54頁）

　このようなプログラムが今の日本にどの程度存在するだろうか。子どもを抱えていて育児の時間が必要で，生きていくために働かねばならず，かつキャリアアップするための教育も受けなくてはならない。そのようなシングルマザーの状況に対応できなければ，キャリアラダーの構築と教育政策の見直しも「絵に描いた餅」である。均質なライフスタイルの男性労働者を対象にした企業内訓練（OJT）から労働者の多様なライフスタイルを前提とした職業訓練への転換こそ，キャリアラダー戦略についての考察をする際の重要なポイントの1つである。

4 これから深めていくべきテーマ
外国人労働者の流入が及ぼす影響

　ここまで，地方の若者の労働の問題についてみてきたが，広い視野でみると，こうした近年の変化は，近代的な労働のあり方からポスト近代的な労働のあり方への変化ととらえることができる。それは，近代国民国家の役割の縮小とグ

ローバライゼーションの一層の進行，社会の流動性の高まりとライフスタイルや価値観の多様化，経済格差の広がりと貧困の増大といった一連の流れである。

　だからこそ，それに対応する政策に関しても，これまでの常識が通用しないところが多分にある。本章では，「新しい自営業」の創出と「キャリアラダー」の構築という，地方の若者たちに経済的に上昇する「チャンス」を与える新しい政策の方向性を紹介してきたが，それらも，トライアル・アンド・エラーを繰り返しながら手探りで進んでいるのが，現在の地方の労働政策の現状といえる。

　その意味で，これから深めていくべきテーマは無数にあるのだが，その中でも最後に触れておきたいのが，外国人労働者の問題である（第8章を参照）。本章では，国内の労働者を前提に議論を進めてきたが，人手不足の地方への外国人労働者の流入は，すでにはじまっている。

　外国人労働者の流入は，第3節でみた，「新しい公共」と多様な教育プログラムを，さらにチャレンジングなものにするだろう。多様性の高まった地域におけるコミュニティの形成はより困難なものになるだろうし，彼らに対する教育プログラムも，日本人に対するものと比べものにならないくらいの工夫が求められるであろうことは想像に難くない。

　しかし，「ピンチはチャンス」でもある。外国人労働者の流入は，地方が本当は変わっているのに変化していると思いたくない人にとって，変化に目を向けさせるきっかけになるだろうし，それによって政策の変化のスピードも早まるかもしれない。もちろん，外国人労働者の流入が地方の若者たちの態度を排外主義的な方向に向かわせる危険性はある。しかし，地方の労働政策を変化させる（いい意味での）「外圧」となる可能性もあるだろう。この点については，今後も注視していく必要がある。

手にとって読んでほしい5冊の本

新雅史，2012，『商店街はなぜ滅びるのか──社会・政治・経済史から探る再生の道』光文社。

　　商店街の誕生からその黄金期，衰退に至るまでを解き明かした本書は，現在の
　　課題に立ち向かうためには，その歴史を知ることが必要であることを示してい
　　る。

フィッツジェラルド，ジョアン／筒井美紀・阿部真大・居郷至伸訳，2008，『キャ
リアラダーとは何か——アメリカにおける地域と企業の戦略転換』勁草書房。

　　グローバル化への対応は，その「先進国」たるアメリカからヒントを得るとよ
　　い。政治的な主張も織り込まれた骨太の１冊。

石井まこと・宮本みち子・阿部誠編，2017，『地方に生きる若者たち』旬報社。

　　様々な専門分野の研究者が，インタビュー調査をふまえ，地方圏に暮らす若者
　　の課題と展望を浮かび上がらせる。多角的な視点の重要性に気づかされる１冊。

轡田竜蔵，2017，『地方暮らしの幸福と若者』勁草書房。

　　俗説のはびこる「若者論」に対し，堅実な質的，量的調査を駆使しつつ，現実
　　の若者の姿に迫ろうとする本書は，新たな「若者論」の古典である。

ロバート・ライシュ／雨宮寛・今井章子訳，2016，『最後の資本主義』東洋経済新
報社。

　　本書は，現在，資本主義のルールそのものが歪められていることを指摘し，そ
　　れを変革する必要性を訴える。政治と経済の関係を理解するのに適した１冊。

引用・参考文献

阿部真大，2018，「仕事と余暇から見る青森の若者たち」トランスローカリティ研究会
　『「青森20-30代住民意識調査」報告書』（公益財団法人マツダ財団寄付研究，〔2021年１
　月５日アクセス〕https://mzaidan.mazda.co.jp/publication/pdf/s9_2018_07.pdf），61-68
　頁。

新たな商店街政策の在り方検討会，2017，「新たな商店街政策の在り方検討会中間取りま
　とめ（案）」〔2021年１月５日アクセス〕https://www.chusho.meti.go.jp/koukai/kenkyu
　kai/arikatakentou/2017/170607haifu01.pdf

中小企業庁『2015年版中小企業白書』〔2021年１月５日アクセス〕https://www.chusho.
　meti.go.jp/pamflet/hakusyo/H27/PDF/h27_pdf_mokujityuu.html

『広報ふくちやま』2019年８月号。

厚生労働省ホームページ「正社員転換・待遇改善に向けた取組」〔2021年１月５日アクセ
　ス〕https://www.mhlw.go.jp/stf/seisakunitsuite/bunya/koyou_roudou/part_haken/
　index.html

厚生労働省職業安定局，2019，「参考資料（案）」〔2021年１月５日アクセス〕https://
　www.mhlw.go.jp/content/11601000/000467970.pdf

松永桂子，2018，「住み働き，新たな価値を生み出す地域とは？——地域産業，働き方

から考える」（総務省自治体戦略2040構想研究会，〔2021年 1 月 5 日アクセス〕http://www.soumu.go.jp/main_content/000532018.pdf）

内閣府，2011，『平成23年度年次経済財政報告』〔2021年 1 月 5 日アクセス〕https://www5.cao.go.jp/j-j/wp/wp-je11/11p00000.html

内閣官房まち・ひと・しごと創生本部事務局，2019，「第 1 期「まち・ひと・しごと創生総合戦略」の概要について」〔2021年 1 月 5 日アクセス〕https://www.kantei.go.jp/jp/singi/sousei/meeting/senryaku2nd_sakutei/h31-03-11-shiryou4.pdf

サッセン，サスキア／伊豫谷登士翁監訳，2008，『グローバル・シティ——ニューヨーク・ロンドン・東京から世界を読む』筑摩書房。

筒井美紀・阿部真大，2008，「文化は労働につれ，労働は文化につれ——ヤンキー文化とブルーカラー労働の相互関係を事例に」広田照幸編著『若者文化をどうみるか？——日本社会の具体的変動の中に若者文化を定位する』アドバンテージサーバー。

（阿部真大）

第 **13** 章

労働におけるジェンダー平等

すべての人が「活躍」できる社会へ

資料13‒1　企業と家庭のジェンダー構造

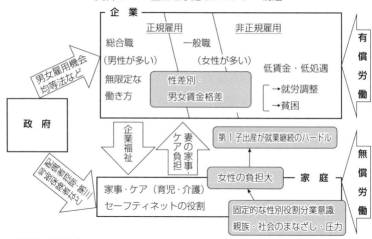

（出所）　筆者作成。

　「時間的・空間的に無限定に働く」正規雇用の総合職を「基準」とする社会から，様々な事情を抱える労働者を前提とし，「誰もが働きやすい社会」に変えてゆくには？

1 何が問題か
政治・経済分野で進まないジェンダー平等政策

1 日本のジェンダー平等の水準

　世界の男女格差は徐々に縮小しており，現在の進捗度であればジェンダー平等達成までに必要な期間は99.5年といわれている（World Economic Forum, 2019, p. 15）。

　ジェンダー平等に関する主な国際的な指標としては，以下の3つがある。

　1つ目は，国際開発計画（UNDP）が「人間開発報告書」の中であげている「ジェンダー開発指数（GDI）」で，日本は166カ国中51位（0.976）である（2018年）。これは，人間開発における男女格差を示すもので，男女別の人間開発指数（HDI）の比率で示される指標である。この指標のランキングは，HDIにおける男女平等からの絶対偏差に基づいており，男性優位の不平等も女性優位の不平等も同じ扱いでランキングに反映される。

　2つ目は，同報告書であげられている「ジェンダー不平等指数（GII）」で，日本は162カ国中23位（0.099）となっている（2018年）。これは，妊産婦死亡率，国家議員の女性比率，中等教育以上の教育を受けた人の比率（男女別）等の比率をもとに，国連の人間開発の達成が男女の不平等によってどの程度妨げられているかを示した指標である。ただし，日本の順位がそれほど低くはないこれら2つの指数には，国の開発の程度が含まれることを考慮する必要がある。

　そして3つ目は，前述の世界経済フォーラム（World Economic Forum）の「Global Gender Gap Report」であげられている「ジェンダー・ギャップ指数（GGI）」である。この指標は，男女の平等に関する経済，教育，政治，健康の各分野のデータをウエイトづけして総合値を算出し，分野ごとの総合値の単純平均を算出したものである。0が完全不平等，1が完全平等である。日本は，教育達成度（0.983, 91位）と健康と生存（0.979, 40位）は首位の国と大きな開きはなく，平等に近づいている（2019年）。一方で，経済への参加度および機

会（0.598，115位）と政治的エンパワメント（0.049，144位）は低調である。その結果，日本の順位は調査対象153カ国のうち121位と過去最低で，主要7カ国（G7）の中でも最低である。

　ここで日本のジェンダー平等の大きな妨げとなっている，経済への参加度および機会と政治的エンパワメントについてもう少しみておきたい。

　経済への参加度および機会（5項目）においては，国会議員・政府高官・管理職（0.174，131位）が全体の平均（0.356）の約半分で特に差が大きく，実際の女性比率も14.8％に止まっている。また，専門・技術職（0.680，110位）と所得格差（0.541，108位）も順位を押し下げている。

　政治的エンパワメント（3項目）においては，閣僚に占める女性比率（0.056，139位），議員に占める女性比率（0.112，135位），過去50年間の女性元首の就任年数（0.000，73位）のすべてが低い。

　これらの指標からわかるのは，日本の女性は国際的にみて，充実した保健医療や人間らしい生活水準を保持しながら男性とほぼ同等の教育を受けているものの，培われた高い能力を政治・経済分野で十分に発揮できていないということである。さらに，指導的地位における女性比率が低く，社会を動かす政治・経済の意思決定に女性が十分携わることができていない。この状況は，「社会政策」の観点からみれば，日本社会にとって大きな損失となっているといえよう。

２ 日本のジェンダー平等政策の変遷

　では，日本ではどのようにジェンダー平等政策を進めてきたのであろうか。

　日本の女性政策の展開を4段階に分けている山下（2002）の区分を用いてその変遷をみていこう。

　第1期「女性政策の黎明期」（1947〜75年）には，労働省婦人少年局（1947年設立）が推進母体となり，女性の地位向上のためのキャンペーンを行った。

　第2期「女性政策の草創期」（1975〜85年）には，国連の第1回世界女性会議（1975年）で各国が男女平等社会を築く上でのガイドラインとなる「世界行動

計画」等が採択され，1985年までに会議参加国に達成義務が課された。日本政府は，1975年に総理府に婦人問題企画推進本部を設置し，婦人問題企画推進会議の意見を受け，1977年に「国内行動計画」を，1981年に「婦人に関する施策の推進のための『国内行動計画』後半期重点目標」を策定した。

　第3期「女性政策の国際化期」（1985～99年）には，1985年に日本も国連女子差別撤廃条約を批准し，男女雇用機会均等法制定（1985年，以下「均等法」と記す），国籍法改正，家庭科教育の変革など，国内法・制度の男女平等の視点からの整備と国と自治体による行動計画の策定が進められた。行政組織は男女共同参画推進本部へ改組され，政令に基づく男女共同参画審議会が答申を出す形へと拡充されていった。

　均等法は，雇用において女性であることを理由とした差別的な取扱いを禁じる初の包括的な法律であったが，非常に緩い規制に止まった（第2節参照）。

　また，この時期には，多くの女性が働くようになる中で，1989年の「1.57ショック*」により少子化が社会問題として顕在化する。エンゼルプラン等の少子化対策とともに，育児休業法制定（1991年）により男女を問わず全ての労働者（日々雇用者および期間を定めて雇用されている労働者は除く）を対策とした育児休業が公的に保障されるようになり，育児・介護休業法制定（1995年）によって男女を問わず「仕事と家庭の両立」を支援する法制度となった。同法はその後5回の改正を経て，対象者や期間の拡大，防止措置や配慮義務の拡充が図られている。

　＊　合計特殊出生率（1人の女性が一生涯に産む子どもの数）が2.0を下回ると人
　　　口が自然減となる。1975年に2.0を切り緩やかに減少していたが，1989年に合計
　　　特殊出生率が1.57となり，「ひのえうま」という特殊要因により過去最低であっ
　　　た1966年の合計特殊出生率1.58を下回ったことが判明したときの衝撃を指す。

　第4期「女性政策の転換期：男女共同参画社会形成への女性政策の転換」（1999年～現在）には，1999年に男女共同参画社会基本法が制定され，女子差別撤廃条約批准から14年を経てようやく同条約の要請する包括的なジェンダー平等の実現に向けた基本法ができあがった。国の男女共同参画基本計画に基づき

都道府県の男女参画基本計画（市町村の計画策定は努力義務）が策定され，具体的な取組みが行われる。そこでは，実質的な「機会の平等」を目標にポジティブ・アクション*が奨励されている。

> ＊　社会的・構造的な差別によって不利益を被っている者に対して，一定の範囲で特別の機会を提供するなど，実質的な機会均等を実現することを目的として講じる暫定的な措置のことを指す。

2001年に制定された DV 防止法では配偶者からの暴力が禁止され，人権侵害に対する取組みも前進した。また，2007年の均等法改正では，間接差別の禁止*，出産・育児などによる不利益取扱の禁止や，女性だけでなく男性に対する差別，セクシャルハラスメントの禁止等が盛り込まれ，2014年の同法の改正では，総合職の採用時に限らず，すべての労働者の募集・採用・昇進・職種の変更等へ間接差別の範囲が拡大適用された。さらに2018年に制定された一連の働き方改革関連法では，正規・非正規の雇用労働者間の不合理な待遇差が禁止された。

> ＊　性別以外の事由を要件とする措置であって，他の性の構成員と比較して，一方の性の構成員に相当程度の不利益を与えるものとして省令で定められている措置を合理的な理由なく講じることを指す。

均等法が制定された1985年以降，労働分野の「女性政策」が次第に拡充されていき，その対象が男性にも拡大された。そしてそれはすべての人が仕事も，子育ても，介護も，地域社会活動もできる生き方・働き方を目指す「総合政策」へと変化してきている。しかし，日本の実際の労働現場では様々な格差や差別が強固に残存し，多様な選択肢から不利益なく自由に選べる「誰もが働きやすい社会」となっていないのが現状である。その根底には，女性労働の問題がある。第２節では，その現状と課題について具体的に考えていこう。

2 こう考えればいい
ジェンダー平等がなぜ進まないか

1 女性の働き方はどう変わったか

　女性の労働力人口比率（15〜64歳）は，専業主婦化が進んだ高度経済成長期に減少したものの，1975年の49.7％を底としてそれ以降は一貫して増加傾向にある（総務省統計局「労働力調査」各年版）。2019年には72.6％（男性は86.4％）まで上昇し，統計上では多くの女性が働くようになった（**資料13-2**）。しかし，ジェンダー平等が遅々として進まないのはなぜだろうか。そこにはいくつかの構造的問題が横たわっている。1つ目は働き方の問題である。

　①正社員の働き方：男女雇用機会均等法とコース別人事管理制度

　1985年に制定された均等法では，定年・解雇の女性差別は禁止されたが，教育訓練・福利厚生は一部禁止，募集・採用・配置・昇進は努力義務に止まり，降格・職種の変更・雇用形態の変更・退職勧奨・労働契約の更新，間接差別については規定がなかった。そのため，「一般職やパートは女性のみ」という募集方法は均等法違反とはならず，コース別雇用管理制度や，非正規労働者との格差が維持されていくこととなる。

　コース別雇用管理制度とは，均等法制定前後から大企業を中心に導入された正社員の雇用管理制度で，典型的なものは，職務と転勤の有無で区分し，賃金・処遇の異なる複線型の人事制度である。いわゆる「総合職」は，基幹的な業務に従事し，転居を伴う転勤があり，原則昇進に上限はなく，賃金は相対的に高い。一方，いわゆる「一般職」は，定型的・補助的業務に従事し，転勤がないか転居を伴わないが，昇進は一定の地位までしか見込めず，賃金水準も低い。

　均等法と同制度により女性が総合職として「男性並みに」働く道が開かれたが，総合職の採用者・在職者に占める女性比率は低く，事実上「男性は総合職，女性は一般職」といった男女別雇用管理制度として維持されることになった。この実態は現在でも続いており，厚生労働省の「平成26年度コース別雇用管理

193

資料13-2　男女の労働力人口比率（15〜64歳）と正規・非正規労働者数の推移

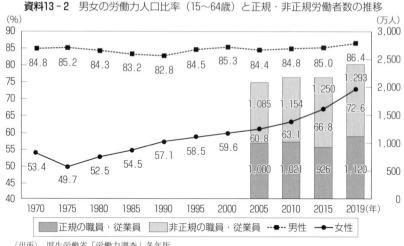

（出所）　厚生労働省「労働力調査」各年版。

制度の実施・指導状況」において，総合職採用者に占める女性割合は22.2％，一般職採用者に占める女性割合は82.1％となっている。また，総合職新規採用者の10年後の離職者割合は女性58.6％（男性37.1％）となっており，総合職として一企業で働き続けるという女性のキャリア・パスはそれほど多くない。したがって，内部昇進が一般的な日本企業では管理職候補となる女性が少なく，それが女性の管理職比率が低い大きな要因となっている。

　②非正社員の働き方：雇用形態と税・社会保障制度

　他方，日本特有の非正規雇用（第5章参照）の構造的な問題も女性政策に大きな影響を与えている。総務省統計局「労働力調査」（2019年）によれば，女性雇用者（15〜64歳）に占める非正規雇用者比率は53.5％（1293万人）で，過半数を占める。そのうち61.3％（792万人）がパートタイム労働者である。

　第2次世界大戦後，産業構造が変化し，産業の中心は農業等の第1次産業から製造業やサービス業等の第2・3次産業へ移行する。それに伴い，第1次産業で主に家族従業者として働く女性は減少し（国勢調査によれば，第1次産業に従事する女性は，1950年の856万人から1975年の360万人に減少した），男性労働者が家族を養える賃金を得られるようになる高度経済成長期に既婚女性の専業主

資料13-3　主な世帯構成と総世帯数に占める割合

	1位	2位	3位		9位
1974年	4人世帯・有業者数1人	3人世帯・有業者数1人	有業の1人世帯		
	14.56%	10.95%	9.42%		
	1位	**2位**	**3位**		
1988年	有業の1人世帯	4人世帯・有業者数1人	2人世帯・有業者数1人		
	15.78%	9.67%	9.00%		
	1位	**2位**	**3位**	…	**9位**
2017年	無業の1人世帯	有業の1人世帯	2人世帯・有業者数0人		4人世帯・有業者数1人
	16.95%	15.65%	13.67%		4.60%

（出所）　総務省（旧総理府）「国勢調査」および「家計調査」。

婦化が進んだ。その一方で，家電製品が一般家庭に普及し家事時間が短縮され，家事・育児と並行して（短時間）働きたい既婚女性と，低賃金でフレキシブルに活用できる労働者を求める企業のニーズが合致し，いわゆる「主婦パート」という働き方が出現した。

　それが定着するのを促進したのは，雇用者の配偶者に対する新たな税・社会保障制度であった。1981年に導入された所得税の配偶者控除制度では，雇用者で，配偶者の年収が103万円（基礎控除＋給与所得控除）を超えなければ一定額が控除されるようになった。くわえて，1985年の年金制度改革により，年金保険制度に「第3号被保険者」が設定された。第3号被保険者は，雇用者で厚生年金や共済年金に加入している第2号被保険者の被扶養配偶者で，年収130万円未満であることを条件に，保険料を負担せず国民年金の第1号被保険者と同じ基礎年金を受給できる（第3号被保険者認定期間のみ）。健康保険の被扶養者の条件も同様である。その結果，第2号被保険者の配偶者である主に女性が就労調整を行うようになった。経済的に自立するには十分とはいえない年収103万円と130万円という壁が，既婚女性労働者を家事・育児を担いながら，就労調整して家計補助で働くという行動に誘導し，労働市場を歪めている側面がある。

　なお，夫が１人で働いて収入を得て，妻は専業主婦，子どもは２人の４人世帯という「標準世帯」が，家計の税や社会保障の給付・負担などを計算する上でのモデルケースとして扱われてきた。現在この標準世帯は５％に満たないにもかかわらず，その扱いに変化がないことは問題である（**資料13－3**）。

　また，非正規労働者は，女性の主婦パートが大きなウエイトを占めているとはいえ，３人に１人は「家計の主な稼ぎ手」として働いている（ここには，ひとり親世帯や単身世帯などが含まれる）。そのため，非正規労働者全体が「家計補助的に働いている者」という前提のもと低賃金・低処遇に抑えられることで，「家族というセーフティネット」のない彼／彼女らは特に貧困に陥りやすい。

［2］仕事と家事・育児の両立の難しさ

　もう１つの構造的問題は，仕事と家事・育児の両立の難しさである。第１節でみたように，女性労働者の労働環境を改善することを目的として，均等法，育児・介護休業法，男女共同参画社会基本法等の整備・拡充が行われてきた。また，育児休業期間中の公的所得保障や保育所の充実，幼児教育・保育の無償化，子育て支援企業や女性活躍企業の認定など，働きながら生み育てるための政策も進められている。くわえて，企業の中には法定基準を上回る育児休業制度や，勤務時間の繰り上げ・繰り下げ，残業の免除，短時間勤務等の育児支援策を打ち出し，優秀な女性の採用・就業継続を目指す企業もある。

　それによって個々人の働き方はどう変わったのだろうか。

　女性の労働力率を年齢階級別に見ると，20歳代後半から30歳代半ばまでM字カーブを描く。これは，出産・育児を機に働くことをやめ非労働力化し，子育てが一段落すると多くの場合は非正規労働者として再び働き出すためである。多くの先進国では，労働力率が下がらない台形型等に移行しているが，日本は改善してきているものの未だM字型を脱却できていない。

　社会保障・人口問題研究所「第15回出生動向調査（夫婦調査）」によれば，結婚時に退職する女性は，1985～89年には39.7％であったが，2010～14年には19.0％まで減少し，いわゆる「寿退社」は減っている（**資料13－4**）。また，

資料13-4　結婚・出産前後の妻の就業継続率

(単位：%)

結婚年／子の出生年	結婚前後	第1子出生前後	第1子妊娠前の従業上の地位			第2子出生前後	第3子出生前後
			正規の職員	パート・派遣	自営業主・家族従業者・内職		
1985〜89	60.3	39.2(9.2)	40.7(13.0)	23.7(2.2)	72.7(3.0)	…	…
1990〜94	62.3	39.3(13.0)	44.5(19.9)	18.2(0.5)	81.7(4.3)	81.9(16.3)	84.3(17.6)
1995〜99	65.1	38.1(17.6)	45.5(27.8)	15.2(0.8)	79.2(—)	76.8(28.8)	78.1(19.1)
2000〜04	71.8	40.5(22.6)	52.4(37.5)	18.1(2.2)	71.4(2.5)	79.2(33.5)	77.0(27.6)
2005〜09	71.8	40.4(27.1)	56.5(46.3)	17.8(4.7)	71.1(2.2)	76.3(43.2)	81.0(30.7)
2010〜14	81.0	53.1(39.2)	69.1(59.0)	25.2(10.6)	73.9(8.7)	78.1(51.1)	79.2(44.6)

(注)　1：就業継続率は，結婚前・妊娠時に就業していた妻に占める結婚後・出産後に就業を継続していた妻の割合。
　　　2：括弧内は育児休業制度を利用して就業を継続した割合。
(出所)　社会保障・人口問題研究所「第15回出生動向調査（夫婦調査）」。

　第1子出産前後の就業継続率（育児休業制度を利用して就業継続した割合）は，1985〜89年には39.2％（9.2％）であったが，2010〜14年には53.1％（39.2％）まで増加した。とはいえ，第2・3子出産前後に退職するのは約2割であることと比較すれば，現在は「第1子出産」が就業継続のハードルとなっていることがわかる。なお，2019年度の育児休業取得率は女性で83.0％となっているが，男性は7.48％に止まっている（厚生労働省「雇用均等基本調査」）。また，雇用形態間で就業継続率に大きな差がある。2010〜14年の第1子出産前後の就業継続率は，正社員で69.1％（59.0％），パート・派遣で25.2％（10.6％）となっている。継続就業意欲に差があるという理由もあるが，他の調査の結果と組み合わせて考えれば，制度はあっても就業継続が難しく，育児休業が取りにくいという現状がある。そのため，育児休業給付金の受給者の大半は女性正社員である。他方，間接雇用である派遣労働者は，産前・産後休業・育児休業を取得できたとしても，そこからの復帰のハードルはさらに高く，同じ職場に戻れるケースは稀で，仕事と育児の両立がしやすい残業のない短時間勤務の仕事は実際には少ない。

　このように，非正規労働者は，制度の恩恵を受けたり，制度に守られるケースは少なく，制度が利用したい人全体には届いていないというのが現状である。

3 ここがポイント
ジェンダー平等を進めるために必要なこと

［1］公平な制度づくり

　ポイントとなるのは，公平な制度づくりである。日本の税や社会保障は，世帯単位が基本であり，企業福祉ともセットとなり，企業に勤める雇用者の「標準世帯」（第2節参照）に優しい制度設計となっている。伊田（1998）が主張するように，家族単位のしくみからシングル（個人）単位のしくみに転換することで，単身者，自営業者，非正規労働者，そして，ともに扶養の所得制限以上働く夫婦など様々な人々に中立的な制度となり，ひいてはジェンダー平等へとつながる。これまで企業に頼ってきた福祉のあり方も改める時期にきている。

　また，ジェンダー平等政策を考える際には，複数の困難を抱える人々が暮らしやすく働きやすい社会をつくること，つまり，最も弱い人をベースに考えることも重要である。例えば，家族に頼れないシングルマザーや中高齢の単身女性が，労働と福祉・社会保障を用いて普通に生活できる水準である。

［2］意識を変える

　もう一つは，意識を変えることである。制度・政策の整備・拡充により，男女ともに様々な働き方・生き方の道が開かれた。しかし実際には，少数派の選択をすれば風当たりの強い険しい道を歩むことになり，多くの人は「制約された選択肢」の中から選択している。

　近代資本主義社会は，「男性が有償労働の生産（市場）労働を担い，女性が無償労働の再生産（家事）労働を担う」という，性別役割分業をそのしくみに組み込んできた。男女のライフスタイルは多様化したにもかかわらず，意識変化のスピードは遅い。働く女性が増加し，「男性は仕事，女性は仕事と家庭」という新性別役割分業のもと家事・育児・介護の役割は依然として女性に偏っている。

　内閣府「2019年度男女共同参画社会に関する世論調査」によれば，「夫は外で働き，妻は家庭を守るべきである」という考え方について59.8％が反対（反対もしくはどちらかといえば反対）と答えており，増加傾向にある。

　しかし，総務省「平成28年社会生活基本調査（生活時間に関する結果）」によれば，6歳未満の子どもをもつ夫・妻の家事関連時間（週全体，夫婦と子どもの世帯）は妻が7時間34分，夫が1時間23分と大きな開きがある。そして深刻なことに，妻が働いていても働いていなくても夫の家事関連時間は大きく変わらない。ひとり親の場合は，それがすべて1人の肩にのしかかる。働く女性は無意識のうちにも責任感や社会通念に縛られ，仕事に家事にがんばりすぎて燃え尽き仕事を辞めたり，諦め自発的に別のキャリア・パスを選択したりする。

　男性の働き方改革（長時間労働対策，育児休業取得率アップ）をさらに進め当事者の意識を変えるとともに，企業文化，親族や社会のまなざしを変化させ，個々人もしくは各世帯の選択が尊重され受け入れられる社会を目指すことが望ましい。また，「近代家族」で女性が家において無償で担うものとされてきた，家事・育児・介護の社会化や外部化が進むことでタブー意識が薄れ，各々がニーズに応じて選択し，心理的・肉体的な重圧を緩和することができるであろう。現在の課題の根底にある「固定的な性別役割分業意識」からの解放は，多様性を認め，生きやすさ・働きやすさにつながる。

4　これから深めていくべきテーマ
誰もが「活躍」する社会を築くために

　これから深めていくべきテーマの1つは，「同一価値労働同一賃金」に向けた実践である。働き方改革の1つである「同一労働同一賃金」が2020年4月から適用された。これは，同一企業内における正規雇用労働者と非正規雇用労働者の間の不合理な待遇差の解消を目指す取組みであるが，依然として「時間的・空間的に無限定に働く」正社員を基準としているなど課題は多い。また，多様化する正社員区分間の格差については対象外である。

　なお，職業間・職務間の格差は，日本だけでなくジェンダー平等が進む国でも問題とされている。日本の職業別の賃金格差は，「雇用者の性別構成に大きく依存し，欧米の典型的な職業間の賃金差にくらべ，女性割合の大きい職[*]の平均賃金は大きく下がり，女性割合の小さい職業の平均賃金は大きく上がる傾向がある」（山口，2016，32頁）。次の段階として，日本も1967年に批准しているILO の第100号条約を履行するよう，広く職務分析・職務評価を行い，職務基準のもと，同一の価値と認められる職務には同一の賃金を支払うという「同一価値労働同一賃金」を目指すことが肝要である。

　＊　保育士・看護師等ヒューマン・サービス専門職（教育・養育，医療・健康・看
　　護，社会福祉の専門職）でかつ最も地位の高い職（医師・歯科医師，大学教授）
　　を除くタイプの専門職と事務職。

　もう１つは政治分野でのジェンダー平等を促進することである。GGI（第1節参照）で11年連続１位を維持しているアイスランドも，かつては性別役割分業意識，男女格差の大きい国であった。1975年頃，９割の女性が一丸となり，ストライキという手段で平等な賃金や男性の家事参加を人権問題として訴えたことが転機となり，政界への女性の進出，ジェンダー平等を目指す法・政策の整備が進んできた。日本も，立ち遅れている政治分野のジェンダー平等を進めることで，労働分野のジェンダー平等を加速させることができるのではないだろうか。指導的地位における女性比率を高め，発言の場を増やしていくとともに，弱く不安定な立場で声をあげられない多くの女性労働者の声を拾い集め，ジェンダー平等政策に反映させるという両輪で考えてゆくことがまずは必要であろう。

手にとって読んでほしい５冊の本

岩田正美・大沢真知子編著／日本女子大学現代女性キャリア研究所編，2015，『なぜ女性は仕事を辞めるのか——5155人の軌跡から読み解く』青弓社。
　　　結婚・子育て世代の高学歴女性（短大・高専以上）のキャリア形成や就業意識
　　　等について分析されている。
大槻奈巳，2015，『職務格差——女性の活躍推進を阻む要因はなにか』勁草書房。

職場や仕事に焦点を当て，労働過程におけるジェンダー化された関係性の形成・維持について検証している。

中野円佳，2019，『なぜ共働きも専業もしんどいのか──主婦がいないと回らない構造』PHP 新書。

日本的雇用システムを支える専業主婦前提社会の構造的問題を，ジャーナリストの視点から検討している。

日本弁護士連合会第58回人権擁護大会シンポジウム第1分科会実行委員会編著，2017，『女性と労働──貧困を克服し男女ともに人間らしく豊かに生活するために』旬報社。

労働現場で女性差別はなぜなくならないのか。実態から男女ともに必要な意識改革，制度改革を弁護士等が提言している。

坂東眞理子，2009，『日本の女性政策──男女共同参画社会と少子化対策のゆくえ』ミネルヴァ書房。

戦後日本の女性政策の変遷をたどり，国際比較をとおして日本の特徴を明らかにしている。

引用・参考文献

伊田広行，1998，『シングル単位の社会論──ジェンダー・フリーな社会へ』世界思想社。

鬼丸朋子，2019，「男女平等」石畑良太郎・牧野富夫・伍賀一道編著『よくわかる社会政策──雇用と社会保障［第3版］』ミネルヴァ書房，168-191頁。

山口一男，2016，「男女の職業分離の要因と結果──女性活躍推進の今一つの大きな障害について」RIETI Discussion Paper Series 16-J-001.

山下泰子，2002，「女性政策をめぐる動き──国連・国・自治体」大沢真理編『［改訂版］21世紀の女性政策と男女共同参画社会基本法』ぎょうせい，27-61頁。

World Economic Forum, 2019, Global Gender Gap Report 2020 http://www3.weforum.org/docs/WEF_GGGR_2020.pdf

（水野有香）

第 14 章

若者の生きづらさと「ひきこもり」

社会的包摂への道筋とは

グラフィック・イントロダクション

資料14-1　若者政策をめぐるビジョン

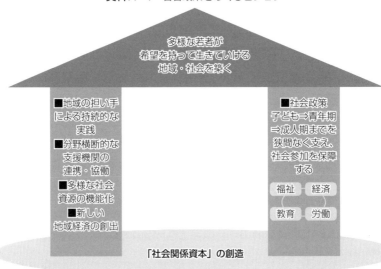

多様な若者が
希望を持って生きていける
地域・社会を築く

■地域の担い手
による持続的な
実践
■分野横断的な
支援機関の
連携・協働
■多様な社会
資源の機能化
■新しい
地域経済の創出

■社会政策
子ども⇒青年期
⇒成人期までを
狭間なく支え、
社会参加を保障
する

福祉　経済

教育　労働

「社会関係資本」の創造

（出所）　筆者作成。

　「自分たちが社会をつくる当事者」という自覚を育み，信頼に基づく「社会
関係資本」を創造するためには，「若者の希望を育てることは，国や地域の持
続可能性に関わるテーマだ」という共通認識を形成する必要がある。

1 何が問題か
若者の生きづらさと社会的背景

⬜1 「私」と「社会」の相関性

　一般社団法人キャリアブリッジは大阪府豊中市を拠点に，生活困窮者自立支援，若者の自立・就職支援等の事業を通じて，「持続可能な人・地域・社会」を実現するための取組みを行っている。

　キャリアブリッジは現在，組織のビジョンや行動指針等の策定・共有に取り組んでいる途上だが，代表理事を務める著者自身が個人そして組織として変化を経験するプロセスの中で，自覚し内省したテーマがある。それは「若者が生きづらい社会を生成する一部としての〈私自身〉の存在」についてである。

　一人一人がミクロレベルで体現する他者との関係性は，現行の文化や環境・規範意識等に大きく影響を受けているのと同時に，社会構造そのものを再構築する力をもっている。「私自身が社会を生成する当事者なのだ」と自覚できるようになることは，「私にも社会を変える力がある」という希望へとつながるのではないだろうか。様々な社会課題に対峙するとき，政策のあり方を問うと同時に，自分自身を内省する視点がキーポイントになると考えている。

⬜2 若者をとりまく「生きづらさ」の背景

　各事業・相談窓口を通して，キャリアブリッジは2012～2018年度の間に実人数でおよそ3000人の方々と関わってきた。すべての人に個別多様な背景があり，ステレオタイプ化できないことは前提とした上で，若者をとりまく社会的背景を実際の事例をもとに検証してみたい。

　①ある若者の体験

　Ａさんと出会ったのは彼が30代半ばの頃。ひきこもり支援団体の居場所利用を経て，キャリアブリッジが運営する地域若者サポートステーション（第2節参照）に来所された。中学時代いじめに遭っていたＡさんは，地元を離れたい

と市外の進学校に入学して間もなく，「燃え尽きてしまった」。そこから15年に及ぶひきこもりを経験する。幸い家族は彼の状態を理解しようと努力してくれたが，彼自身は強い自責の念に苛まれ，「外に出られない言い訳を探すことで，かろうじて自分の存在を保つしかなかった」。

　長い歳月を経て，母親がつながっていた地域の相談機関の担当者との出会いをきっかけに，外に出始めたＡさん。数年かかったが「この人のことを信じてやってみよう」という思いが自らを動かした。そこから前述の居場所につながる。初めてボランティアに参加するため履歴書を書いたときは，空白期間を目の当たりにして「自分のこれまでが無意味だったと突きつけられたような気がして，吐き気がするくらい苦しかった」。それでもまずは定期的に外出することが大事だと考え，地域若者サポートステーションのプログラムに通いながら，就労トレーニングだけでなく他者との関係構築にも取り組む。自分と同じように，ひきこもりや深い悩みを経験した人たちと出会い，価値観が変わったような気がした。少しずつ「自分なんかいなくてもいい」という自己否定感が薄らいでいった。

　その後，職場体験実習に複数回チャレンジし，実習先の地元企業に採用が決まった。仕事は大変なことも多いが，同僚の人たちと相談し助け合いながら働ける職場だ。アルバイトから正社員登用を経て現在勤続７年を迎える。

　②若者が直面する様々な困難

　1）子ども時代に始まる生きづらさ

　Ａさんの体験は一例に過ぎないが，本人もしくは保護者が語る成育歴やエピソードによれば，小学校高学年から中学校までの間に学校不適応に至る何らかのつまずき体験をもつ若者は多い。価値観の多様化が進み，定石となるモデルが消失する反面，大人からの学力競争のプレッシャーや友人同士の同調圧力はますます強まっている。1990年代より前には存在しなかったインターネット・SNS などの影響もあり，思春期に入ると人間関係は複雑化し，他者からの評価に常にさらされる。さらに「相対的貧困」状態の中で暮らす子どもや，厳しい家庭環境の中で安心して過ごせる場所をもたない子どもも決して少数ではな

い。このような状況の中で10代を迎える子どもたちにとって，自己肯定感や他者への信頼の育みが困難になっていることは想像に難くないだろう。

2) 不安定な「学校から社会への移行」

中学卒業後の子どもたちを待ち受けるのが「高校卒業」という次のハードルだ。高校入学自体が目的化してしまい燃え尽きる，さらに複雑化する人間関係に適応できず孤独に陥ってしまう，経済的困窮や不安定な家庭環境が背景にあり，家計やメンタルの問題などから通学がかなわなくなるなど，不登校・中退に至る多様なケースがみられる。

加えて中学校までは市町村の教育委員会が生徒たちの動向を把握できるが，中卒後に高校不登校や中退等の状況に陥ってしまうと，この世代の若者たちの動向把握が困難になるという構造的問題が存在する。

3) 成人期以降の「社会的孤立」リスク

高校中退や不適応に至る様々な問題を背景にもったまま成人期を迎えた若者の多くが，ひきこもりや長期無業・不安定就労などのリスクと隣り合わせの状態で生活している。誰にも相談できないまま問題が長期化・悪化し，ひいては貧困や社会的孤立という深刻な状況に進行する可能性も大きくなる。

一方で，就労できれば問題がなくなるわけではない。職場の人間関係トラブル，過重労働，過酷な社内競争などにより，自己効力感の喪失や他者への不信，心身状態の悪化など，新たな傷つきを生じさせる労働環境の問題がもう一つの大きな軸として存在する。私たちの相談現場においても「前職での経験が辛すぎて，次の一歩を踏み出すことができない」と語る若者が非常に多い。

2 こう考えればいい
「若者問題」の現状と政策

[1] 本質的な課題解決を実現するために

①政策のはざまから抜け落ちる若者たち

不安定化する若年雇用，高止まりを続ける若年無業者問題等を背景に，若年

層を対象とした支援政策は，2000年代に入り本格化する。2003年「若者自立・挑戦プラン」策定，2016年「青少年の雇用の促進等に関する法律（若者雇用促進法）」施行など，様々な労働政策が展開されてきた。

　キャリアブリッジも受託している厚生労働省の「地域若者サポートステーション（以下，サポステ）」事業は，若年無業者の雇用対策として2006年に開始された。「就職支援相談窓口」の看板を掲げているものの，実際にサポステに相談に訪れる若者たちは，不登校・ひきこもり経験，メンタル，障害境界領域等の複合的な課題がある方も多い。「典型的な雇用ルートに乗れないだけでなく，就労そのものが困難な若者に対して支援サービスが捕捉している率は低く，無業者のニーズに応えるには多くの課題がある」という状況について，現場でも日々強く実感しているところである（宮本，2017，72頁）。

　一方で，2015年施行の「生活困窮者自立支援法」に基づく生活困窮者自立支援事業が，年齢を問わず雇用対策から抜け落ちる対象者を捕捉するケースも増加していると考えられる。例えばひきこもり支援に関して，厚生労働省は生活困窮者自立支援制度とひきこもり地域支援センター等との連携を推進しており，このように社会課題に対して抜け漏れなく対象者をカバーできるよう政策の整備が進められ，効果を上げてきた側面も大きいだろう。しかしなお現実には，政策から抜け落ち，サービスが届かない対象者が存在する。

　②地域間格差と「見えざる存在」

　若者問題の社会的認知が広がったきっかけともいえるのが，「ひきこもり」問題の顕在化である。内閣府「生活状況に関する調査」（2018年度）において，40歳以上64歳以下の広義のひきこもり状態にある者が推計61万3000人に上り，15〜39歳の推計54万1000人を上回るという状況が示された。支援現場からは「遅きに失する」という声が多くあがったが，それでも調査結果が示されたことには意味がある。若者問題を放置すればどうなるか。問題は先送りされ，そのまま「中高年問題」へとスライドするだけ，というあまりにも当然の現実が可視化された。この現実は「予測できたのになぜ解決しなかったのか」という問いを突きつける。本当に実効力のある社会政策を導き出すために，私たちに

資料14－2　生きづらさを抱える人々の概念図

（出所）　筆者作成。

　できることは何なのだろうか。

　若者政策を通して２つの問題を考えてみたい。１点目は「地域間格差」の問題である。キャリアブリッジの拠点でもある豊中市は，多様化・複合化する若者問題に対応するため分野横断的体制を行政主導で整備し，民間組織を含めた多機関連携の取組みを先進的に実践している自治体だ。このように積極的に施策を展開する自治体がある一方で，予算や担い手不足など様々な事情で施策展開が難しい自治体もあり，住んでいる地域によって住民が受けられるサービスに明らかな格差が生じている。政策実行の過程を丸ごと地方行政に委ねれば，課題解決力をもつ地方とそうでない地方の格差は拡大し，ひいては暮らす地域によって若者たちの中に新たな格差が生じるという悪循環が予測される。この予測に対して国の政策がどうレバレッジを効かせていくか。その方向性いかんによっては，地方の持続可能性は明暗を分けるかもしれない。

　２点目はいまだ「見えざる存在」の問題である。サポステ事業を例に取ると，支援対象者は「15歳から39歳で，仕事に就いておらず，家事も通学もしていない者（若年無業者等）」であり，「就職等に向けた取組みへの意欲が認められる者及びその家族」とされていた（ただし，2020年度より「40歳から49歳で，仕事に就いておらず，家事も通学もしていない者（40歳代無業者）」が支援対象者に追加された）。しかしサポステ事業を担う現場が強く訴えてきた課題の１つが，前項の「就労そのものが困難な若者」の存在である。この「就労が困難な若者」の中に「ひきこもりの若者」が相当数含まれるという実態がある。そしてさら

に「ひきこもりの若者」という定義にすら該当せず，「見えざる存在」とされてきたのが，40歳以上の「中高年ひきこもり」の人たちということになる。

上述の内閣府調査によれば，40歳以上64歳以下のひきこもりの人数が39歳以下の人数を上回る。また成人への移行期（高校生年代等）において社会的孤立リスクを抱える若者たちの存在もある（**資料14-2**）。これまでの「若者政策」に抜け穴があった現実を真摯に省察し，世代・分野横断的な政策を展開することが今後一層重要になるだろう。そして若者問題に限らず，「見えざる存在」を含めた当事者の声を聴き，現場に学び，社会のあり方を問い続ける姿勢が，支援従事者・政策関係者のいずれにとっても重要ではないだろうか。

2 社会的孤立を生まないための視点

①「社会関係資本」と「多様性」

著者自身は就労支援を中心に若者と関わってきた経歴が長いので，若者たちが仕事を通して自己肯定感や自己効力感を回復し，他者との信頼関係を紡ぎながら，成長し変化する姿に数多く出会ってきた。これらの経験を通じて，働くことが人の可能性を拓く重要な機会になり得るという見解をもっている。

しかし一方で，就労困難な若者やひきこもり支援において，雇用対策の側面だけを強調することには異論がある。「就職」という形式的な結果だけを求めれば本質的な課題を見逃してしまうリスクがあるからだ。ひきこもり問題を中高年世代にスライドさせてしまった一因は，このあたりにある可能性も高い。

第1節で述べたように，「就労すること」自体は若者の生きづらさや孤立の本質的な解決策にはならない。キャリアブリッジが就労支援の過程においても重要視しているポイントの1つは，「働く経験が信頼関係を育む機会につながり，働く場（企業など）がそのための環境を備えているか」という点である。個人・地域の両側面において，就労を通して，信頼に基づく社会関係資本（ソーシャル・キャピタル＊）を創造することこそが，公的事業として就労支援を行う本質的な意義ではないだろうか。

＊　社会関係資本：アメリカの政治学者ロバート・パットナムの著書を通じて広く

知られるようになった概念である。宇野重規は，「人々が集団を組織し，共通利益を実現することが可能になり，社会全体が効率的に運営されるためには，そのための信頼や規範，ネットワークが欠かせません。このような意味での『社会関係資本』があればあるほど，人はそれを前提に，自分の判断をすることもできるのです」と説明している（井手他，2017，147頁）。

　もう１つの視点は，地域・社会に多様な社会資源が存在することである。例えば若者が気軽に集まることのできる居場所，何歳になっても学べる生涯学習，ボランティアの機会などが考えられる。その選択肢の多様性こそが，地域や社会の豊かさ・包容力の大きさをあらわす指標ではないかと思う。

　このような「社会関係資本」と「多様性」の視点が社会政策に反映され，実践の過程で実効性が担保されるしくみが重要だと考えている。

　②「未来の若者」を育てる

　「かつての若者」である中高年のひきこもり支援に目を向ける必要性と同時に，「未来の若者」となる子ども・青少年の存在も重要である。第１節で触れたように，「生きづらさ」はすでに子ども時代から始まっている。今後，社会構造の変容はさらに加速し，日本は「世界最先端の」超少子高齢化・人口減少社会に向かう。さらに第４次産業革命といわれる技術革新が進む中，産業構造・就業構造も大きな変化に直面せざるを得ないだろう。

　このような背景のもと，簡易労働のみならず「ミドルスキル職」といわれる中間的な職業階層が減少する中で，学校から社会への移行が（格差拡大を伴いつつ）さらに困難になる状況が予測される。

　ここでキーポイントとなるのが，次節で触れる「地域経済」のビジョンであり，時代の変化に即した「教育と雇用の接続点」を機能化させるしくみではないだろうか。現在ほとんどの公立中学校で職場体験が実践されているが，高校進学率が98％を超える中（2017年度「学校基本調査」），進路選択支援の重点を高校生世代に置き，職場体験活動を単位として認可するなどの施策拡充を促進してはどうだろう。

　またこれらの取組みは，学校と地域密着型で活動する民間組織が協働するこ

とに意味がある。実際にキャリアブリッジが2012年から取り組んできた定時制
高校との連携事業では様々な効果がみえてきた。学校内で運営する居場所事業
では，生徒たちと関係性を築きながら生活困窮などのリスクを把握し，ソー
シャルワークを通じて不登校・中退の予防に取り組んでいる。また職業適性検
査や職場体験実習によって，卒業後の安定的な就労・進路選択に向けた支援を
行っている。学校とキャリアブリッジそれぞれの強みを活かした協働による効
果は，教員の過剰な業務負担を軽減するだけでなく，進路相談の充実化や地域
企業との連携など，機能的な進路支援の提供につながっている。さらに高校を
卒業または中退した生徒たちが困難に直面した際，在学中に関わりをもった民
間組織が「帰って来ることのできる場所」となり，長期間，持続的にサポート
を提供するという実績も生まれている。

3　ここがポイント
政策の指標と事業評価のあり方

　2020年現在，「若者支援」業界は大きな転換期に立っている。キャリアブ
リッジも含めて，事業収入の大部分を公的な委託事業が占めている若者支援
団体も多い。しかし，膨大な財政赤字を抱えながら，さらに人口減少，パン
デミックや自然災害リスクなどが甚大化する日本において，社会保障費のひっ
迫・税収減は避けられず，公的事業予算も縮小の方向に向かう可能性は高い。
　けれども厳しい現状であるからこそ，私たちは新しい価値観を提起し，新し
い事業や手法を探求するプロセスに踏み出していく必要があると感じている。
「就労そのものが困難な若者」が増大している背景には，社会や経済構造の大
きな変容があることを前節までに述べた。この社会の変化に伴って表出してい
る課題の「本質的な意味」を模索し，人々がよりよく生きるための機会ととら
えて進んでいくことはできないだろうか。
　欧州若者フォーラムは「若者政策の11の指標」を以下の通り示している。す
なわち，①ノンフォーマル（学校外の非公式な）教育，②人材の養成，③法制化，

④予算，⑤情報，⑥多層性，⑦調査，⑧参画，⑨省庁間の協働，⑩イノベーション，⑪諮問機関である。若者が直面する課題は多様化・複合化の一途をたどっている。上記の指標を参考にするならば，今後の日本の若者政策においても，多様な課題に柔軟に応えること，そして脆弱な状況にある若者の社会的包摂を可能にすること等が，重要なテーマとなる（両角，2017）。

　また，それぞれの支援組織が経営改善に取り組むべきなのは前提として，若者支援に関わる現場において痛感している課題をいくつか提起したい。まず公的委託事業の多くが単年度契約であり，受託法人は非常に不安定な状態で事業を運営せざるを得ないのが現状である。支援に従事する人材も基本的に単年度契約となり，教育や育成に投入する財政的・物理的余力もなく，働くスタッフ自身が持続可能でない状況に置かれている組織も多いと思われる。

　もう一点は「事業評価」の課題である。例えばサポステ事業など就労支援の分野では，受託年度ごとの「就職決定者数」といった数値が評価の主軸として求められる。しかし第1節で紹介したAさんの例を取れば，15年のひきこもりの後，信頼できる支援者と出会い，自己を受容し社会参加から安定就労に至るまでに10年近い歳月がかかっている。「就職」や「進学」のような結果は指標の1つであるとしても，表層的な数値のみに評価を焦点化することは，不登校や中高年ひきこもり問題を食い止められていない政策構造に通底してはいないだろうか。

　また前述の「若者政策の11の指標」と照らし合わせれば，現状の若者政策は分野限定的であり，抽象的な指標にとどまっている。即時的・表層的な評価指標に限定した若者政策の問題は，短絡的な数字は上がったとしても，本質的な課題解決につながらないリスクを内包している。そして課題を先送りすることは，長期的視野で考えれば社会的コストの増大という悪循環を生み，甚大な社会的損失に他ならない。

4 これから深めていくべきテーマ
社会政策と地域，そして若者たちの希望

⎡1⎦ 持続可能な地域をつくる

　若者政策には，「社会を担う主役となる若者たちを支える」と同時に，「若者の育ちを支える社会基盤をつくる」という両輪の視点が必要である。第2節で述べた「社会関係資本」が重要なのは，この観点からである。

　キャリアブリッジには大切なパートナーの存在がある。同じ業界・地域で活動する団体の仲間や，協働相手となる行政や学校の方々。そして地域の中小企業経営者の方々からも示唆を受けることが多い。中小・零細企業の経営は不安定な側面をもつからこそ，自らが地域に支えられているという肌感覚に優れ，「自分たちにできる形で地域に貢献したい」「若者たちの育成を応援したい」と考える経営者の方たちとの出会いも数多くある。キャリアブリッジはこれらの方々と「若者支援」というテーマを通じてつながり，関係を紡ぎ，地域で新しい試みを実践する過程を経験させてもらってきた。これはまさに信頼関係に基づく社会関係資本ではないだろうか。

　このような信頼関係を基盤としたネットワークが様々な地域で生まれる未来を見通すと，「新しい地域経済」の創造というビジョンが浮かんでくる。国全体の経済や GDP が右肩上がりに成長する時代は終焉を迎えているが，地域単位で持続的な経済圏を創り出す時代が始まっているのかもしれない。多額の予算が動かなくても，自分たちの生活圏で信頼関係を基盤にした地域経済が循環すれば，若者たちの中にも「この町で生きていきたい」「もっと良い地域にしたい」という希望が醸成されるだろう。若者自身の声が反映される機会が増え，多様な社会資源が生まれる可能性も広がる。そしてその先には「社会的孤立に陥る不安がない地域」「若者を含め，すべての人が暮らしやすい地域」への進展という，さらなる好循環が生まれるイメージである（第12章を参照）。

　ここであえて地域「経済」とするのは，社会保障費や福祉予算の削減を容認

するわけではなく，経済対策・雇用対策のみを推し進めようという意図でもない。近い将来を見据えて，「どうすれば私たちが望む地域・社会を実現できるのか。そしてそれが持続可能になるのか」という問いに対して，自分事としてとらえ，現実的な方法の1つとして取り組みたいからである。また，「若者の希望を育てることは，国や地域の持続可能性に関わるテーマである」という認識を，経済・教育・労働・福祉等の分野や立場を超えて共有し，政策に反映すべき視点として提案したいと考えている。

　就労所得があってもなくても，血縁・地縁・社縁に恵まれなかったとしても，「信頼縁」に基づく豊かな地域を自分たちの手でつくるビジョンをもつことが肝要である。多様な人を巻き込みながら広がるネットワークこそが，地域を変える力になるはずだ。重要なポイントは，このビジョンは「自助」のみを強調する社会であっては決して実現しないということである。目指す地域のイメージが共有され，若者や社会的排除の対象となる人たちの包摂に関する住民の合意形成がなされる過程で，社会政策による担保がなくてはならない。社会政策とは，人々が戻る場所を照らす灯台のような存在として機能することが大前提だと思う。社会保障や公的支援事業の持続性が揺らぐ今だからこそ，新しい時代の方向性を示す社会政策のつくり手と，政策に基づく施策・事業を実践する自治体・地域の担い手たちとの協働をより深めるときが来たと感じている。

［2］社会政策と若者たちの希望

　「社会政策なんて自分には関係ない」と思う人は若者に限らず多いのではないだろうか。社会の問題を解決するために存在する社会政策は，本来誰にとっても身近なテーマであるはずだが，現実には個人と社会が切り離されたような感覚が私たちの日常に深く浸透している。

　著者自身の話をすると，10代の頃に様々な事情から「苦しい…でも誰にも相談できない…」という悩みに苛まれる時期があった。そんなとき「これはあなたひとりだけの問題ではなく，みんなで考えて取り組むべきテーマなんだよ」と寄り添ってくれた大人の存在に，どれほど救われたことだろう。

　つまり，大切なのは「個人の問題を社会化する」視点をもつことである。思えばこの視点が今の自分を形づくる原点であり，社会課題と自分とのつながりを実感する入り口だった。あのときに支えてくれた人，仕事仲間や協働パートナー，そして「支援」を通して出会い，自らの生きる道を拓いていった数多くの若者たち。これらの人々の存在があって，著者は自分自身と他者を含む社会を信頼し，可能性をあきらめずに生きることができるようになった。

　信頼し合える関係性をもつことは，生きる希望につながる。信頼と希望の循環がすべての若者・すべての人に行き渡ることを願い，社会を構成する当事者の一人として，社会政策の可能性を現場から追求し続けていきたい。

手にとって読んでほしい 5 冊の本

アダム・カヘン／小田理一郎監修・東出顕子訳，2017，『敵とのコラボレーション——賛同できない人，好きではない人，信頼できない人と協働する方法』英知出版。
　　立場や所属を問わず多くの人に読んでほしい。「未来に影響を及ぼす」ための協働に取り組みたい！

井手英策・宇野重規・坂井豊貴・松沢裕作，2017，『大人のための社会科 未来を語るために』有斐閣。
　　「社会科学」はなぜ必要なのか？「希望」についてのメッセージを含んだ，テーマごとの分かりやすい解説。

香取照幸，2017，『教養としての社会保障』東洋経済新報社。
　　制度設計を手がけた元官僚による入門書。「むずかしい」と言う前に，知ることから始めてみたい。

宮本みち子編，2015，『すべての若者が生きられる未来を』岩波書店。
　　支援現場・研究職両者の多角的な視点で，若者問題と若者政策への提言が概観できる。

ヤニス・バルファキス／関美和訳，2019，『父が娘に語る 美しく、深く、壮大で、とんでもなくわかりやすい経済の話。』ダイヤモンド社。
　　政治と経済の関係性が理解できる。「信じさせるものが支配する」世界を私たちの手に取り戻すために学ぼう。

引用・参考文献

宮本みち子，2017,「若年無業者政策と課題」『日本労働研究雑誌』678号，72-75頁。

両角達平，2017,「若者政策の11の指標でわかった日本の若者政策の課題」Tatsumaru
　Times（ブログ）〔2019年10月18日アクセス〕https://tatsumarutimes.com/archives/
　13254

（白砂明子）

第 15 章

雇用保険と職業訓練

給付なき労働市場政策の内実

グラフィック・イントロダクション

資料15-1 各国の労働市場政策の公的支出割合（対 GDP 比，%）

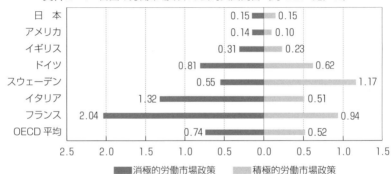

（注） 日本・アメリカ（2017年度），フランス・ドイツ・スウェーデン・OECD 平均（2016年度），イタリア（2015年度），イギリス（2011年度）。

（出所） OECD, Dataset: Public expenditure and participant stocks on LMP より作成。

　一般的に労働市場政策は大きく2つに分類される。労働者が失業および雇用の継続が困難になったときに，現金給付で生活の安定を図る消極的労働市場政策（Passive Labour Market Policy）と，職業紹介や職業訓練等を行い就労の促進と失業の予防を図る積極的労働市場政策（Active Labour Market Policy）である。国際比較をすると，日本の公的支出割合の小ささが突出しているのがわかる。OECD 諸国の中では，メキシコとアメリカに次いで規模が小さい。消極的労働市場政策は，OECD 平均の5分の1程度であり，フランスの10分の1にも達していない。他方で，積極的労働市場政策は OECD 平均の3分の1未満であり，スウェーデンの8分の1弱となっている。財政規模をみる限り，日本は政府の本気度が低い「小さな労働市場政策」である。

1 何が問題か
前提条件の破綻

［1］「小さな労働市場政策」と生活安定構造の瓦解

　小さな支出の問題点は，失業や育児などで離職を余儀なくされたとき，生活が不安定になりやすいこと，技能を習得する機会が乏しく失業の予防や再就職が難しくなること等である。日本は労働市場政策だけでなく，そこに社会保障，社会福祉，教育の分野を加えた「公的社会支出」全体についても，人口1人当たりの額がそもそも少ない「小さな政府」なのである。一般的な政府支出の規模自体が大陸欧州や北欧と比べると小さいことを，私たちは議論の出発点として認識すべきである（池上，2018）。

　なぜ欧州諸国とこれほどまでに差があるのか。それは，市民の暮らしの安定が社会政策ではなく，ひとえに雇用に依存してきたからである。政府が採用してきた方法は，何よりもまず特定業界の保護と公共事業で企業を守ることであった。政府によって守られた企業は，長期雇用・年功賃金・企業内教育訓練などを含む「日本型雇用システム」を構築し，主に男性正社員に安定した雇用を提供した。その守られた男性正社員は，職務に対する賃金に加え，家族を扶養する金額を上乗せした生活給を受け取り，妻や子どもの暮らしを支えた。そして，家庭内では妻が無償で提供する家事・育児・介護等が公的福祉に代替していた。

　したがって，人々の暮らしの安定と向上に直接寄与してきたのは，企業の雇用とそれによる男性稼ぎ手の稼得能力だった。企業と家族が社会政策の不足を補い，それゆえ日本の公的社会支出は抑制され，「安上がりの社会政策」が存立してきたのである。この構造は1980年代まで機能しており，機能する限りにおいて社会政策の支出は小さくとも，貧困などの問題が今日ほど大きく顕在化することはなかった。当時の公的社会支出の規模は福祉後進国のアメリカを下回っていたが，社会の不平等度を示すジニ係数は，支出規模が最大だった

スウェーデンをやや下回る程度だった。これは安定した雇用が社会に広く行き渡っていたからである。つまり，日本型雇用システムとそれにぶら下がる家族という構造が，欧州福祉国家における社会政策と機能的に等しい価値をもっていたのである。

　しかし，現在この構造は破綻しつつある。1990年代後半以降，労働市場の規制緩和がなし崩し的に実施され，日本型雇用システムの適用対象者は縮小した。企業は以前ほど従業員を守らなくなったのである。近年の非正規雇用率や貧困率の上昇がこれを示している。政府・企業・家族のすべてから保護を受けることなく，むき出しの状態でリスクに向き合わなければいけない人々が増加したのである。かつての政府ならば，日本型雇用システムの存在を前提に，社会保障や労働市場政策に投資せずとも済んだ。だが，もはやこの前提を当てにできる社会ではないのだ。

［2］雇用と福祉を横断する労働市場政策

　市民生活の保護システムを，「雇用システム」と「福祉システム」との連結ととらえるならば，1980年代までは雇用システムが担う割合が非常に大きく，福祉システムの割合は極めて限定的だった。1990年代に入ると雇用システムは，グローバル化や脱工業化という経済構造の変化によって，正社員の絞り込みや非正規雇用の増加という形で保護機能の限界を露呈してきた。いわば，暮らしを守る主導権は雇用システムから，福祉システム側に委ねざるをえない様相を呈してきた。ところが，福祉システムは変化を受け止めるほどの度量はなかった。福祉システムが未熟であるという現実を無視し，雇用の規制緩和だけを推し進めたつけが回ってきているのが，まさに近年の状況である。

　本章が扱う労働市場政策は，雇用システムと福祉システムとを横断する政策である。離職時における労働力の「脱商品化」を保障する点で，福祉政策でもあるからだ。このように，労働市場政策は労働と福祉の問題を包括的にとらえるところに面白さがある。暮らしを支えてきた社会の前提条件が瓦解したいま，所得保障と雇用保障の観点から何を実施すべきだろうか。本章では雇用保険の

現状を確認しながら，改革の方向性を探ってゆきたい。

2　こう考えればいい
雇用保険の受給を阻む「壁」

［1］雇用保険制度：5人に4人が給付を受けていない

　生活安定の不確実性が高まっている現代社会において，消極的か積極的かを問わず，労働市場政策の充実化は必然の選択である。ところが，近年の政策展開はそうではなかった。日本では，雇用保険の「求職者給付」の中の「基本手当」が，消極的労働市場政策の中核となる失業給付に相当する。最大の問題は，受給率が非常に低いことである。**資料15-2**によると，近年は失業者のうち約20％をカバーしているだけで，5人に4人は給付を受けていない。国際的にみても，この低さは際立っている（**資料15-3**）。受給者率が日本より低いのはアフリカ，南米，中東，東欧などの諸国であり，西欧諸国は1つも存在しない（ILO，2017）。政策提案の前に，この厳格な制度の分析を試みたい。これほど低いのは，制度が受給を阻止する壁を多数設けているからである。紙幅の関

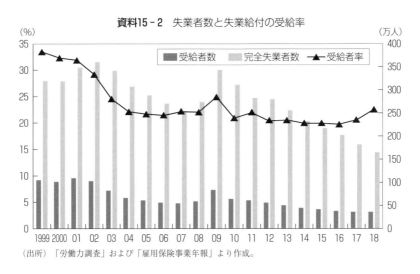

資料15-2　失業者数と失業給付の受給率

（出所）「労働力調査」および「雇用保険事業年報」より作成。

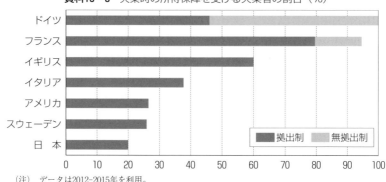資料15-3　失業時の所得保障を受ける失業者の割合（%）

第Ⅱ部　労働政策のこれからを読み解く10のイシュー

（注）　データは2012-2015年を利用。
（出所）　ILO, World Social Protection Report 2017-19 より作成。

係上，「壁」のすべてを説明できないが，いくつかに限定した上で受給を抑止するしくみを説明しよう。

①受給資格の壁

受給するためには「失業者」に認定される必要があるが，認定されても受給資格を有さなければいけない。この受給資格の厳格化が，法改正によって推進されてきた。受給者率が20％まで下がった背景には，2000年代前半の雇用保険法改正がある。同改正は雇用保険財政の悪化を理由に実施され，特に自己都合退職者（自発的退職者）の受給権が大きく削減された。

まず2000年の改正で，倒産および解雇によって離職した「特定受給資格者」のカテゴリーを新たに設け，それ以外の離職者（自己都合退職者）と区別した。従来は自己都合退職者でも年齢によって受給日数が異なっていたが，改正は年齢に関係なく日数を統一した。これによって給付期間が大幅に削減された。最も大きく削減されたのは，55歳以上65歳未満の10年以上の加入者（被保険者）で，300日から180日への短縮だった。

2003年の改正で，さらに削減が実施された。その結果，現在の120日や150日になっている*。また，同年改正では給付の所得代替率が，60-80％から50-80％に見直されており，受給額の削減も実施された。

＊　以下の HP で確認できる。ハローワークインターネットサービス「基本手当

220

の所定給付日数」。

　このように雇用保険財政の悪化を背景に，自己都合退職者の受給期間を削減したことが受給者率低下の大きな要因と考えられる。特定受給資格者のカテゴリーが新設されたことで，一部の失業者は改正前より給付期間がやや延びた。しかし，失業者の多くは自発的（自己都合）退職，有期契約の終了，定年退職により職を失った者であり，特定受給資格者のような解雇や倒産による失業者はむしろ少数派である（OECD, 2011, 143頁）。したがって，多くの失業者にとって，この時期に権利の縮小が実施されたといえる。

　なお，現在（コロナ危機直前）の雇用保険の財政状況は，積立残高が約6兆円に上っており，随分と健全化している。財政悪化が受給権削減の根拠だったが，財政が健全化した現在も政府は給付期間を削減前に戻す議論をしていない。財政の論理を盾に失業者がいったん失った権利は，いまだに回復していない。

　②自己都合退職の壁

　自己都合退職者の給付制限期間が長く（3カ月），給付期間が短いことも指摘したい。給付制限期間の長さは，就労の動機づけを強化する。そして，給付期間の短さも同様の効果がある。また，受給資格に要する被保険者期間が長く，受給資格を得るためには，1年間以上保険に加入している必要がある。

　加えて，「自己都合」退職を判断する方法が，日本は特異であることを指摘しておきたい。日本では雇い主が作成する離職票をもとに，自己都合か否かを判断する。しかし，欧州諸国では，雇い主の観点から自己都合であるとしたものは，基本的に自己都合として扱われない（OECD, 2011, 145頁）。ただし，自己都合でも当局が「正当な理由」と認めれば，3カ月の給付制限はない[*]。だが，雇い主がいったん「自己都合」と離職票に書き込んだことに対し，失業者自身が異議を申し立てることは，ケース次第で多大なストレスを伴う。実際の退職理由において，自己都合と会社都合とが部分的に重なるケースがしばしばあることに配慮すれば，判断方法の変更を一考する余地があるだろう。

　＊　2020年10月1日以降に離職した場合，5年間のうち2回までは給付制限期間が2カ月となる。

③非正規雇用の壁

　近年の非正規雇用の増加も，受給者率が低い要因である。次の条件に当てはまる者は雇用保険に加入できない。①週の所定労働時間が20時間未満の者，②同一の事業主に継続して31日以上雇用されることが見込まれない者，③季節的に雇用される者であって，４カ月以内の期間を定めて雇用される者，または１週間の所定労働時間が30時間未満の者，④昼間学生，⑤船員，⑥公務員等である*。

　＊　詳しくは，雇用保険法第６条（適用除外規定）を参照してほしい。

　これらに当てはまる者の多くは非正規労働者である。非正規労働者の一部は，そもそも雇用保険に加入できない。厚生労働省が５年ごとに実施している「就業形態の多様化に関する総合実態調査」の最新版（2014年）によれば，雇用保険に加入する正社員は92.5％であるのに対し，正社員以外の労働者は67.7％である。中でも，パートタイム労働者は60.6％，臨時労働者は19.4％と低く，正社員との間に大きな差がある。

　さらに，複数のパート・アルバイト等の掛け持ちをするマルチジョブホルダーを制度から排除している。彼らは，たとえ週の労働時間が合計20時間以上であっても，個々の事業所での労働時間が20時間未満であれば雇用保険に加入できない。複数の学校で授業を掛け持ちする非常勤講師は，雇用保険から排除されている労働者の典型例である。近年の政府は労働市場の規制緩和を行うことで，正社員に限定しない「多様な働き方」を推奨してきた。しかし，「多様化（＝不安定化)」した労働者は，同じ労働者でありながら社会保険の適用において差別を設けられてきた。フレキシビリティのみを推進し，セキュリティは疎かにされてきたのである。

　失業保険とは，本来は労働者を保護するための制度だが，日本の雇用保険制度は，非正規労働者を排除している。これは家計補助的な働き方をする者を除外するためと思われるが，非正規雇用の中には，生活自立型のワーキングプア層が多く存在する。これらの人たちが雇用保険に未加入状態で仕事を失えば，生活を失うリスクに直結する。

② 給付の役割は適切な就労につなぐこと

　以上では雇用保険の保障範囲の狭さを問題化し，その要因を指摘してきた。制度構造から読み取れるのは，まず所得を保障し，当面の生活費を気にせずに，適切な仕事を探すという失業者の権利を重視したものではなく，一刻も早く職に就かせるという就労第一原則や，モラルハザードに対する過剰な意識である。

　近視眼的な財政削減の論理からすれば得かもしれないが，狭量な社会保障は，労働力の不当廉売を誘発していることに自覚的であるべきである。失業時の保障が弱いことは，失業者の企業に対する交渉力の低下を意味し，それはブラック企業，キャリア形成を望めない仕事（dead-end job）等を社会から放逐できないことにつながる。求職者が早期の就労と引き換えに雇用の質を犠牲にすることは，反転して雇い主が良質な労働力を確保できないことも意味する。就労第一原則が，労働市場にとってかえって大きな損失を招いていないだろうか。

3 ここがポイント
増えていない職業訓練への支出

① 積極的労働市場政策：なぜ要請されるのか

　雇用保険には現金給付以外に，職業訓練等によって就労を促進したり，失業を予防したりする事業がある。積極的労働市場政策である。近年の欧州諸国は，失業対策としてこちらをより重視する傾向にある。

　その根拠は，早期の再就職が可能になる，より賃金の高い仕事に就ける，異なる業界へ転職が可能となる等がある。つまり，労働者が困難に直面したとき，選択の機会を提供し，人生の可能性を開くことになる。他方で，事業主は訓練を受けた質の高い人材を確保し，生産性の向上を期待できる。国家にとっては，人手不足の業界に訓練を受けた人材を送り込むことで，労働市場のミスマッチを解消できるし，多くの人が労働市場に参加することで，社会保障費の財源確保につながる。そして，社会にとっては，多くの人が適切な仕事を得ることで，自尊心と他者への共感を育み，社会の分断を防ぐメリットがある。

②　近年の労働問題と積極的労働市場政策

　日本では積極的労働市場政策もまた，近年まであまり重視されてこなかった。理由は第１節で述べた構造が機能していたからである。しかし，いまは状況が異なる。増加した非正規労働者の多くは，企業内教育訓練の機会が与えられないうちに退職し，次の仕事を探すことになる。学卒未就業者や初職が非正規雇用という若年労働者は，いまでは珍しくない。

　こうした事態をふまえれば，積極的労働市場政策の価値は重みを増すはずだ。2000年代半ば以降，政府が新たに導入した雇用・福祉政策を振り返ると，生活困窮のリスクを抱えた者を対象にした「自立支援」と「就労支援」を推進する施策が次々と創設されてきた。積極的労働市場政策は，経済的自立の手段として，これら施策において中心的役割を担っている。したがって，政府が同政策の重要性を認めつつあるのは確かである。

③　支出構造の偏り：企業と個人の意欲に委ねられた政策

　OECD によれば，日本の積極的労働市場政策の公的支出額は，2008年秋の世界金融危機を契機にいったん1.5兆円規模に増え，数年後の景気回復を境に急減し，現在は約8000億円で推移している。これは，金融危機前と比較すると倍の支出額である（**資料15-4**）。このように，同政策を組み込んだ施策の形成が進んだことは，統計から裏づけることができる。

　しかし，留意すべき点を２つ指摘したい。まず，支出額が増えたとはいえ，支出割合は他国と比較すると，まだまだ小さい。さらに注目すべきは，政策の構成要素だ。全構成要素において，OECD 平均の支出割合（対 GDP 比）を下回っているが，特に政策の中核となるべき職業訓練は13分の１しかない。

　資料15-4で，総計と個々の構成要素の時系列推移を見比べてほしい。金融危機後の３年間の支出上昇の原動力となったのは，雇用奨励金と直接的な雇用創出であり，次に職業訓練である。注目すべきは，直接的な雇用創出と職業訓練は，危機に対して一時的に対応したのみで，継続性がみられない点である。

　ある程度の継続性がみられるのは，雇用奨励金および公共職業サービスとそ

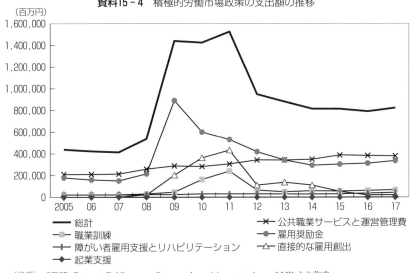

資料15-4　積極的労働市場政策の支出額の推移

（百万円）

凡例：
- 総計
- 公共職業サービスと運営管理費
- 職業訓練
- 雇用奨励金
- 障がい者雇用支援とリハビリテーション
- 直接的な雇用創出
- 起業支援

（出所）　OECD, Dataset: Public expenditure and participant stocks on LMP より作成。

の運営管理費である。後者は，ハローワークにおける職業紹介および職業訓練等の情報提供サービス，ならびに職業相談に係る業務，給付金の管理等である。前者は，事業主に助成金を配る採用促進事業や，早期の再就職者や再就職先に一定期間定着した者に手当を給付する「再就職手当」である。その他，雇用調整助成金も含まれている。これらは積極的労働市場政策の一部であるが，補助金と手当によって採用と就労の動機づけを高めるプログラムであり，個人の能力を開発することによって雇用可能性の向上を期待するものではない。したがって，就労の達成は，補助金を利用する企業と求職者の意欲に大きく依存している。

　つまり，政府は，職業訓練ではないプログラムへ多くの財源を投入している。次に職業訓練プログラムのさらに下位構成を見てみたい。それらは，施設訓練，職場訓練，統合型訓練，徒弟支援からなる。施設訓練の支出が2009〜2011年に限定的に増加し，これが全体の増額を牽引していた（**資料15-5**）。したがって，2012年以降は施設訓練の減少に合わせて，全体の支出額も減少している。職場訓練の支出が2016年から微増しているが，今後の職業訓練プログラム全体の支

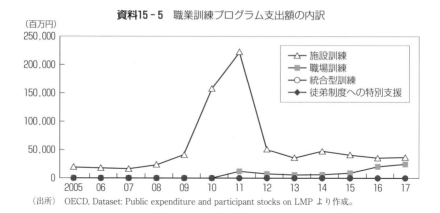

資料15-5　職業訓練プログラム支出額の内訳

（出所）　OECD, Dataset: Public expenditure and participant stocks on LMP より作成。

出額を押し上げる影響力があるかどうかは，現段階では不透明である。

＊　施設訓練は訓練期間の75％以上を職業訓練機関で行う。職場訓練は75％以上を職場内訓練で行う。統合型訓練は施設訓練と職場内訓練が同じ割合を指す。

　以上から確認できたことは，積極的労働市場政策の支出額はやや増えたものの，これを押し上げていたのは雇用奨励金であり，職業訓練ではなかったことである。雇用奨励金は再就職または採用の動機づけの強化を目的とする。したがって，良質な雇用の確保は求職者と企業の意欲を喚起することに頼っており，政府が主体的に雇用の質に責任を負うという矜持は稀薄である。雇用保険制度と生活保護制度から，佐口和郎は日本の雇用政策上にある理念を「労働能力のある失業者はすぐに仕事に就かせる」（佐口，2018，182頁），「ともかく職に就かせることを優先させる」（同，192頁）と表現する。この表現は本章が論じてきた，給付の受給者率が低いこと，そして採用側と求職者側の双方の動機づけを重視する傾向にあることと整合的である。

[4] 企業任せの限界

　個人の意欲に依存した「再就職手当」の重視は論外として，なぜ企業の採用インセンティブへの依存は問題なのか。企業に雇用されること自体が，能力開発に相当するという見方はあるだろう。たしかに，能力開発の機会になる可能

性はある。しかし，企業に雇用されなければ機会など獲得できない。機会の手前で困難に直面する人たちを，この種のプログラムは支援しない。そこで重要になってくるのは行政の役割であるが，この点は最終節で言及したい。

　また，根本的な問題として，企業内教育訓練を要素とした日本型雇用システムが，すでに曲がり角に来ていることがある。企業に依存した日本の職業訓練体制は，企業が教育訓練を抑制すれば，早晩限界に直面するだろう。

4　これから深めていくべきテーマ
基点は雇用の質保証と現金給付

1 アクティベーションの矛盾：良質な雇用と所得保障の不在が先決問題

　企業と個人任せへの依存から脱却するには，職業訓練プログラムの充実が自ずと導き出せる。しかし，それだけでは不十分である。労働問題の日本的背景を考慮した労働市場政策の提言をしなければいけない。参照例として，欧州諸国が実施している「アクティベーション政策」をあげよう。失業の高まりを背景に，欧州諸国は1990年代に積極的労働市場政策への参加を，失業給付・公的扶助受給者の義務にした。欧州の失業者は，基本的に所得保障を受けながら職業訓練に参加している。日本でも欧州の動向は注目されており，各国の詳細な研究が行われている（福原他，2015参照）。

　しかし，これを日本にそのまま適用するのは難しい。欧州諸国が導入した背景には，失業の深刻化と同時に，失業者の所得保障への依存があった。ここに職業訓練を義務化することで，福祉から就労へ誘導するアクティベーションの根拠があった。ところが，前述のように日本の失業者の約8割は，失業給付を受けていない。さらに，最後のセーフティネットの生活保護制度は，ワーキングプアを補足性の原理（生活保護法第4条第1項）で排除している。このように社会保障制度が，困窮者を労働力の安売りに駆り立てている側面がある。ワーキングプア，そして母子家庭の母親の極めて高い就業率はこの象徴である。これらの人たちは，すでに就労しているのであり，アクティベーションで就労へ

誘導することは，原理的におかしい。

　2011年施行の求職者支援制度は，外見上はアクティベーション政策のような体裁を取繕っている。しかし，本人と世帯の収入・資産要件をクリアした上で，訓練期間中にのみ月額10万円を給付する程度である。いまだに世帯扶養が前提の政策理念は驚きものだが，それを別にしても最低賃金が上がっている昨今，月10万円以上を稼ぐ貧困層のどれほどが，現在の仕事を辞めて訓練に参加するのか疑問である。さらに，訓練後の正社員としての就職率は極めて低い。同制度は訓練後の所得保障を行わないため，訓練後に収入を失う可能性さえある。そのリスクを引き受けるぐらいなら，かろうじて生計を維持している現在の低賃金労働に留まるという選択にならないだろうか。欧州のアクティベーションをモデルとするなら，同制度の根本的な見直しは避けられないのである。

　したがって，日本において積極的労働市場政策が働く貧困層を支援できるとすれば，これらの人たちが職を離れても生活を維持できる所得保障制度を整えてから，という論理になる。さもなければ，働く貧困層は制度を利用しない。

［2］消極的労働市場政策にポジティブな価値を

　積極的労働市場政策には労働力の供給側（求職者）だけでなく，需要側（雇い主）へ働きかけるプログラムもある。国の緊急雇用創出事業や地域雇用創造推進事業等である。基礎自治体はこれら事業から助成金を受け，地域の雇用創出に取り組んでいる。賃金補助等を事業主に提供し，新規従業員を雇用したい企業の負担軽減や，人手不足に悩む企業を支援している。OECD の統計では，「直接的な雇用創出」に分類される。欧州では「補助金付き雇用（subsidised employment）」と呼ぶことがある。

　この成功事例として，大阪府豊中市が高い評判を得ている。成功の背景には，失業者や就労困難者に対する支援だけでなく，受け入れ側である地域の中小企業に対し，人材面・経営面できめ細かい支援を提供し，両者を円滑につないでいることが指摘されている。ただ，補助金付き雇用は批判的に解釈されることがある。「企業の人件費削減対策として利用されているのではないか」とい

う見方である。地域の内発的発展に貢献してきた関係者たちが委縮しないよう，こうした批判は避けておきたいところだ。

　著者は批判の生じる根本は，次の2点にあると考える。1つは，日本の労働環境が「まとも」ではないことである。良質な雇用が遍く定着している社会なら，こうした批判は大きな力をもちにくい。つまり，補助金付き雇用のようなプログラムが社会から広く支持されるためには，雇用の質の改善が必要である。

　もう1つは，社会保障制度の脆弱性である。福祉国家であれば，就労困難者や生活困窮者を第1に守るのは，消極的労働市場政策である。社会的給付で生活が守られているからこそ，補助金付き雇用のようなプログラムは，「媒介的労働市場」を形成し，次のステージへ踏み出す飛び石となる。

　消極的労働市場政策は，近年は「依存」を表象する否定的な含意をもって伝播している。だが，給付があるからこそ，ひとは活動的になれる。その意味では，給付は肯定的な価値をもつ政策である。社会は所得保障の価値を再認識し，これを積極的労働市場政策と統合する政策論議を始めるべきである。

　　［付記］　コロナ危機は，積極的労働市場政策ではなく消極的労働市場政策こそが，市民生
　　　　活を保護する基礎であることを改めて示したといえる。特に非正規労働者が直面した補
　　　　償無き休業や解雇は深刻である。この点において，欧米先進国の対応と比較すると鮮明
　　　　だったのが，日本政府の所得保障（貸付ではなく給付）に対する執拗な抵抗姿勢だった。
　　　　困窮者への現金給付を頑なに拒絶するこの態度は，日本の社会政策全般において一貫し
　　　　ており，それはコロナ危機下においても明らかだった。

手にとって読んでほしい5冊の本

小熊英二編著，2014，『平成史』河出ブックス。
　　　社会的コンテクストを学習することは，政策の理解をより深いものにする。本
　　　書では，社会制度のコンテクストを幅広く学ぶことができる。
釧路市福祉部生活福祉事務所編集委員会編，2009，『希望をもって生きる──生活
保護の常識を覆す釧路チャレンジ』CLC・筒井書房。
　　　欧州のアクティベーションに近い取組みは，全国に先駆けて釧路市の生活保護
　　　行政で展開されている。
高端正幸・伊集守直編，2018，『福祉財政』ミネルヴァ書房。

官僚や政治家は美辞麗句で改革をアピールするが，財政規模をみれば政策立案者たちがどの程度本気なのかがわかる。

筒井美紀・櫻井純理・本田由紀編著，2014，『就労支援を問い直す──自治体と地域の取り組み』勁草書房。

本章で言及した豊中市の就労支援の実態を，社会調査を通して明らかにしている。横浜市の取組みも知ることができる。

福原宏幸・中村健吾・柳原剛司編著，2020，『岐路に立つ欧州福祉レジーム──EUは市民の新たな連帯を築けるか？』ナカニシヤ出版。

欧州各国で展開しているアクティベーションの最新動向について，日本語で読むことのできる貴重な研究書である。

引用・参考文献

池上岳彦，2018，「日本における福祉財政の特徴」高端正幸・伊集守直編『福祉財政』ミネルヴァ書房，3-17頁。

佐口和郎，2018，『雇用システム論』有斐閣。

福原宏幸・中村健吾・柳原剛司編著，2015，『ユーロ危機と欧州福祉レジームの変容──アクティベーションと社会的包摂』明石書店。

OECD／濱口桂一郎訳，2011，『日本の労働市場改革　OECD アクティベーション政策レビュー：日本』明石書店。

ILO, 2017, *World Social Protection Report 2017-19: Universal Social Protection to achieve the Sustainable Development Goals*, ILO.

（嶋内　健）

あ　と　が　き

　本書の内容はもともと2019年8月に執筆されたものである。その後，諸般の事情によって作業進行に遅れが生じ，各章の執筆者が加筆・修正を施した最終原稿が2020年8月に提出された。この時点での大幅な加筆は困難であったことから，Covid-19の世界的な感染拡大局面で生じた諸問題とそれらへの政策的対応については，各章の論考では詳しく言及されてはいない。そこで，この「あとがき」では，日本の「コロナ禍」に伴って顕在化した労働問題と，実施されてきた政策について触れておきたい。

　第一に，解雇や失業の増大である。地域・国境を越えた人の往来や対面サービス利用が減少し，経済活動に深刻な停滞が生じた結果，職を失う者が増えている。コロナ関連の累計解雇者数（見込み）は7.5万人を超えた。解雇者がもっとも多いのは製造業の1.4万人で，それに続くのが飲食業，小売業，宿泊業である（厚生労働省「新型コロナウイルス感染症に起因する雇用への影響に関する情報について」，2020年12月4日）。

　こうしたコロナ禍の影響は一様ではなく，非正規雇用者・女性という特定の労働者層に特に大きな打撃を与えている。上記の解雇者7.5万人のうち少なくとも3.6万人（約48％）は非正規雇用者で，この割合は雇用者に占める非正規雇用者の比率（2019年，約38％）を優に上回る。労働政策研究・研修機構の中井雅之氏によると，特に女性の非正規雇用者数が宿泊業・飲食サービス業・小売業などで顕著に減少している。男性の失業率は横ばいの3.0％であるのに対し，女性の失業率は2020年2〜8月で0.7ポイント上昇し，男性並みの2.9％に達した（中井雅之「コロナショックの雇用面への影響は，特定の層に集中」，2020年10月9日，https://www.jil.go.jp/tokusyu/covid-19/column/022.html）。

　本書のテーマ設定において重視した脆弱な労働者層——非正規雇用者や女性

に加え，若者や外国人——は，雇用量の調整弁として経済システムのなかに組み込まれてきた。これらの「解雇しやすい労働者」が真っ先に職を失い，もともと俵に足のかかった溜めのない者が今日・明日の生活にも事欠く状況を余儀なくされている。

　次に，政府の雇用対策については，解雇を減らし雇用維持を図ることを主軸としている。雇用調整助成金の特例措置（助成率・上限額の引上げ等）が2020年4月1日以降を対象に設けられ，期限は2021年2月末までの延長が決定された。事業主から休業手当を得られなかった労働者には休業支援金・給付金制度が設けられ，2020年7月から受付が開始された。同年11月までの累計申請数は，雇用調整助成金で206万件，休業支援金・給付金で73万件にのぼっている（労働政策研究・研修機構「国際比較統計：雇用維持制度申請状況」，https://www.jil.go.jp/kokunai/statistics/covid-19/f/f12.html#f12-jp，2020年12月13日アクセス）。さらに，個人事業者を含む中小事業者に対する支援制度として，持続化給付金制度が導入され，12月7日までの給付実績は約386万件・5兆円となっている（経済産業省HP）。

　雇用調整助成金等の給付拡大によって解雇を抑制し，内部労働市場に労働者を留め置くことは現在の雇用環境に鑑みれば適切な政策であるようにみえる。しかし，これらの一時的措置が終了した後には生活に困窮する人がやはり大幅に増えるだろう。地方自治体や社会福祉協議会の困窮者支援窓口にはすでに相談が殺到し，応対する職員も疲弊している状況だと聞く。また，経済的困窮は他の要因とも相まって，2020年夏以降に急増した女性や若者の自死をもたらしていると考えられる。感染防止と経済活動のバランスをめぐる議論において，「経済を回さなければコロナ死以上の自死が生じる」ことが懸念されたが，失業者の増加が自死の増大と相関するのは，現行の生活保障制度に問題があることの表れである。失業保険制度，生活保護制度などの社会保障制度，税制のあり方，さらには社会的孤立の防止策など，人々が真に支え合う社会の構築に向けて，社会制度を多面的に見直すことが急務だと考える。

　3点目に，「働き方」の変化について述べる。外出自粛の要請を受けて，ホ

ワイトカラーを中心に在宅勤務などのテレワークが広がり，「いつでもどこでも」働くワークスタイルがコロナ後も定着するとみられている。ただし，すべての仕事がテレワークに切り替えられるわけではなく，その点で感染機会を回避しやすい恵まれた仕事とそうではないハイリスクの仕事があることが，今回の事態で顕在化したことも指摘しておきたい。

オンライン労働が一般化する Society 5.0 時代には，場所や時間の制約から解き放たれた働き手が増えていく。兼業・副業を含め，企業への所属にとらわれない「ジョブ型」雇用システムへの転換が重要だ。──そのような見方が経営者団体や研究者の一部からも提起されていて，そのなかには「賃金は労働時間ではなく成果に基づく支払いが適切である」，したがって「労働時間管理は不要になる」という主張も含まれる。ジョブ（の難度や重要性）に基づく雇用イコール成果主義ではないし，兼業者が増えればむしろ労働時間管理は一層重要になる。本書で取り上げた賃金・労働時間・人的資源管理などの諸制度が，今後どのように変化していくかは自明のことではない。大切なのは，そこに民主主義的な決定の仕組みが存在し，働く者たちが自分の働き方を自律的に選択できることである。

この数か月，大学でもオンライン授業への切替えや併用が当たり前になり，様々な課題への対応に追われる日が続いてきた。そんななかでも，テキストを用いた対面授業にはオンラインでは補いがたい価値があると感じている。だからこそ，この「紙の本」が多くの読者に手に取っていただき，読んでいただけることを心より願っている。最後になったが，本書の企画段階から編集に関わって下さった梶谷修氏と，途中から編集担当を引き継いで下さった河野菜穂氏にこの場を借りて感謝を申し上げたい。

2020年12月

櫻井純理

索　引

(＊は人名)

《執筆者紹介》（＊は編者，執筆分担，執筆順）

＊櫻井純理（さくらい　じゅんり）序章
　　編著者紹介参照。

熊沢　透（くまざわ　とおる）第1章
　　現　在　福島大学経済経営学類教授（修士　経済学：東京大学）。
　　主　著　「技能養成制度——日立工場における「職務」設定との関係」佐口和郎・橋元秀一編
　　　　　　『人事労務管理の歴史分析』ミネルヴァ書房，2003年。
　　　　　　「わが国の労働保険制度の現状と課題」阿部裕二編『社会保障』第6版，弘文堂，2019年。

山縣宏寿（やまがた　ひろひさ）第2章
　　現　在　専修大学経済学部准教授（博士　経営学：明治大学）。
　　主　著　「生協における賃金・査定と労働組合」法政大学大原社会問題研究所・鈴木玲編『新自
　　　　　　由主義と労働』御茶の水書店，2010年。
　　　　　　「役割給の賃金形態上の位置とその運用上の特徴」明治大学『経営論集』第66巻第2号，
　　　　　　明治大学経営学研究所，2019年。

山垣真浩（やまがき　まさひろ）第3章
　　現　在　大阪経済法科大学経済学部教授（博士　経済学：一橋大学）。
　　主　著　「ローカルセンターにおける組織化の取り組み——連合埼玉と埼労連の事例」鈴木玲・
　　　　　　早川征一郎編『労働組合の組織拡大戦略』御茶の水書房，2006年。
　　　　　　「解雇規制の必要性——Authority Relation の見地から」法政大学大原社会問題研究所・
　　　　　　鈴木玲編『新自由主義と労働』御茶の水書房，2010年。

橋場俊展（はしば　としのぶ）第4章
　　現　在　名城大学経営学部教授（修士　商学：同志社大学）。
　　主　著　「ヒトの管理をめぐる変遷」および「賃金管理と処遇問題」澤田幹・谷本啓・橋場俊展・
　　　　　　山本大造編『ヒト・仕事・職場のマネジメント——人的資源管理論の理論と展開』ミネ
　　　　　　ルヴァ書房，2016年。
　　　　　　「人的資源管理の新たな展開——タレント人材定着の試み」守屋貴司・中村艶子・橋場
　　　　　　俊展編『価値創発（EVP）時代の人的資源管理——Industry4.0 の新しい働き方・働か
　　　　　　せ方』ミネルヴァ書房，2018年。

金井　郁（かない　かおる）第5章
　　現　在　埼玉大学人文社会科学研究科教授（博士　国際協力学：東京大学）。
　　主　著　「女性の昇進をめぐる意識とマネジメント——雇用管理体系とジェンダー」『大原社会問
　　　　　　題研究所雑誌』704号，2017年。
　　　　　　「スーパーマーケット企業における「働き方改革」の展開——パートタイマーの主体性
　　　　　　に着目して」『フェミニスト経済学会誌』第4巻，2019年。

伊藤大一（いとう　たいち）第6章
　現　在　大阪経済大学経済学部准教授（博士　経済学：立命館大学）。
　主　著　『非正規雇用と労働運動』法律文化社，2013年。
　　　　　「ブラック企業と日本的雇用システム」『立命館経済学』62（5・6），2014年。

永島　昂（ながしま　たかし）第7章
　現　在　立命館大学産業社会学部准教授（博士　経済学：中央大学）。
　主　著　「高度成長期の鋳物産業（上）」『立命館産業社会論集』第54巻第4号，2019年。
　　　　　「高度成長期の鋳物産業（中）」『立命館産業社会論集』第55巻第4号，2020年。
　　　　　「高度成長期の鋳物産業（下）」『立命館産業社会論集』第57巻第1号，2021年。

植木　洋（うえき　ひろし）第8章
　現　在　鳥取短期大学生活学科情報・経営専攻准教授（修士　経済学：京都大学）。
　主　著　「日系ブラジル人の「基幹労働力化」──自動車部品メーカーを例に」『社会政策』第4
　　　　　巻第2号，ミネルヴァ書房，2012年。
　　　　　「島根県出雲市における日系ブラジル人の集住化とその要因」『山陰研究』第14号，島根
　　　　　大学法文学部山陰研究センター，2021年。

平尾智隆（ひらお　ともたか）第9章
　現　在　摂南大学経済学部准教授（博士　国際公共政策：大阪大学）。
　主　著　『教育効果の実証』（共編著）日本評論社，2013年。
　　　　　「自然実験によるキャリア教育の効果測定」『日本労働研究雑誌』No.707，労働政策研
　　　　　究・研修機構，2019年。

仲　修平（なか　しゅうへい）第10章
　現　在　明治学院大学社会学部准教授（博士　社会学：関西学院大学）。
　主　著　『岐路に立つ自営業──専門職の拡大と行方』勁草書房，2018年。
　　　　　「自営業からみる社会保障制度の現在と未来」『社会政策』第13巻第3号，2022年。

本田一成（ほんだ　かずなり）第11章
　現　在　武庫川女子大学経営学部教授（博士　経営学：法政大学）。
　主　著　『オルグ！オルグ！オルグ！　労働組合はいかにしてつくられたか』新評論，2018年。
　　　　　『写真記録・三島由紀夫が書かなかった近江絹糸人権争議　絹とクミアイ』新評論，
　　　　　2019年。
　　　　　『ビヨンド！　KDDI労働組合20年の「キセキ」』新評論，2022年。

阿部真大（あべ　まさひろ）第12章
　現　在　甲南大学文学部教授（修士　社会学：東京大学）。
　主　著　『居場所の社会学——生きづらさを超えて』日本経済新聞出版社，2011年。
　　　　　『地方にこもる若者たち——都会と田舎の間に出現した新しい社会』朝日新聞出版，
　　　　　2013年。

水野有香（みずの　ゆか）第13章
　現　在　愛知大学経済学部教授（博士　経済学：大阪市立大学）。
　主　著　「情報化社会における労働の変容——非正規雇用化と間接雇用化の視点から」『教育支援
　　　　　室報』（名古屋経済大学）第1号，2018年。
　　　　　「若年者の働き方の多様化」守屋貴司・中村艶子・橋場俊展編『価値創発（EVP）時代
　　　　　の人的資源管理——Industry 4.0 の新しい働き方・働かせ方』ミネルヴァ書房，2018年。

白砂明子（しらまさ　あきこ）第14章
　現　在　一般社団法人キャリアブリッジ代表理事／株式会社 Reach For 代表取締役。

嶋内　健（しまうち　たけし）第15章
　現　在　立命館大学産業社会学部授業担当講師（博士　社会学：立命館大学）。
　主　著　「福祉国家の変容と脱商品化・再商品化——デンマークにおけるアクティベーション政
　　　　　策と休暇制度に着目して」櫻井純理・江口友朗・吉田誠編著『労働社会の変容と格差・
　　　　　排除——平等と包摂をめざして』ミネルヴァ書房，2015年。
　　　　　「デンマーク基礎自治体におけるアクティベーション政策の実施体制——コペンハーゲ
　　　　　ン・コムーネを事例として」福原宏幸・中村健吾・柳原剛司編著『岐路に立つ欧州福祉
　　　　　レジーム——EU は市民の新たな連帯を築けるか？』ナカニシヤ出版，2020年。

《編著者紹介》

櫻井純理（さくらい　じゅんり）
　　　　立命館大学大学院国際関係研究科博士後期課程修了，博士（国際関係学）。
　　　　大阪地方自治研究センターを経て
現　在　立命館大学産業社会学部教授。
主　著　『就労支援を問い直す』（共編著）勁草書房，2014年。
　　　　『労働社会の変容と格差・排除──平等と包摂をめざして』（共編著）ミネルヴァ書房，
　　　　2015年。

いま社会政策に何ができるか②

どうする日本の労働政策

2021年3月1日　初版第1刷発行　　　　　　　　　〈検印省略〉
2022年11月30日　初版第2刷発行

定価はカバーに
表示しています

編 著 者　　櫻　井　純　理
発 行 者　　杉　田　啓　三
印 刷 者　　坂　本　喜　杏

発行所　株式会社　ミネルヴァ書房
〒607-8494　京都市山科区日ノ岡堤谷町1
電話代表　（075）581-5191
振替口座　01020-0-8076

©櫻井純理ほか，2021　冨山房インターナショナル・藤沢製本

ISBN 978-4-623-09114-0

Printed in Japan

いま社会政策に何ができるか（全3巻）

A5判・並製

①どうする日本の福祉政策　　　　　　　　　　埋橋孝文 編著

日本の社会的セーフティネットは，①雇用，②社会保険，③生活保護の三層からなる。近年はしかし，雇用では非正規労働者が全労働者数の4割に達しようとしており，年金や医療の社会保険制度のほころびも顕著であり，最後の拠り所でもある生活保護も制度疲労がみられる。本書は，現在の日本の福祉における主要な重要課題を軸に，リアルな現状の把握と最新の知見をもとに今後を展望する。

②どうする日本の労働政策　　　　　　　　　　櫻井純理 編著

いわゆる正社員ではない「多様な働き方」の広がりは，経済的格差や貧困問題にもつらなる重大な社会的課題となっている。本書は，労働市場の周縁に置かれてきた「非正規」雇用者，女性，若者，外国人，中小企業従業員，フリーランスなどの労働者層に特に焦点を当てる。賃金・労働時間・労使関係などの基本的な政策を捉えたうえで，人々の生活と尊厳の支えとなる働き方を展望し，必要な政策を提言する。

③どうする日本の家族政策　　　　　　　　　　落合恵美子 編著

そもそも家族政策とは何か。なぜ国家が家族に干渉するのか，など様々な議論が噴出し，家族政策それ自体がタブー視されているような現状を打破すべく，本書では，家族政策を「人が生きることを支える政策」としてとらえ直し，他のアクターの適切な支えを得て「家族をひらく家族政策」を提案する。ケア政策，時間政策を中心としつつ，女性の貧困，移民やLGBT，生殖医療など，もっとも現代的な家族の課題への提言を試みる。

―――――――――ミネルヴァ書房―――――――――

https://www.minervashobo.co.jp/